豫剧大师

崔兰田

杨奇 毕定良 著

河南文艺出版社
·郑州·

崔兰田（1926—2003）

豫剧崔派艺术创始人，豫剧五大名旦之一，"中国豫剧功勋杯"获得者

序一
看看崔兰田，能活一百年

杨兰春*

　　认识杨奇、毕定良有二三十年了。他们两人都是安阳豫剧团的笔杆子、副团长，长期与崔兰田在一起工作，为崔派艺术摇旗呐喊数十年，在总结兰田的艺术生涯和崔派艺术的实践经验、理论研究上，常有鸿篇大论见诸报刊，称得上研究崔派艺术的内行、专家。

　　为给兰田写传记，他俩十年间披星戴月数易其稿。最早看到的是 1996 年连载于《中国戏剧》的《崔兰田回忆录》，有七八万字。1998 年至 2000 年《河南文史资料》全文发表了十八万字的《艺苑耕耘记》，恰巧与我的回忆录《山沟里走出来的文艺兵》同时连载。因此，可以说我是他俩忠实的读者。

　　我认识的第一个豫剧演员就是崔兰田，我看到的第一出豫剧就是崔兰田的《桃花庵》。声情并茂，用在兰田的身上是名副其实的。我与兰田相识相交已经半个世纪了，对兰田的人品、艺术十分钦佩。我常说，崔兰田是豫剧"十八兰"，我是豫剧"十九兰"。我们讲德艺双馨，崔兰田是真正的一位德艺双馨的艺术家，她的人品、她的流派艺术是经得起时间考验的。崔派四大悲剧《桃花庵》《秦香莲》《三上轿》《卖苗郎》，她演了一辈子到现在还在流传。她的特点就是堂堂正正做人，认认真真演戏。艺品如人品。兰田对待朋友、同志

---

*杨兰春：著名剧作家、导演，曾任中国戏剧家协会副主席、河南省文联副主席。

总是那么亲切真诚，对后辈学生是那么关怀爱护，她是一位令人尊敬的表演艺术家。

记得1959年我被打成右派，很多人不敢接近我。我去林县体验生活，路过安阳，住在大院街安阳豫剧团的团部里写《冬去春来》。兰田热情地跟我谈心聊天，她知道我爱吃面条后，就亲自下厨给我做了一碗香喷喷的面条。什么叫真情？什么叫患难之交？兰田与我的交往就是患难之交！兰田对我的这份情义，就叫真情。真情无价啊！这一碗面条在我心里搁了二十多年，我一直想给她写一出戏。1982年，她请我改编、排演《卖苗郎》时，我把这个情节写进了戏里，多少也了却了我的一桩心事。

杨奇、毕定良写的《豫剧大师崔兰田》这部书稿，我读后觉得写得实在，不粉饰，不虚夸，语言流畅，文笔可嘉。书中所写的崔兰田，真实可信，值得一读。两位作家为豫剧、为河南戏剧做了一件大好事。不图名不为利，潜心为兰田作传，终于结下了丰硕的成果，给后人留下了一部具有史料价值和阅读价值的好书。

在这本书即将付梓之际，老杨要嘱咐小杨：别待扬鞭自奋蹄。老杨要对老毕说：长寿常乐常写，常写常乐长寿。

老杨还要对大家说：看看崔兰田，能活一百年。

2002年4月29日于郑州

序二
我们不应该忘记她

廖奔*

"三天不吃盐，也要看看崔兰田。"这是我家乡百姓流传广远的一句俚语。

2004年5月中旬接到安阳市戏曲研究所杨奇的一个电话，说是豫剧大师崔兰田（1926—2003）去世了，希望我为之写一篇文章，以作为对她的"盖棺论定"。我虽然为崔兰田老师的走感到心中一沉，但第一个念头却是推辞，因为我对她的艺术了解并不深，既未赶上阅读她的时代，也未对之做过专门研究，做她的评价文章并不是合适人选。要我来为崔兰田"盖棺论定"，大概只是因为我眼下担任的职务和在戏剧理论界的影响力，于是便稍感愧疚地以"不够熟悉""忙"为由婉转推辞。然而杨奇随之寄来了崔兰田几部代表作的音像带以及他和毕定良先生合写的《崔兰田传》给我做参考，同时殷殷嘱咐我一定要动笔。摆脱不了，勉强应承，但随即我便出访墨西哥了。

在墨西哥期间，我从网上看到了豫剧大师常香玉于6月1日去世的消息，心里又是一沉。几天后回国，追悼活动已经在全国范围内隆重展开，国家追赠她"人民艺术家"的称号，有关方面提出在文艺界开展学习常香玉的活动，报纸、电视台、电台、互联网都对此聚焦。我也为此着实忙活了一阵，接连参加纪念活动和撰写文章。至于崔兰田，这时正待在一旁灯火阑珊处，静静地耐心等待着我的闲暇。我虽然心中隐隐有所不安，但也无可奈何。

---

*廖奔：著名戏剧理论家，曾任中国文联副主席、中国作协副主席。

然而，当我为了评价常香玉而追溯豫剧在20世纪的历史时，却不时地遇到一个名字：崔兰田。这更加深了我对她的关注。也好，她和常香玉是在相同背景下走过相近道路又有着共同成就的人，我可以得陇望蜀了。于是，我一步步地深入进去，逐渐接近了崔兰田和她的时代，接近了这位曾经十分辉煌然后转为平淡的纯朴、厚道、平和、善良的人，越接近就越觉得与她在精神上有了沟通，越觉得我应该为她写点什么。于是在夜深人静时，我悄悄打开VCD机，一遍遍捕捉着崔兰田的舞台倩影和神韵——虽然影碟上的形象已经尽失她年轻时的风采。

　　终于，我坐下来写崔兰田的文章了。家里人都睡了，北京睡了。我在电脑上"嗒嗒嗒"地敲击着键盘，一行行字跳动着，连成一团怅惘的思绪。

　　时光倒流到民国前期。那时的河南，京戏、京梆子势力强大，占领着省城与都市的戏院，地方小戏则如离离春草，在乡间庙台争胜，盛衰消长——大弦戏、百调子、怀调已经处在衰亡的过程中，而新兴的曲剧、坠剧势头正旺。当时的河南梆子、以后河南省的代表剧种豫剧，作为本地戏中的一支，还远不为人注目。这时河南梆子里出了一位老艺人周海水，创建了一个太乙班，开始不遗余力地培养人才，尽力把河南梆子推向都市舞台。他成功了。他培养出了许多豫剧新星：汤兰香是他第一个成角儿的女弟子，唱红了半个河南；常香玉也跟随父亲搭他的班，到省城开封唱红，为以后如日中天的发展奠定了基础。

　　1937年，随父母逃难到郑州的崔兰田进太乙班坐科学艺，唱须生。她扮相清秀，嗓音洪亮，天赋既高，人又勤奋，三个月后即能登台，开始在荥阳、汜水、巩县一带唱草台戏，逐渐跑遍了当地的高台庙会。渐渐地，小科班四五十号人中涌现出十八位有出息的小艺人，因为他们属"兰"字科，观众号称"十八兰"。"要看戏，十八兰，四生四旦四花脸。"这是当地戏迷对他们的亲切褒奖。"十八兰"的名号在豫西不胫而走。崔兰田就是"十八兰"中的佼佼者，她扮演的刘全、陈世美、戚继光等形象，都受到观众称赞。一个偶然的机会，她临时顶替师姐毛兰花唱旦角，扮演柳迎春，竟然演得严丝合缝。以后她就兼演旦角戏,并且日擅胜场。

这时的河南梆子已经在省城舞台上引起关注,王镇南、樊粹庭等进步文人开始推动它的改革并为之编写新剧本。樊粹庭于民国二十四年(1935)创建豫声戏剧学社和豫声剧院,革除陋习,树立新风,制定了后台工作、人事管理、排演程序等方面的新的规章制度,陆续编导上演了一系列思想艺术都比较进步、健康、新颖的剧目,时称"樊剧",而这些剧目演红了一个"豫剧皇后"陈素真。民国二十六年(1937),王镇南也和常香玉等人建立中州戏剧研究社,上演《六部西厢》等剧目,一时名声大噪。

1941年,周海水带班到洛阳世界舞台演出,这是崔兰田从乡村草台初次登上都市舞台。她主演的《桃花庵》《抱琵琶》《樊梨花征西》《刀劈杨藩》《王莽篡朝》等戏,为观众所称道。就是在这时候,传出了这句俗语:"三天不吃盐,也要看看崔兰田。"观众的热爱,给了她以成功喜悦。崔兰田的名字在豫西一带如雷贯耳,连先出道的陈素真、常香玉等人都对她刮目相看。她不自满,拜老艺人张庆官为师,也受过陈素真的调教,努力提高自己的技艺,又迷恋曲剧、坠子等地方腔种,从中广为吸收音乐营养,丰富自己的唱腔。勤学苦练的结果,使她终于成为洛阳舞台上继陈素真、常香玉、汤兰香之后最红的河南梆子女演员。

一批坤伶演员的唱红,使河南梆子结束了男旦的历史,也扭转了历来"外八角"四生四花脸尤其是红脸角色擅长历史征战戏把持舞台的局面,把生、旦情感文戏的内容包容进来,进一步适应了都市观众的口味。"樊戏"、王镇南新编戏在适应形势的同时也推动了这一变化。

崔兰田十六岁那年,狮吼剧团老板樊粹庭从西安专程前来,邀请她到西安班挑梁。当时因为一些客观原因未能成行,没想到她第二年不得不逃出洛阳,来到西安,却在舞台上一炮打响,上演的《刀劈杨藩》《秦香莲》《秦雪梅》《安安送米》《赶花船》,出出精彩。在樊粹庭的热心帮助下,她又连演"樊戏"《克敌荣归》《义烈风》《女贞花》《霄壤恨》《凌云志》《涤耻血》《邵巧云》，场场获誉。在西北演出的八年，她学秦腔、蒲剧、京剧、评剧，海纳百川，融会贯通，艺术日臻成熟，个人风格基本形成，催生了豫剧崔派唱腔艺术。这是她艺术生涯中最旺盛的时期。

崔兰田成名了。原来在20世纪30年代中期，河南梆子的著名女演员，豫东有马双枝、司凤英、陈素真、马金凤、阎立品，豫西有汤兰香、常香玉、苏兰芬，现在唱豫西调的又增加了一个崔兰田。"常香玉的《花木兰》，崔兰田的《秦香莲》。"这句顺口溜在河南民间广为流传。在豫剧五大名旦（陈素真、常香玉、崔兰田、马金凤、阎立品）里，崔兰田成为出道最晚、年龄最小的一个。但她以自己独特的风格独树一帜，得以立于群英之列。

崔派唱腔以苦戏见胜，以哭腔见长。贫寒的出身和艰难的生活经历使崔兰田熟悉百姓的眼泪与哭声，因此她擅长塑造古代社会里命运悲苦的妇女形象，被称为"豫剧程砚秋"。陈妙善、窦氏、崔金定、秦香莲、秦雪梅、陈三两，戏台上一个个悲切的女人和她们悲惨凄凉的命运，赢得了百姓的极大同情。豫西调唱悲剧是优势，崔兰田又在其旋律基础上融入个人理解和创造，增强了唱腔的感染力。例如，她学习和发挥老艺人张庆官的鼻音特技，以之结构拖腔来更充分地表现人物的凄婉心情，悲咽深沉、韵味十足，产生了独具特色的唱腔魅力。她的演唱风格因而婉转细腻、凄楚悲凉，经常是唱得哀怨深沉、感人肺腑。人们说崔兰田的唱腔是哭的艺术，尤其是众多的妇女观众喜欢去看她的戏，在剧场里一抒情怀，陪着哭个昏天黑地。当然，崔兰田不仅演悲剧，也演喜剧和正剧。在她演出的二百多部戏中，除六大悲剧《桃花庵》《秦香莲》《三上轿》《卖苗郎》《秦雪梅》《陈三两爬堂》之外，也有两大喜剧《对花枪》和《三哭殿》。新中国成立以后她更是演了许多现代戏，如《洪湖赤卫队》《李双双》《朝阳沟》《红灯记》《沙家浜》等，进一步开阔了戏路。崔兰田的唱腔清亮圆润、韵味醇厚，少用花腔和装饰音，表演含蓄深沉、质朴凝重，多用白描手法，这些使得她的艺术深沉、内敛，富于内在感染力。

还想在这里提一下的，是崔兰田的高洁人品。崔兰田本性质朴纯真，待人真诚宽厚，我了解到她这方面的几个事迹后，为之深受感动。一是她为自己的科班师傅贾锁养老送终。新中国成立时，贾锁年已七十岁，无儿无女，无力自供生活，崔兰田就把他接到身边，像父亲一样奉养他，使他安度了晚年。他1963年去世，崔兰田又为他送终，以女儿的身份为之披麻戴孝、挑幡摔盆。二是她对待失路的艺术家能够平易同情。1957年崔兰田到郑州演出，碰到被打成右派的曲艺老演员赵铮，赵铮痛苦地躲开。崔兰田于是买了一条鱼，提着去家里看她。赵铮说："把我感动得呀，几十年都忘不了！"杨兰春1959年以右派身份下放林县体验生活，路过安阳时，许多人不敢接近他，崔兰田去看他，还亲手为他做了一碗热面条。杨兰春说："这一碗面条在我心里搁了二十多年。"陈素真被打成右派、污为国民党特务，崔兰田却认定她不是坏人，她的技艺对国家有用，1961年曾让徒弟张宝英提着两条鱼去看她，向她学戏，到张宝英演出时又在海报上特意写上"陈素真亲授"几个字。路遥知马力，人在患难之中见真情。崔兰田冒着被连累的危险，真诚对待身处逆境的艺术家，体现出她的端正人品。她还关心民众，热爱乡亲，1947年就曾与常香玉一道在西安义演，为河南灾民募筹集救济粮。认认真真演戏，堂堂正正做人，是崔兰田一生信奉的宗旨。

1951年崔兰田率领兰光剧社巡演到安阳，被当地政府盛情留住，从此落脚于此。在1956年到1966年十年间，她率团四处巡演，从黑龙江畔到海南岛，从上海到青海，她演遍了二十多个省、自治区、直辖市。这种面积覆盖纪录，和她一生演出超过二百出戏的数额纪录，在豫剧艺人中都是拔头筹的。她又先后四次进京，每次都在京城观众中掀起豫剧旋风。1980年以后，她终于演不动了，从舞台上退下来，到安阳戏校当校长，开始了培养后人的教学历程。

读完崔兰田的一生，我的心底深深漾着感动。豫剧五大名旦，在20世纪里虽然各有不同的遭际，但她们共同造就了豫剧的辉煌，把这个原来的中原土戏推广繁衍到今天这样的程度，使之成为京剧之外的第一大剧种。历史会记住她们每一个人，也同样会记住崔兰田。虽然崔兰田晚年偏处安阳一隅，最终默默地走完了自己的路，我们却是不应该忘记她的。

深夜，我订好散发着油墨清香的打印稿，站起身，通过高厦的窗户，向安阳所在的南方眺望一眼，上面是璀璨星空，下面的城市灯火一片霓虹斑斓。我呼出一口长气。

我问过河南省剧协的人，崔兰田老师的追悼活动搞了没有，回答说是安阳他们自己搞了。我默然。崔老师，您一生都是一个沉默朴实的人，一个人默默地走，大概也是您的选择。

我只是感到自己心里有几许沉重。

打开 VCD 机，里面传出崔兰田忧伤哀怨的唱腔："窦氏一阵泪双倾，我的张才夫啊，你的鬼魂听……"余音在我心头袅袅不绝……

2004 年 6 月 21 日于北京

目 录

豫剧大师崔兰田

一、逃荒

山东曹县古称曹州，位于鲁西南，鲁豫两省八县（区）交界处，南临商丘、民权，北接菏泽、定陶，东靠单县、成武，西濒东明、兰考。北距菏泽、南距商丘都是90里。这里是黄河故道，经常遭灾，就像戏词中唱的："旱三年涝三年，一连六年没收田。涝天遍地人稀路断，旱天树头着火冒烟。针穿黑豆大街卖，河里的水草上秤盘。"

1926年10月26日（农历九月二十）清晨，山东曹县城关小北门的一间破房子里，传出了一阵清脆的婴儿啼哭声。一个叫崔焕臣的小伙子高兴地跛着脚一步跨到屋外，兴高采烈地向邻居喊道："我当爹了，我当爹了！"然后一溜烟儿地向小酒馆跑去。忙活了大半夜的三个妇女是崔焕臣的二嫂、大姐和二姐。她们只顾抢着抱孩子，沉浸在这个婴儿的啼哭声中，全然忘记了呻吟的产妇。二嫂边洗手边说道："撕绫罗打茶盅，小孩啼哭头一声。听见咱们孩子的哭声，这心里都觉得甜甜的，咱们就给她取名叫大甜吧。"可是这个叫大甜的女孩儿命运并不甜。缺吃少穿不说，五六岁就跟着父母逃荒要饭，从山东到山西，从山西到河南，一路上受人欺、遭狗咬，吃尽了苦头。

1931年，曹县大旱，连续几个月不见一星点雨水，赤地千里，寸草不生，灾民们饿得连树皮都啃光了。很多灾民无法生活，万般无奈，只得拖儿带女，扶老携幼，背井离乡，外出逃荒。有的闯关东逃到东北，有的过黄河逃到河南、陕西和山西。

农历六月里的一天凌晨，月牙儿还高高地挂在树梢上。从曹县城关，走出来一位年轻的小脚妇女和一个弯腰驼背的老头儿。那年轻妇女怀里抱着个娃娃，胳膊上挽着用一块旧布包裹的针线筐。那老头儿肩上背着破旧的布褡子，右手拉扯着一个五六岁的小女孩。他们是出远门到山西去找孩子的父亲。荒旱年，像他们这样家住城关又没有产业的贫苦人家，根本无法度日，逃荒对他们来说，也许还有一线希望。

这位年轻的小脚妇女姓朱，街坊都叫她石姐。那老头儿是她父亲，因她母亲过世早，石姐和她姐姐都是靠朱老汉拉扯大的。石姐出嫁后，朱老汉就跟着她生活。

石姐的丈夫名叫崔焕臣，兄妹五个，两个哥哥，两个姐姐，他排行最小。崔焕臣的父母去世得早，大哥又早亡，是他二哥和他两个姐姐把他带大的。二哥在曹县东门里开了一家炮仗铺，人称"崔家炮铺"。因这东门里是他们的祖居之地，所以称为老家。两个姐姐就是从这老家嫁出去的。大姐嫁给了一个地主，二姐嫁给了一家卷土烟的。两个姐姐家的日子还算过得去。

崔焕臣小时候，家里穷得叮当响。在他10岁的时候，二哥为了给他找个吃饭的门路，就把他送到乡下一个山东梆子戏班里学戏。那时候的戏班对学徒打得很厉害。教戏的师傅们认为：棍棒下出孝子，教鞭下出人才；戏是打出来的，不打学不出来。这就叫作"打戏"。崔焕臣年龄小，又是个生坯子，老实巴交的成天挨打。他受不了这份罪，便老想着回家。二哥也心疼他，于是兄弟俩商量好，趁一天夜里师傅不防，跳墙逃跑了。当时，由于他心里发慌，又身小力薄，跳墙时把腿摔伤了。二哥只得跑到附近的庄户家，借来一辆独轮车，把他推到家里。虽然经过二哥和两个姐姐的精心调养，使他少受了许多罪，腿伤痊愈得很快，可到底还是落下了走路跛脚的后遗症。崔焕臣长大后，二哥和姐姐又帮衬着为他娶了媳妇成了家，还给他小两口在城关小北门赁了一间房子。他的两个女儿都出生在这间小房里。

崔焕臣是个老实人，没有什么本事。种地没地，做生意没本钱，干公差既没人脉关系，又没文化。为了养活老婆孩子，他想方设法寻找挣钱的门路。卖破烂儿，扒火车贩卖硝盐，也在赌场端茶倒水、卖纸烟，靠跑腿儿伺候人挣点小钱儿。什么活儿也找不到的时候，他便到集市上拾些菜帮子拿回家充饥。常常是吃了上顿愁下顿，一年四季吃不饱一顿饭。正当他穷得揭不开锅，愁得没法儿活的时候，他在赌场遇到一个小时候的邻居，此人在山西国民党部队当连长，此时回家探亲，闲暇来赌场玩玩。那人见焕臣日子过得这样紧巴，拍着他的肩膀说："兄弟，跟我走吧！到部队上混碗饭吃，总比在这儿饿死强。"于是，崔焕臣便跟着人家去了山西高平县，在军队当了勤务兵。

崔焕臣往山西走后，一家人的吃喝全靠石姐给人家洗衣服挣几个钱来维持，日子过得更加艰难。一个妇道人家，扶老携幼、含辛茹苦地操持着这个老少三辈的四口之家，一年到头过着缺吃少穿的穷困日子。穷日子愁得她终日愁眉不展，遇到不顺心事便大发脾气。而她又是个心强好胜的人，越穷越上火，脾气越来越不好。在这饥寒交迫的时候，朱老汉不但帮不了女儿多少忙，还染上了吸大烟泡的恶习。穷日子实在过不下去了，石姐只得锁住家门，带着爹爹和两个孩子千里寻夫，远走他乡。

曹县通往柳河火车站的土路上，石姐怀抱着孩子，朱老汉扯拽着外孙女，步履蹒跚地走了一程又一程。每走一段路，石姐就要悄悄地在裤腰带上摸摸。离家前，求亲告友借来的几块钱就缝在裤腰带里，那是她打算在万般无奈时用来救命的，她生怕昨晚慌张没有缝好不小心掉到路上。70里凹凸不平的小路，累得他们精疲力竭，饥肠辘辘。为了赶路老少四口人空着肚子，一天未进水米。大人还能忍受，吃奶的孩子饿得张着小嘴嗷嗷哭叫。

　　太阳快落山的时候，他们终于走到了柳河火车站，远远地就看到一列煤车喘着粗气呜呜地叫唤着将要启动，他们慌忙奔跑到火车跟前。石姐把怀里的娃娃递给只有五六岁的女儿大甜抱着，自己踮起小脚用肩膀支撑着父亲先爬上火车，又把两个孩子托举给父亲，然后迈开小脚连蹬带爬地攀上了火车。她屁股刚刚坐在煤堆上，咣当一声火车就慢慢地开动了。石姐两手在腿脚前一拨拉，平整出一块巴掌大的地方，把二妮儿放在两腿前，任凭晚风习习吹来。她背转手摸了一下被汗水浸透的脊背，又用手背擦擦额上的汗珠。这时她才感到饥饿难耐，四肢发软，想问问父亲布褡里还有一口吃的没有。突然，一个车匪跳到了她的跟前，穷凶极恶地用手指着她喊道："你，交车钱！"

　　"我们是逃荒的，身上没有分文哪！"石姐急忙哀求。

　　"没钱？没钱我就把你推下去。"那车匪恶狠狠地说着，就要冲上前来。

　　石姐吓得搂住孩子，趴在煤堆上连连磕头，苦苦求饶："大爷，你饶了俺吧！俺可是穷得一分钱都没有哇，你可怜可怜俺吧，求求你可怜可怜俺吧！"

　　车匪看她真是穷得挤不出啥油水，就骂骂咧咧地跳到另一节煤车上趁火打劫去了。

　　经过这场抢劫的恫吓，朱老汉和石姐害怕得浑身打战，紧紧抱着两个孩子，大气不敢出，心里只盼着天快亮吧，车快到站吧。

　　几经辗转，这老少四口终于渡过黄河，来到了山西高平县境内。正晌午的日头晒得人身上火烧火燎，汗流浃背，撩起衣襟呼扇两下，也感觉不到一丝凉风，到处是热气腾腾，喘气都感到费劲。他们走到一家车马店门口时，只见那有钱人家的狗躲在墙根的阴凉下，吐着舌头不肯动弹。石姐带着女儿赶路，又饥又饿又累，腿脚发软，头昏眼花，实在支持不住，扑通一声晕倒在地上。大甜急忙从妈妈怀里抱起哇哇哭叫的妹妹，趴在地上摇晃母亲。朱老汉吓得脸色苍白，赶紧跑进车马店讨来一瓢冷水泼在女儿脸上，又用手掐住她的人中，不停地呼喊着女儿。过了一会儿，石姐才有气无力地哼了一声，慢慢苏醒过来。朱老汉看女儿累倒了，两个孩子又小，无法继续赶路，只好在这车马店里住下来过夜了。

第二天，天刚蒙蒙亮，朱老汉就起来了。他看女儿仍然身体虚弱，怀里又抱着孩子，担心她们走不了长路，便找到店主，雇了一头骡子，让女儿和外孙女骑上，继续赶路。经过一夜的休息，朱老汉有了精神，他回头看了一眼骑在牲口上的孩子们，心里觉得轻松了许多，不知不觉地就放开了脚步，一个人背着布褡子在前面先走了。

骑在牲口上的石姐怀抱着酣睡的二妮儿，心里舒出一口气。她看看四周的庄稼，像是对赶脚的人又像是对坐在身前的女儿说："你看看人家的麦子，这长势多好啊！看一眼这庄稼，肚子里都不觉得饥了。"

大甜头一次走这么远的路，也是头一次看到太行山。在这崇山峻岭中竟有这么一大片田野，这么绵延的河堤和湍急的河流。她新奇地看着骡子驮着她们走上了河堤，扭头问道："妈，人家这河里咋这么多水，咱家那河里咋成天没水呀？"

"人家这儿不旱，咱们那儿是大旱哪。"石姐说。

"妈，你看那儿还有人锄地哩。"大甜好奇地说道。石姐顺着女儿手指的方向看去，看见一个汉子头戴草帽，正在路边锄地，还不时地偷偷向她们张望一眼。待她们走近这汉子时，他突然跳到路上拦住去路，恶狠狠地喝道："留下买路钱！不拿钱，休想过去！"

石姐慌忙抱紧了女儿哀求道："我们是逃荒的，没有钱啊！"

那汉子不容分说，上前从石姐怀里夺过娃娃，举起来残暴地说："不掏钱就把小孩摔死！"

石姐顿时吓得六神无主，她用乞求的眼光望着赶脚人，乞望他能站出来帮她说句话。可那人吓得腿脚打战地站在一旁，连粗气都不敢出，更不敢帮腔说一句话。石姐四处张望，河堤上不见一个行人，朱老汉早已走远，这里前不临村后不着店，她绝望了。心想，还是保孩子要紧。她含着泪，把腰带里的钱掏给了这个劫路的汉子。那汉子接了钱，扔下娃娃，抓起锄头扭身逃窜了。石姐像丢了魂似的搂着两个女儿骑在牲口上，颠颠簸簸地往前赶路。她的眼前老是有个人影在晃动，她紧闭了两下眼睛，想赶走眼前那个可怕的身影。定睛再看，四下无人，只有骡子蹄磕地的声响在耳边回荡。她警觉地四处张望，眼睛不敢眨巴一下，唯恐又会遇到什么更可怕的事情。她恼恨自己的丈夫在这危难之际不在身边，又埋怨父亲不管不顾她们娘儿仨死活，只顾自己赶路。可是，她又盼着赶快见到父亲或者丈夫，从此再不遭受劫难。

来到一座小桥旁，朱老汉正蹲在桥边上抽着烟等她们呢。石姐见到父亲，一屁股坐在地上嚎啕大哭，憋屈得死去活来。朱老汉听赶脚的人说明缘由，也气得直跺脚。

他劝女儿："别哭了，我身上还有几个小钱儿，你先拿着吧。等找到甜儿她爹就不用愁了。"说着，从口袋里掏出几枚钱放进女儿手里，然后把她拽起来扶上牲口，又往前赶路了。

太阳绛红着脸想要躲进山坳的时候，他们的眼前出现了一个较大的集镇。一路上，很少言语的赶脚人告诉朱老汉："过了这个镇子，前面不远就是高平县城了。"

石姐一听说前面就快到县城了，恨不得一步踏过去这个集镇，马上见到自己的丈夫。她四处张望着这个喧闹的集镇。卖刀削面的小伙子正站在沸腾的大锅前抢着面刀往锅里削面，卖胡辣汤的老头儿搅动着木勺高声地吆喝："胡辣汤啊好喝不贵！"这时，石姐的耳边传来了一声熟悉的山东口音："甜儿她妈，甜儿她妈！"循着声音看去，一个黑瘦的军人正朝他们跑来。一望见他跛脚跑路的样子，石姐顿时涨红了脸颊，她猜想一定是丈夫接到口信赶来接他们了。

崔焕臣跑到石姐跟前喘着粗气满心欢喜不知道说啥好，看见岳父也不知道如何开口，木讷憨厚地说了句："爹，你老一路上受累了。"

"我还吃得消，受罪的是她娘儿仨。"朱老汉示意焕臣先安慰石姐。

石姐一路上所受的磨难翻江倒海似的涌上心头，怒不可遏地撒向崔焕臣："你一个人跑到这里来享清福，把俺娘儿仨撇在家里，是死是活你也不管。这一路上叫俺遭受多少罪啊！"石姐痛苦地哭喊着，一把揪住崔焕臣，不容分说地朝他头上身上"扑哧扑哧"一阵乱捶。崔焕臣被媳妇突如其来的举动，弄得慌了手脚，一时没站稳，跌倒在地上，惹得集镇上的行人都停住脚步看稀罕。朱老汉对闺女吼了一声："大街上闹腾啥！"头一摆，带着赶脚人牵着牲口径自走了。

崔焕臣在离部队不远的街上租了一间民房，把一家人安顿在这里。白天他照常在营房伺候当官儿的，干干杂活，给当官儿的跑腿买点大烟土，让长官吃饱喝足吸过了瘾，不用他伺候了，他再跑回家住一晚上。

朱老汉见女儿生活有了着落，心里挂念曹县那间小房，放心不下，便独自先回山东老家了。

剩下这一家四口人，要数崔焕臣的大女儿大甜在这山西高平生活得最快乐。

她很快和左邻右舍的小孩混熟了，经常和他们在一起玩，朝夕相处，不知不觉中学会了说山西话。石姐留恋山东，不喜欢孩子说山西话，在家里一听见她说山西话，抬手便给她一巴掌，呵斥道："我跟你雪（说）过多少次啊，咱是山东银（人），不管走到哪儿，咱都要雪（说）山东话。"从此，在山西高平这间小房里，邻居们常能听到娘儿俩的山东腔："娘，我想骑（吃）馍。""馍不拂（熟）咧！""我喝非（水）。""非（水）不开咧！"

大甜从小虽然是忍饥挨饿长大的，但长得很结实，性格也泼辣，跟个男孩一样淘气，成天不是跟这个打架，就是跟那个摔跤。在曹县她就经常跟二大娘家的二姐打逗着玩儿。二姐拖着一根大辫子，裹着一双小脚。大甜跟二姐玩儿时，常趁她不备，在她背后抓住她的辫子使劲一拽，撒手就跑。二姐扭着小脚在后边追呀，怎么也追不上。二姑看见大甜撒着大脚板子满院子飞跑，就嚷嚷道："甜妮儿，过来！谁叫你自己放开裹脚布的？过来叫姑姑给你裹上。"二姑把大甜按到小板凳上，边裹脚边说："白天裹夜里放，放得丫丫大白胖。"二姑可是个细心的人，她给大甜裹好脚，再用针线把它缝上，叮咛道："不许再拆开了。姑娘家不缠脚，成个大脚坯子，长大了连个婆家也找不上。"可是，一扭脸儿的工夫，大甜又拆了裹脚布，满院子飞跑了。也多亏了她这双大脚板子，要是小脚，她在逃荒的路上得受多少罪啊。

山区雨水多，经常暴发山洪。这年夏天，一连下了几天的大雨，这天上午风卷残云，终于放晴露出了太阳。已经在家闷了几天的孩子，便结伴跑到河滩上玩耍。他们寻找水洼里的小鱼、小虾，捡起石头比谁扔得远。正当他们玩儿得劲头十足的时候，只听得河上游传来"呜呜"的呼啸声。不知谁喊了一句："狼来啦！"孩子们真以为狼来了，争先恐后地拼命往河堤上奔跑。等他们跑上河堤扭头看河滩时，只见山洪像成群结队的野狼咆哮着铺天盖地席卷而来。不大一会儿工夫，洪水就快跟河堤一般高了。孩子们吓得哭爹喊娘，撒腿就往家跑。

崔焕臣一家在山西住了一年多。他每天早出晚归地在部队上当差，石姐辛辛苦苦地操持一家人的吃喝，日子照样过得紧巴巴。

一天晚上，焕臣匆匆忙忙地跑回家对石姐说："快，快收拾东西！部队要去打仗，明天早上就开拔。"

"她爹，你那腿脚又不利索，你能去打仗？那枪子儿可没有长眼睛啊！万一你要是有个好歹，俺娘儿仨可咋过呀！"石姐说着就拉住焕臣愁苦地哽咽起来，再怎么说也不肯松手。

"咱一家人也不能坐在这儿等死啊！"崔焕臣叹息道。

"咱回山东，回老家吧！就是饿死，咱也死在一块儿。这军队上的差事咱不干了，咱走人。"石姐拿定主意起身就收拾东西。

崔焕臣出去雇了两匹骡子，让她们娘儿仨骑在骡子上，悄悄地隐没在夜幕中了。

山路蜿蜒崎岖，一边是望不见顶的悬崖峭壁，一边是看不见底的山涧深渊。月黑风高夜，茫茫的山道上骡蹄声特别清脆。崔家四口人坐在骡子上，大人紧抱着孩子，吓得闭着眼睛屏住呼吸不敢往下面看，只觉得夜沉沉，路漫漫，时间好像凝固了一样。山尖上露出微微的亮光时，他们已经翻山越岭地过了五盘山。崔焕臣回头望了一眼云霭中的层峦叠嶂，深吸了一口气，再看看她们娘儿仨，个个是大睁着两眼，没一点睡意。望着眼前平缓了一些的山路，崔焕臣又作难了，去哪儿呢？眼下该往哪条路上走呢？他心里又嘀咕上了：回曹县吧，年景不好，回去也是缺吃少穿。再说队伍上发现他开小差儿了，要去老家找人，还不抓他个正着。山东是回不去了！去郑州吧，那里逃荒的人也多，地方也大。再怎么作难，活人还能叫尿憋死？

到了郑州，他们举目无亲，无处安身，只得在一个粪场的草棚里住了几天。

崔焕臣四处寻找住房。在西二街，他遇到一位好心的郑大娘。郑大娘一听说是从山东逃荒来的，看崔焕臣人比较老实，就借给他们一间小屋暂且住下。这间小屋四处透风，抬头就能看见天上的星星，屋里唯一的一张破床上就铺着一条烂席子。可是，对于崔焕臣一家来说，总算有了一个安身的地方。

崔焕臣每天挑着担子上街叫卖青菜，他人太老实，不会做小生意，老嫌人家买主挑挑拣拣，讨价还价，吆喝半天走几道街，也卖不了多少。青菜不洒水，顾客不爱买；青菜洒了水，就会烂得快。菜晒干了，也赚不了几个钱，有时还赔本。他心里烦，就不想干了。可是，偏偏在这时候石姐又怀了孕，她挺着大肚子，还每天帮人家套袄、洗衣服，挣几个小钱，维持家用。一家人是稀汤里捞菜叶，吃了上顿没下顿，艰难得崔焕臣成天唉声叹气。

20世纪30年代的郑州虽不是省会，却是河南比较大的城市，平汉、陇海两条铁路干线在这里会合，商贾云集，市场繁荣。老实巴交的崔焕臣走街串巷地耍八股绳卖青菜，从早忙到晚还是顾不住一家人的吃喝。他干脆撂挑子不干了，独自跑单帮贩起了硝盐。

石姐生下老三以后，崔焕臣把老婆孩子安置到杜岭一个大杂院内。这是一个贫民居住的地方，同院几户人家大多是在农村破产以后流落到城市的农民。

房东是一位姓宋的大娘，家境比较宽裕，她家在乡下有几亩薄地，又在城里卷大包烟做小买卖。宋大娘的娘家在乡下，家里很穷，年轻时嫁给比她大20多岁的宋大爷做填房，前房留下一个闺女只比宋大娘小几岁。她的跟前只有一个亲生的儿子叫留保，与崔家的二妮儿岁数差不多。宋大娘家境较宽裕，待人很和善，对这些穷邻居从不冷眼轻视。住在这个大杂院里的人，虽然都是穷得叮当响，可是大家相处得非常和睦。

同院还有一位卖油茶的王大爷，50多岁，瘦高的个子，孤身一人，也是逃荒来到这里的。每天天不亮，王大爷便起来点火熬油茶，不论伏天寒冬，还是阴天下雨，他都抱着大油茶壶上街吆喝。善良的老人很同情崔家，经常做好油茶便喊："大甜，过来给二小端一碗油茶喝。"大甜就拿着碗去串门了。油茶端回来，大甜先喂小弟弟，弟弟吃饱了，再端给妈妈或妹妹喝，她从来不喝一口。苦难的生活使她从小就很懂事，知道疼爱弟弟妹妹、孝敬爸爸妈妈。

二、小戏迷

　　大甜从小就喜欢看戏。在山西高平时，有一天，她正在门口玩耍，看见人们三五成群地结伴去赶会，还听说会上搭着台子唱大戏，大甜心里就痒痒了。那天石姐没在家，桌子上放了几个铜板准备买煤用的，大甜急着去赶会看戏，不管三七二十一，顺手拿了两个铜板，跟着人群就走了。

　　还没有看见舞台呢，就听见很高很亮的声腔从远处传来，她虽然听不懂台上唱的是哪出戏，更分辨不出唱的是啥调门，可是那高亢嘹亮的山西梆子腔却深深地吸引住了这个五六岁的小女孩。小孩子家看戏都是看热闹，哪儿人多往哪儿钻，一会儿就挤到了舞台跟前。回头一看人山人海，远处的树上、房顶上站的都是人。台上卖劲地演唱，台下起劲地鼓掌喝彩，有的戏迷喊着演员的名字，往舞台上扔铜板，扔绸缎被面。大甜第一次被眼前这欢腾的场面惊呆了。她心想，爹娘每天起五更打黄昏的，一家人还吃不上一顿饱饭。这戏要是唱好了，不但能吃饭，还有人给扔钱扔绸子。唱戏多吃香啊！

到了掌灯时分，大甜才回到家，一进门就听见母亲吼道："干啥去了？走了一天这么晚才回来？"

"我跟着人家赶会看戏去了。"大甜怯声回答。

"拿钱了没有？"母亲焦急地审问。

"拿了，没有花光，半晌饿了买了一个烧饼……"

没等大甜把话说完，石姐抓起笤帚疙瘩，把她摁倒在地狠狠地揍了一顿。

在郑州日子过得这样苦，大甜仍然忘不了看戏。戏台上那吹拉弹唱、舞刀弄枪的热闹场面就像一根看不见的丝线，一直牵动着她的心。在这段比黄连还苦的日子里，她最大的乐趣便是看戏。一有空便偷偷跑到戏园子门口转悠，没钱买票进不去戏园子，听到里边丝弦锣鼓的响声，她心里急得真想插上翅膀飞进戏园子里。于是，她凑到把门人跟前亲热地说："大叔，让我进去看会儿戏吧。"人家看她小妮儿家这么迷戏，嘴儿很甜也很讨人喜欢，就逗她："小闺女，想进去看戏不难，把戏园子门口的地扫干净了便让你进去。"大甜满口答应，手脚麻利地把地扫干净，等到快煞戏时挤进去看个"戏尾巴"。时间长了，戏园把门的都认识她了，一看见她就说："小戏迷来了。"她三天两头往戏园跑，若几天不看戏，比饿肚子还难受。

穷人家的孩子不能像有钱人家的孩子，整天让大人宠着哄着，吃饱了到处跑着玩儿。大甜七八岁时，石姐就把她当大孩子使唤了。他们姐弟三人她是老大，一天到晚帮着妈妈看妹妹、抱弟弟。抱弟弟这差事把她拴在了家里，使她无法脱身随便跑出去看戏。有时实在憋不住想去看戏，她就在小弟弟身上打主意，她悄悄地往弟弟屁股上拧一下，弟弟就哇哇地号哭。她赶紧跑到妈妈跟前，又是拍拍哄哄，又是摇摇晃晃，装作怎么也哄不住非要找妈妈的样子，待妈妈把弟弟抱过去，她撒腿便跑。出了家门就学着戏台上武生跑圆场的台步向戏园子跑去。大甜最喜欢看的就是那些舞刀弄枪的勇猛武生。每次看了戏回到家里，她就在腰里束个绳子，手里拿个木棍，学着戏台上的样子连比画带唱。同院的大爷、大娘都夸她："甜儿这闺女学啥像啥。"

同院住着一位老太太，她的女婿在警察局当红笔师爷，他每次来看望丈母娘，就看到大甜在院里走火入魔地学唱戏，便热心地介绍大甜到长春路一个京剧戏班里去学戏。大甜在戏园子里看的都是河南梆子，听惯了梆子戏，到京剧班一看，学的都是拿腔拿调的京白京韵，她很不习惯。她迷戏凭的是兴趣爱好，在京剧班里她没有一个熟悉的伙伴，就觉得很孤单，那些比她早进几天戏班的小孩，看她新来乍到光挤对她，她去学了几天便跑回家再也不去了。

崔焕臣听说女儿要学戏，气得直跺脚，说什么他也不同意。他小时候学过戏，知道戏班里打得厉害，担心女儿受罪，更多的是觉得唱戏丢人。他对石姐说："女孩家唱戏更丢人，低人一等不说，死后都不准入老坟。"

石姐作难地说："这孩子经常跑去看戏，回来就学唱戏，我担心她越看心越野。要不你再回曹县贩盐把她带回老家吧，这三个孩子我一个人也弄不了。"

崔焕臣点头同意了石姐的主意。晚上睡觉时，石姐就哄骗大甜："甜儿，你二大爷和你二姑想你哩。你爹过几天要回老家，你跟他一块儿回去看看吧。"

二大爷和二姑一向很疼爱大甜，一听说要回老家去看二大爷和二姑，她高兴地答应了。

回到曹县，让她入迷的仍然是去城隍庙看戏。

曹县城隍庙是个非常热闹的杂耍场所，庙里有个戏台，庙门口有卖各种小吃的，有吹糖人儿的，也有耍猴套圈儿的。大甜对这些耍把戏的都不感兴趣，唯一吸引她的就是戏台上那些披红挂绿身扎靠旗、手使各种兵器的威猛武将。而大人们议论的却是当时有名的男旦"小万人迷"郑兰波演的《豹头山》和"小油子"演的《织黄绫》。

《豹头山》说的是女大王强逼裴公子成亲，巧遇罗成与程咬金下山，罗成扮作裴公子上山，伺机杀死了女大王。大王的二妹、三妹领兵前来替姐姐报仇。阵前见罗成英俊，求程咬金做媒，互拉罗成争与成婚。

《织黄绫》又名《天仙配》，讲述的是美丽善良的七仙女爱上了朴实憨厚的青年董永，私自从天庭下到凡尘，冲破重重阻挠与董永结为夫妻。玉皇大帝得知怒不可遏，命令七仙女立刻返回天庭。七仙女为了不使董永受到伤害，只好忍住悲痛，在槐荫树下与董永泣别。

大甜看戏回来，就让同院的小孩们学着舞台上龙套的样子一字排开，扮演她的喽啰，她扮作英俊潇洒、武艺高强的罗成。她手里举着一根棍子，权当花枪，嘴里一声高一声低有板有眼地吟唱。不管是河南梆子、山东梆子还是坠子、二夹弦她都唱，直到唱得头上冒汗嗓子冒烟儿，痛快地过足了戏瘾才各自回家。

大甜在曹县过了一年多的戏瘾。一天，她回到家里，二姑搂着她说："甜妮儿，你离开你娘一年多了，你娘想你哩，明天让你大表哥送你回郑州吧。"

1936年夏天，10岁的大甜跟着大表哥张宏基从曹县经开封回到了郑州。

三、上街要饭

1936 年 12 月 12 日发生了震惊中外的"西安事变",东北军统帅张学良将军和西北军统帅杨虎城将军在西安发动"兵谏"扣留了蒋介石,迫使其"停止内战,联共抗日"。当即国民党统治下的陇海铁路实行全线戒严,一切往来车辆停止运行。

受时局影响,回山东贩卖硝盐的崔焕臣被阻隔在曹县。滞留在郑州的石姐带着三个孩子陷入了贫困的泥潭,生活更加困难。家里刮破盆底抠不出一点杂面,三个孩子饿得躺在床上哭。为了三个孩子,石姐让大甜把她的衣服拿到当铺里当了,可是,当光了衣服也难以糊口。屋里没有一粒粮食,石姐把一家人关在屋里,谁也不许出屋门,饿得实在受不了了,就喝口冷水。同院的邻居可怜她们病的病、小的小,见她们揭不开锅,常好心地送上一块红薯或半个窝头。石姐觉得大家过的都是穷日子,不忍心要人家送的东西,不愿拖累别人,更怕人家笑话她没本事，养活不了孩子。人家给吃的东西，她总是说不饿，其实她饿得牙花子都出血了。万般无奈，不能眼睁睁地让一家人饿死在屋里，石姐就穿着单薄的衣衫，领着孩子到大同路一带去要饭。

在刺骨的寒风中，石姐冻得嘴唇发紫，牙齿打战。她嘱咐孩子："咱人穷，跟人家要饭要钱不算丢人，但咱不能瞪着眼睛瞧人家吃饭，只能伸手要，不能看人家的嘴。"虚弱的石姐走那么远的路，怎能受得了像饿狼一样的寒风撕咬。连饿带冻，她病倒了，浑身发高烧，半夜里烧得说胡话。大甜搂抱着弟弟，用胸前那微弱的一点温暖哄弟弟睡觉。石姐烧得嘴上起了燎泡，有气无力地喊叫着："水，水……"听妈妈要喝水，大甜担心妈妈喝凉水加重病情，急忙起身用勺子舀了半勺水，找来三块砖头支着。在屋里她找不到一根柴火，半夜黑灯瞎火的，她又跑到院子里趸摸了一圈儿，也是一无所获，她只好壮着胆子跳墙到隔壁院里，拾一把柴火毛回来烧水。水烧开了，她把冒着热气的开水递给妈妈。大甜扶起妈妈刚喝了几口，便听见饿得皮包骨的小弟弟也伸着小手哭喊着："非（水），非（水），姐，我要喝非（水）……"大甜又赶忙喂弟弟喝水。此时石姐又饿又病，痛苦地呻吟个不停，大甜侍奉妈妈又照顾弟弟，整整忙活了一夜。等她发现屋外已经有了亮光时，她已经困得实在支撑不住，趴在妈妈的脚头睡着了。

大甜刚迷糊一会儿，耳边隐隐约约传来了王大爷的声音："她婶子起来喂喂孩子吧。大甜，把这两碗油茶端进去喂喂二小。"大甜惺忪着两眼出屋门一看，两碗热气腾腾的油茶就放在门外的窗台上。她急忙端进屋里："妈，喝口油茶吧，王大爷刚送来的。"她喂罢母亲，又喂弟弟，还分出一点给妹妹喝。她自己饿得肚子咕咕直叫，也不舍得喝一口。

房东宋大娘见这一家人又关着屋门，大人小孩儿都不出来，知道是又过不去了，从家里端了一碗杂面窝窝，送到石姐的床前。她替石姐作难，于是便用商量的口气对石姐说："甜儿她娘，你看甜儿她爹回山东走了这么长时间也没个音信，你一个妇道人家领着三个孩子这么苦熬，日子也真没法儿过。我看不如给大甜找个婆家，叫二妮儿跟我家留保当童养媳，我不会错待了她。你领着二小重走一家，讨个活命吧。"

石姐明白宋大娘是一片好心，可是她说什么也不忍心走这条路，她说："这不是叫我卖孩子吗？说啥我也不能把这一家人弄零散，要是她爹回来了，我咋对他说呀？就是饿死，俺一家人也要死在一块儿。"

宋大娘知道山东人的脾气，她看石姐已经到了山穷水尽的地步还不服输，就没再言语，放下那碗窝窝头，起身对石姐说："你好生歇着吧，缺啥呀就到我屋里去拿，我先走了。"

老天像是专门跟穷苦人作对一样，一场纷纷扬扬的大雪又飘落在这苦难的人世间。雪花从破烂的窗户格钻进屋来，在地上落了一片。原本就寒冷的小屋，这时候就像是冰窖一样，寒气逼人。石姐饿得浑身浮肿不能动弹，冷风又催得她不停地打战。大甜悄悄地给妈妈盖好破得像渔网一样的被子，拽着妹妹背起弟弟，轻轻地拉上屋门，走向街头。她想用自己稚嫩的臂膀挑起家庭的重担，沿街讨饭。她那双前露脚指头后露脚后跟的布鞋踏在雪地上咯吱咯吱作响，没走几步，灌进脚底的雪就融化成冰水，湿透了鞋底鞋帮，两只脚走在雪地里就像被猫咬似的，疼得钻心。她站在路边的雪地里，向迎面走来的人哀求："叔叔，大爷，给点吃的吧，俺家穷得实在没法儿了，俺妈病得不能动了……"说着两行热泪就淌在她那冰凉的脸庞上。

迎面走来的人，好像根本没有看见这三个孩子一样，缩着脖子走过去了。雪下得更大了，大甜都能感觉到妹妹冻得浑身在颤抖，小弟弟趴在她的肩头哭泣着说："姐，我饿，我饿……"

大甜带着妹妹弟弟走到一位小姐和太太跟前："姑姑、大娘，给点吃的吧，俺弟弟饿得直哭。"太太和小姐听见大甜的哀告，像躲瘟神似的快步躲开了他们。街上的行人渐渐稀少了，他们姐弟三人讨要了半天，也没有要来一口饭。

一个穿着棉袄、头戴棉帽、脖子上还系着围巾的阔人走了过来，当他发现眼前这三个像雪人一般的孩子，正伸着小手跟他讨要时，他那滚圆的肉脸一横，朝着孩子凶恶地吼了一声："滚！滚一边去！"大甜急忙两手护着弟弟妹妹躲开了。妹妹搂住姐姐不敢松手，弟弟吓得趴在姐姐的肩头上不敢出声，哽咽地抽泣着。

一位好心的老大爷从这儿路过，看见三个孩子大雪天还没要来一个子儿，就走到他们跟前，掏出一枚铜板递到大甜手里，可怜地劝她："下这么大的雪，快回去吧，别把小孩冻坏了，等天晴了再出来吧。"大甜两眼涌着泪花，望着消失在大雪中的老人不停地向他鞠躬。手里攥着这一枚铜板，她把弟弟妹妹领到一家饭摊前，找了个避风雪又靠近火炉的地方坐下，买了一根油条，一碗胡辣汤，让弟弟妹妹先吃了，然后她嘱咐妹妹："你吃完了在这路边上看着弟弟，千万别乱跑，我一会儿就回来。"说完，她就隐没在鹅毛大雪中，一个人又去沿街乞讨。

雪越下越大了，路上、房顶上、树杈上，到处都积了厚厚的一层雪。大甜从雪帘中出现了，头发和眉毛都沾满了雪。她走到弟弟跟前拍落了他头上的积雪，又抹去了妹妹肩上的雪花，拉起他俩说："走，咱回家吧，娘要是醒了该着急了。"当姐弟三人走过一家米面铺时，大甜忽然想起母亲一向爱吃杂面条，今天总算乞讨到一个铜板还有一块大洋，何不让病中的妈妈吃一顿杂面条呢！想到这儿，大甜转身进了米面铺，一会儿就端着一包杂面条出来了。

回到家里，她让妹妹抱着弟弟爬到床上，自己踩着小板凳，在锅台上给妈妈煮面条。

石姐听二妮儿和二小说了上街讨饭的事儿，她嗔怪大甜："你咋恁不懂事儿，这么大的雪上街求爷爷告奶奶要来的钱，不知道买点杂面省着吃，又是煮面条，又是给二小吃油条，今天可吃饱了，明天要不来咋办？还关上门喝凉水啊！"

"吃完了我再上街去要。"说着大甜憋足了劲用力去端锅，锅太沉她端不动，猛一使劲，锅里的热水倾洒到了她的胸前，烫得她张着大嘴不敢叫唤，怕妈妈知道了心里着急担心，直到她把锅平稳地放到地上，才龇牙咧嘴地撩拨着衣服跑到屋外，抓起一把雪捂在烫疼的胸前。她不敢再上锅台，就把锅端在地上用砖支着，到院里抽一根秸秆来烧火。等面条做好了，她先给妈妈盛一碗，再给妹妹盛一碗，又盛了半碗喂弟弟，等他们都吃饱了，她才拿起碗盛了一碗面条汤，两只红肿的小手捧着热乎乎的碗，坐在床边宽慰妈妈说："今天遇到两位大爷，人可好了，一个给了我一枚铜钱，一个给了我一块大洋。"

石姐伸出瘦骨嶙峋的手，心疼地抚摸着女儿瘦弱的肩膀，两眼淌出了苦涩的泪。就是这副瘦弱的肩膀挑起了照料一家人的重担，度过了这段最苦最难的时光。

四、入科学戏

　　春天的阳光照在石姐清瘦的后颈上，她额上挂着汗珠，正在揉搓一大盆衣服，趁着天儿好，她想多洗些衣服多挣几个小钱。她挪动了一下麻木的双腿，抬手擦了一下额角的汗珠。这时，大甜走过来，蹲在妈妈的跟前，扶着妈妈的腿，掩饰不住内心的激动："妈，叫我去学戏吧！杜岭街的大庙里有个戏班收学生哩。我好好学，挣了钱能养活你，你就不用挨饿了。"

　　"你爸说了，唱戏不好，被人看不起。"无论大甜怎样央求，石姐就是不同意她去学戏。

　　"我就觉得唱戏好。一个人在台上唱，好多人在台下看，唱得好了还为你拍巴掌叫好，谁说被人看不起呀？"大甜极力想说服妈妈。

　　"来，帮我把这衣服搭到绳上。"石姐拧了一把洗净的衣服递给大甜，想让她帮把手早点给人家洗好送去。

大甜噘着嘴嘟囔着："不让我去学戏，我啥活都不干。"

"傻孩子，你光知道学戏哩，你就不知道那唱戏的跟当妓女的一样，下贱得叫人看不起。你没看见你大表姐被人卖到窑子里，弄得人不人鬼不鬼的，咋活呀！"石姐满腹愁苦地说。

大甜跟大表姐感情最好，一听妈妈说起大表姐的遭遇，她像挨了一闷棍，一句话没说，起身向院外走了。

那几天大甜从早到晚都是一脸的沮丧。同院的婶子大娘知道这孩子爱戏如命，一心想进戏班学戏，就帮她说好话，在石姐跟前替她讲情。

"叫甜儿去学戏吧，孩子这么热戏，说不定真能学成了呢，你也不挨饿了。"

"恁家这么难！让大甜去学戏，人家又管吃，家里少一张嘴，这不是一条好活路嘛，你不也少作一点难嘛，将来要唱好了或许还能养家呢。"

"眼下世道这么乱，到处都在打仗，甜儿她爹在山东又不能回来，你还不给孩子找条活路啊！"

在邻居的劝说下，石姐的心被说活了，只得不情愿地同意："那就去试试吧。"

石姐是人穷志不穷，办事很爱面子。她怕女儿穿得破破烂烂在人前丢面子，就用家里仅有的一块花布，起早贪黑，精心地给女儿做了一件夹袄。母女俩手挽着手来到了杜岭街上一座大庙里。大甜长这么大头一回穿这么齐整的衣服，心里美滋滋的。石姐拉着闺女目不转睛地看着，心想人是衣裳马是鞍，本来就很俊的孩子，配上这件漂亮的新衣裳就更俊了。石姐为自己有这么个好看的女儿感到十分满足，但又一想，从今往后女儿进了科班还不知道咋受罪哩，心里不由得一阵酸楚。

大庙当院放了一张八仙桌，桌旁坐着两位老先生。一位是唱旦角的王师傅，一位是唱花脸的武教师赵泰武。

石姐领着大甜走到他们面前，躬身对两位师傅说："俺这闺女也想来学戏。"

两位师傅把大甜从头到脚打量了一番，满意地交换了一下眼神。王师傅用他上韵的旦角腔调说："这个小妮儿长得不错。"赵师傅从桌上拿起几张纸对石姐说："这闺女，我们收了。你在这契约上画个押吧。凡是入科学戏的都有契约，这是俺这一行的规矩。我给你念念，这上面写的是：入科五年，学戏四年，效劳一年。学戏期间任打任骂，有生老病死、觅井逃亡者，师门概不负责。"

听赵师傅念完契约，石姐颤抖着手不敢去拿毛笔画押。王师傅好像看出了她的担心，宽慰石姐道："契约虽是这么写，可我们这个科班一向待孩子很好。班主周海水人称'须生泰斗'，他哥哥周银聚是有名的'活周瑜'，还有一位老先生贾锁也很疼爱徒弟，孩子们都称他为'奶师'。我们这几个老家伙都很喜欢孩子们。大嫂，你只管放心啦！孩子们在我们科班跟在家里一样受不了屈，一准儿能学成好戏。"

"咱太乙班在梨园行里很有名气，如今在这十里八乡唱红的汤兰香、孙兰芳、苏兰芬、苏兰芳都是咱太乙班培养出来的女弟子。把闺女送到这儿，你算把孩子送到福窝里啦，就一百个放心吧！"王师傅像在舞台上演戏一样，口齿伶俐，如数家珍似的又是捧他的班主，又是夸他的徒弟。可是他哪里知道，石姐一句也没听懂，她从来没看过戏，对王师傅说的话也不感兴趣。若不是揭不开锅，饿着肚子，你夸你的科班比天堂还好，她也不会送孩子来学戏。

"闺女叫啥名儿？"

"崔大甜。"

"她们这一科都是兰字辈，进了科班，她就叫崔兰田吧。"赵师傅说着就拿起笔，在契约上写下"崔兰田"三个字，然后递给石姐，让她签字画押。石姐不会写字，就伸出拇指在印台上蘸了一下，重重地在契约上按了一个手印。

赵师傅收拾起契约书，对石姐母女说："回家收拾一下，过两三天就来吧。"

此时石姐心里像有十五只吊桶打水——七上八下地悬着，满怀不安地辞别了两位师傅，领着大甜回家去了。

入科学戏的愿望实现了，大甜也有了自己的学名："崔兰田"。她高兴得像一只麻雀跳过来蹦过去，嘴里不停地哼着小曲。干着家务她也手舞足蹈地学着戏台上的动作，心里想着我明天就要去学戏了，这家里的活儿以后就干不成了。她学着大人的样子嘱咐二妮儿："妹妹，我去学戏了，你要听妈妈的话，帮妈妈多干点活儿，带好弟弟，不要光知道玩儿。"

那两三天，大甜完全沉浸在无限的遐想之中，晚上做梦都在唱戏，她哪里知道妈妈背地里一直在流泪。自从石姐在契约上签字画押之后，她一直觉得把女儿送进戏班就像送进了虎口，她觉得自己背着丈夫办了一件对不起丈夫也对不起女儿的事情。

大甜坐科的这个科班叫太乙班，与她同期的男女学生有 40 多名，大都是穷苦人家的孩子。戏班的管主是密县煤窑的东家李老板，班主是周海水。周海水自幼坐科密县八班，出科后在豫西各县和郑州、开封、西安等地演出，颇有名气。1928 年，他在郑州创办太乙班并筹资兴建了长发戏院。1930 年，36 岁的周海水变卖家产，克服重重困难，聘请教师，招收学徒，开办科班。开始时，主要招收男学生。1933 年招收了一批女学生，汤兰香就是他招收的第一批女弟子中最出色的代表。

汤兰香是个会戏很多、戏路很宽的多面手，她主要唱旦角，也能演小生和丑角，是这个戏班的台柱子。她登台演出时，戏台上的一桌两椅便换上了绣有"汤兰香"三个字的桌裙衣帔。她经常表演的剧目有《刀劈杨藩》《卖苗郎》《老羊山》《收姬昌》等。

在周海水的男弟子中，有一个名叫李金聚的男旦，戏唱得很迷人。他的拿手戏是《樊梨花征西》，他扮演樊梨花，扮相非常漂亮。他那大小嗓结合演唱的豫西调，唱腔优美，吐字清楚，倾倒了许多戏迷，是一位难得的豫剧男旦。

此时的周海水身为班主事务缠身，不常参加演出。虽说他嗓音已经失润，不如年轻时高亢洪亮，但他很会运用嗓子，有时高音唱不上去，他便根据自己的嗓音设计适合自己演唱的唱腔，唱起来仍然韵味醇厚，能够准确地表达角色感情，刻画人物性格。因此，他每次登台表演，依然很受欢迎。他演唱的《申包胥挂帅》尤为观众喜爱。

20世纪30年代的郑州长发戏院和周海水的太乙班在郑州观众的心目中，有着很大的吸引力。席棚顶、长条板凳，一天日夜两场，夜场台上有汽油灯照明，每场演出时间长达四个多小时。台上铺着席子，后台挂着花帐子，两边的"出将""入相"挂着两个门帘，每有演员上下场，专门有人检场伺候。

周海水带的大班演戏挣钱，养活新招收的小科班，小科班的事务就由他的哥哥周银聚掌管。周银聚也是一位演戏的"好好"（河南戏班中称呼水平高的演员），他的武生戏演得很抓人，在豫西有"活周瑜"之称。他平时不苟言笑，对学生要求很严格。他常说：不吃苦中苦，难为人上人；严师出高徒，棍棒下面出孝子。他费尽心血从严教徒，就是想培养出几个出色的演员。

早晨，天还没亮，正是伸手不见五指的时候。一个大房子里，地铺上睡着一溜十几个孩子。银聚师傅拿着板子在门框上敲了两下，高声喊道："起床练功了！"

孩子们强睁开睡意正浓的双眼，打着哈欠，摸黑开始穿衣服，穿好衣服赶紧跑到院里去排队，谁行动拖拉迟缓，被师傅看见照屁股就是两板子。有的孩子怕挨打，提着裤子就跑出来了。孩子们排着队去庙外野地的大水坑边上喊嗓子。一个个都困得睁不开眼，走在路上，你踩着我的脚，我踩着你的鞋，不管是踩着别人的还是被别人踩着的，谁也不敢出声说话。来到水坑边，他们一字排开对着平静的水坑喊嗓子，"啊——咿——"喊唱声此起彼伏，清脆的嗓音回荡在空旷的田野中，惊得酣睡中的麻雀扑棱棱乱飞。

喊热了嗓子，接着就练基本功。拿顶，下腰，跑圆场，踢腿，飞脚，抢背，爬虎，一项一项接着练。这期间不许解手，不许喝水。贾锁师傅专门负责他们喊嗓子，这位在舞台上唱了大半辈子戏的老艺人，如今虽然嗓音失润不能登台献艺了，但教学生仍是一位好教师，他有丰富的演唱经验，教学生喊嗓子学唱腔很有办法。他走到兰田的跟前倾耳听着她的嗓音，告诉她：要把口腔张开，把舌头压下去，呼吸别光用胸部，要把气息往下沉到丹田，就是用小肚子里的气儿，这样发出的声音才能圆润。一个男孩子撅着屁股凹着腰挤着眼睛在使劲地喊唱"啊——"贾锁师傅过去扶正了他的胸，用腿顶着他翘撅的屁股，又用手拍拍他凸出的小腹，纠正了他的姿态，让他放松一下再唱。直到他方法正确了，贾师傅才去辅导别的孩子。

翻跟头也是由师傅操持着练，练这功可比喊嗓子受罪多了。师傅手里拿着板子插在学生的两腿中间，随着你的两腿上举、腾空、落地，板子在你两腿间拍打出有节奏的响声。你翻得快了板子打在后面的腿上，翻得慢了打在前面的腿上，每个学生的大腿上都被拍打得青一块紫一块，几天下来，每人腿上都留下了一片淤血的乌青痕迹。

把子功是由王师傅、赵师傅和大师兄领着练的。小枪花、大枪花、漫头、扫腿、搅身转圈，直转得眼冒金星，肚子饿得咕噜叫，才能罢手。

吃过早饭，学戏词、吊弦、排戏。那年月，梆子戏班的艺人大都不识字，无论是教唱腔、唱词，还是说戏、拉场，都是由师傅口传心授，师傅教一句，学生学一句，稍有点差错，师傅出手就"赏"你一板子。

这群孩子白天练功学习，忙活一天，晚上还要看大班演出，现场观摩。散戏回来，还不能马上睡觉，师傅还要训课，评说大班的戏。几位师傅经常不厌其烦地给孩子们讲："竹子是一节一节长起来的，功夫是一天一天练出来的。在台上你口形错一线，字音就错一片。吐字不清如同钝刀子杀人，三和山、四和十分不开，老乡保准不明白。所以，唱戏要气不爆、声不抢、字不逼、音不撞、形不露。气要领字，字要领味。人有病不请大夫，那他就好不了；演戏有毛病改不了，那就没人听。你们都要用心看看师姐师兄是咋演的、咋唱的，自己好好琢磨，别整天光知道吃饭睡觉。父母把你们送到这儿来，是想让你们学本事的，不是让你们来混时光的。你们不管演哪行、学啥角，是戏都要操心学，艺不压身嘛。只许人家不要，不许自己不会。你们记住啦？"

等师傅训完话，孩子们爬到地铺上睡觉时已是深夜 12 点以后了，一个个困得头一挨着枕头就睡着了。

一个月后，师傅开始给他们排戏。传统戏里边的角色按行当分为生、旦、净、丑和龙套把子、武行，以及扮演狮子、老虎、狗的小配角。兰田长得壮实，师傅分派她演生角。

兰田学的第一出戏是《杀庙》，扮演韩琪。她学戏很用功，学得也快，吃饭时、睡觉前，甚至上厕所她都在不停地背戏词、练动作。有的同学学戏不用功，光想偷懒耍滑，有的是脑筋笨反应慢，师傅给他们排戏说戏，常常着急得用板子教训他们。而这时候的兰田已经养成了爱动脑子的习惯，不管什么戏，一学就会。她学戏还有一个特点，不管什么戏，她都是"抱本"学，生、旦、净、丑、龙套把子、丫鬟宫女的戏她都操心学、用心记。只要是他们演过的戏，啥角的活儿她都会。她常和师姐毛兰花演一生一旦的"对戏"。《杀庙》中她扮演韩琪，毛兰花扮演秦香莲；《汾河湾》中她演薛仁贵，毛兰花就是柳玉环。她学的是生角，旦角的戏词她也操心全学会了。徒弟有出息，师傅就高兴，常夸她"开了戏窍"。

三个月后，小科班到豫西荥阳、汜水、巩县一带农村唱草台戏，兰田和师姐毛兰花合演《杀庙》，第一次在台上亮相。那天，兰田扮演韩琪，身穿黑色箭衣，口戴"黑三"，手举钢刀，踩着"家伙点"追上舞台寻找秦香莲，一脚踹开了庙门，发现香莲带着儿女躲在供桌后面，冲上前抓住香莲举刀要杀。这拖儿带女的妇人拦住刀柄哭诉："俺母子并未犯人命大状，只怨我不该是你驸马的原配妻房。"韩琪闻知原委懊悔得捶胸顿足，毅然放他们母子三人远走高飞，然后用刀自刎。

　　初次登台，她演得严丝合缝，没有漏洞，师傅看了心中自然满意。晚上吃饭时，师傅挑了个大的窝窝头递给兰田，算是对她的奖赏。兰田拿着窝窝头想起了家，想起了妈妈、妹妹、弟弟还没有饭吃，她跟师傅说："我家里穷，我下次不吃饱，让我拿个窝窝头走中不中？"师傅知道她家生活很苦，很同情她，为了让她安心学戏，常常给她两个窝窝头，让她给家里送一个。在这以后很长的一段时间里，她都是自动地不吃饱或者少吃，一是想给家里留点，二是怕自己连吃带拿，科班里有人不愿意。这期间，她虽然人在科班，心里却总惦念着家。

　　冬天来了，纷纷扬扬的雪覆盖了田野，到处是白茫茫的一片，房檐上滴溜着像利剑一样的冰凌柱，两手揣在袄袖里都觉得冷。师傅领着孩子们在雪地里练功。兰田从地上拾了一条草绳，捆在自己的棉袄外边，以防拿顶时袄角掉下来往腰里钻风受凉。有的同学怕冷想偷懒休息，练功也不带劲，磨磨蹭蹭的，师傅在身后毫不留情地抽出板子，啪啪地照屁股就是两板子。兰田一向练功刻苦，从不偷懒，学戏也勤奋，所以她从来没有因为学戏练功挨过打。

　　一个外号叫"猪嘴"的学生周兰学学戏很笨，一晚上没有学会四句戏，师傅罚他，让他学会了再睡觉，他就趁机逃学回家了。家里穷得揭不开锅，他饿得又跑了回来。师傅气得举起板子要打，他趴在地上鼻涕一把泪一把地叩头说他娘死了。师傅听他这么一说，觉得孩子可怜，这么小就没了娘，饶了他一回。

谁知，过了几天他娘来科班找他了，周师傅得知他逃学又说谎话，把他摁倒在凳上狠揍了一顿。

兰田是个心肠软的孩子，看见师兄挨打，她心里难过，都是穷人家的孩子，若不是穷得揭不开锅，谁来学戏受罪呀！她不由得想起卧病在床的母亲。

10来岁的孩子，在家里日子过得再苦，因为守着自己的爹娘，也不知道啥是想家，啥是受罪。在科班里每天练功学戏，一天只能睡四五个钟头，天长日久，就会觉得受不了这份罪，吃不了这种苦。这一天，兰田心里乱糟糟的，脑子一热，她便背着师傅偷偷离开科班，开小差回家了。

石姐看见女儿回来，高兴地把她抱在怀里嘘寒问暖，既没问她为啥回来，也没催她快回戏班。可是，从进了家门兰田就发现，家里又是几天揭不开锅了，要吃没吃的，要喝没喝的，妈妈比以前更加瘦弱，妹妹饿得皮包骨头，弟弟瘦得脸上两个眼睛像悬挂着两个大核桃，叫人看了格外心疼。看到家里这副令人心酸的贫困景象，她夜里翻过来掉过去怎么也睡不着觉，一闭上眼，眼前就浮现出一家人饥饿难耐的情景，突然她强烈地感觉到，改变这个穷苦家庭的命运就靠她了，要想养活妈妈、妹妹、弟弟，使他们能够过上好日子，不再挨饿受穷，自己只有刻苦学戏，早点当主角多挣钱。只有自己有出息了，一家人才能有饭吃。她恨不得马上回到科班，拼命学出个名堂来。第二天大清早，她悄悄起床，趴在妈妈的耳边说了声"我走了"，就扭头跑回科班。

回到科班，她没有先回宿舍，而是直接向周海水师傅的房门走去。她知道科班的班规很严，不守班规，稍有过错，师傅的板子便会马上落到你的身上。有时一人犯规要连累大家挨"打通堂"。进门前她就拿定了主意，只要师傅肯收留，不把她撵走，挨打受罚她都认。

周师傅见进屋来的是兰田，像是不知道她开小差一样，关切地问她："恁妈病好些没有？恁爸回来没有？"周师娘把她拉到身边，亲热地对她说："兰田，恁师傅最喜欢你，回到家里经常夸你，说你长得俊，嗓子好、心又灵，还会唱，是块当主角的好材料。他教了那么多徒弟，对你最满意，一心想把你培养成咱戏班的顶梁台柱。昨天你偷偷跑回家去，你师傅气得一天没吃饭。以后有什么不顺心事来跟师娘说，再不要动不动就往家跑。"师娘的话像一股热流注入兰田的心房，她又感动又惭愧，扑到师娘怀里，两行热泪顺着面颊淌下来，哽咽得一句话也说不出来。周师娘一向偏爱她，谁在师娘面前告她的状也告不响。有一次兰田和罗兰梅打架，有同学到师娘跟前告状，师娘说，兰田就不会打架，一句话把人家噎了回去。这次兰田开小差回来，以为师傅肯定会责打她，但是出乎意料的是几位师傅像慈父一样，不但没有一个人吵她，反而比以前对她更加关心、爱怜。逢年过节，科班的学生、家长都会给师傅送点礼物，让老师多关照孩子。兰田家里穷，什么也送不起。好心的师傅们也都是穷苦出身，对她这个穷孩子也特别同情、怜惜，从没给过她眼色看。

在科班的师傅当中，年纪最大者当数贾锁师傅。他生于1881年，12岁入科，15岁出科，以唱红脸见长，兼演小生、小旦、老生、老旦。年轻时在中牟县一带演出，颇负盛名，他主演的《单刀会》唱、做都很见功夫。1930年周海水创办太乙班，聘请他为教师，从此便开始了他的教戏生涯。汤兰香、常香玉、常年来等豫剧名家都曾受过他的教诲。贾师傅一辈子没有结婚。旧戏班中的艺人，由于地位低下，被人称为"戏子"，归入"下九流"。因此，像贾师傅这样娶不上老婆，终身以戏班为家者大有人在。他没有亲人，是个孤苦老人，对这些穷苦孩子十分疼爱，对学生像对自己的亲子女一样关怀。他负责学生的生活起居，孩子们都叫他"奶师"。

他教孩子们演戏，也教他们做人，更以他的言传身教让孩子们懂得如何体谅别人、关心别人，养成待人诚恳宽容、助人为乐的习惯。他教戏非常耐心，很少对学生发脾气，更不曾粗暴地打骂学生。孩子们有的机灵，有的拙笨，学起戏来有快有慢，贾师傅对每一个学生都是耐心地说戏词、教唱腔，说得口干舌燥他也从不急躁厌烦。和这些穷孩子在一起，他总是像一位慈祥的老妈妈整天乐呵呵的，一点也不像年近花甲的老人。

孩子们能够上台演戏了，贾师傅比谁都高兴。在徒弟面前，他没有师傅的架子，倒很像个"跟包"的。每逢演出时，他忙前忙后地给这些小演员化装、包头、穿箱。下来活儿，又给他们端水倒茶，比上台演戏的还忙活。

赶场时，他总是让孩子们坐在毛驴上，他一边牵着毛驴走，一边给孩子们念戏词哼唱腔。当时能享受骑驴待遇的也只有毛兰花、崔兰田、王兰琴、罗兰梅等五六个小主演。这时候她们已经能挑梁主演许多戏了，以须生为主角的戏《申包胥挂帅》《东吴大报仇》《胡迪骂阎》《收姬昌》《斩白士起》等，是兰田经常演出的看家戏。有一次在转场的路上，兰田骑着毛驴睡着了，手一松劲，扑通一声从驴上摔下来，惹得大家哈哈大笑。兰田一骨碌爬起来，飞身又跨在了驴背上。

贾锁师傅爱吃辣椒炒肉，也爱亲自动手炒菜，每次做好了这道他拿手的好菜，从不一个人吃，总是把这些馋嘴的孩子一个个叫到身边，一块馍或一个烧饼夹上一点辣椒炒肉，每人一份。孩子们围着老人家一个个狼吞虎咽往嘴里猛塞，辣得龇牙咧嘴两眼流泪，这是贾师傅最开心的时候，他看着孩子们的吃相，满意地笑起来："吃辣椒也和唱戏一样，唱多了就不怯场了，辣椒吃多了也就不怕辣了。"

有时候孩子们正在练功，贾师傅做好菜，就放在他的屋里，然后他若无其事地到排练场，给孩子们努努嘴，示意他们去吃辣椒炒肉。等孩子们抹着油乎乎的小嘴，满头冒着辣汗悄悄溜回来时，他会很惬意地站在旁边，满脸微笑地望着孩子们练功。

在师傅们眼里，兰田算得上是他们的爱徒，之所以特别偏爱她，自有他们的道理。十来岁的孩子正是贪玩的年龄，可是兰田与众不同，她看戏、练功、学戏都特别用心，而且一点就透，一学就会。聪慧、勤奋、刻苦的劲头，让师傅不能不对她另眼看待，凭经验他们认定兰田是个好苗子，好好栽培她，日后一定会成大器。师傅们格外疼爱她的另一个原因是觉得她家里特别贫困，她又是个非常懂事、非常孝顺的孩子。在科班起早贪黑地练功学戏，有的孩子受不了这份罪，她却是不怕苦、不怕累。兰田的这些非同寻常的表现，深深地打动了周海水，他一生培育了许多弟子，还没有哪一个像兰田这样令他这么器重，他要力所能及地帮助这个苦孩子。为了解除她的后顾之忧，缓解她家的困境，使她专心致志地学戏，周海水背着别人破例给兰田这个尚在学艺期间的学徒每月往她家里送一袋白面。徒弟不给师傅送礼，师傅反而给徒弟家里送白面，这样的新鲜事轰动了石姐住的大杂院，若不是亲眼看见，谁也不会相信会有这样的好事。

"大甜娘啊，你算是熬出来了，孩子会给你挣白面了。"

"周老板真是个大善人，一定会有好报。有这么好的师傅疼孩子，太乙班一定会唱红，咱大甜一定能学成角儿！"

"大甜孝顺父母尊敬师傅，用功学戏感动了老天爷。大甜妈，你叫孩子去学戏这条道走对了，大甜日后一定会有出息！"

邻居们你一言我一语地夸兰田、安慰石姐，为她们母女遇到了好人相助感到高兴。石姐接住周海水送来的白面，感动得热泪盈眶，不知道说什么话来表达对周师傅的感激之情。她不停地用衣角擦着手，眼含热泪地望着周海水说："您真是救命的菩萨啊！"石姐有了这袋救命的白面，再不用为生活发愁了。只要兰田一回到家里，她总是千叮咛万嘱咐："大甜啊，你现在有出息了，记住再苦再累也要好好学戏，千万不能辜负了师傅的一片苦心，要成个好角，为师傅争气啊！到啥时候也要尊敬师长，和师兄弟搞好关系。常言说本事越大越有用，脾气越大越坏事。将来成了角儿，也不能看不起别人。"

兰田记住了妈妈的话，尊敬科班里的每一位师傅，注意和师兄弟师姐妹搞好关系。在跑高台演出中，师傅叫她演啥她演啥。为了报答师傅对她的厚爱，她生病发高烧也不言语，仍然带病上场演出。一次演《老征东》，师傅派她演宋王，她发着高烧，浑身冷得打战，扮上戏穿上箱还没上场便觉得头晕目眩。师姐妹劝她跟师傅说一声换个人演，她硬咬着牙坚持要演完。"校场比武"那一场，宋王站在桌子上观阵，她摇摇晃晃走上桌子，一句戏没有唱完，只觉得眼前一片漆黑，如同掉进黑洞一般，腿一软，从桌子上栽了下来。场面上的朱师傅赶紧放下板胡跑上前台，把她抱了下去。

师傅们和在后台候场的师兄弟都围拢到兰田身边，银聚师傅让一个唱须生的学员迅速穿上戏装顶上兰田的活儿上场，然后走到兰田跟前嗔怪地说："你这孩子，病了也不言语一声！"

"周师傅，我把戏演砸了……"

"孩子，这不怪你，有病应该给我说一声，从这么高的桌子上摔下来，多吓人呀！"

贾锁师傅端着一碗水递给兰田："孩子，先喝口开水，我领你找郎中去看看。"兰田听贾师傅这么一说，又感动得哭起来："贾师傅，不用去看郎中，喝口水休息一会儿就好了。我妈经常生病，从来没看过郎中。不碍事，上不了大活儿，能上小活儿。"周银聚听兰田说出这么有骨气的话，打心眼儿里更加疼爱这个徒弟，他对在场的学员们说："你们看看兰田多懂事。不过，以后有病还是要给师傅说一声。"

《申包胥挂帅》是周海水的拿手戏，他唱得悲惨凄凉，低回委婉，韵味醇厚，能把观众唱得热泪涟涟。他的唱腔在豫西调须生中风格独特，自成一派，与其他三位豫西调须生名家张同庆、张小乾、张福寿齐名，被戏迷们称为"三张一周"。兰田非常喜爱周师傅的这出戏，周师傅的一个动作、一个手势、一个腔弯、一句念白她都模仿得惟妙惟肖。周海水看了他这个女弟子的演出，真有点哭笑不得。说她不对吧，看得出来，孩子是真下了一番功夫；夸她唱得好吧，这样学下去可就走弯路了。于是，周海水就开导她说："少爷，学我唱千万不可比葫芦画瓢。我是嗓子不中了才那样唱，你嗓子好好的，又高又亮，可别死学我的腔。我年轻时候嗓子没坏，咋唱咋听使唤，那时候我的唱腔可不是现在这个样子。你听——"说着，他便小声哼唱起当年的这段"二八板"：

> 申包胥在城楼我泪交流，
>
> 哭了声我的吴大哥呀，
>
> 吴大哥城下听来由……

周海水哼唱完这段戏又对兰田说："这不怪你，都怪师傅没给你说明白。"兰田圆睁着两个会说话的大眼睛，细心品味周海水的哼唱，情不自禁地拍手叫好。她打心眼儿里佩服周师傅在唱腔上真有本事："周师傅，你肚里怎么装着这么多好听的唱腔啊！"

"少爷，好好用心学吧，师傅肚子里的好东西多着哩，我一点也不愿意把它带进棺材里去，就怕你们不学。"

海水、银聚弟兄俩都很喜欢这个好学的徒弟，一高兴了，便像逗孩子似的喊兰田"少爷"。这种称呼是其他孩子享受不到的一种待遇，每逢听到师傅这样喊她，兰田心里便觉得非常得意和自豪。在周海水的教诲下兰田慢慢地悟出这么一个道理：跟师傅学戏，不能生搬硬套地学，要根据自己的嗓音条件活学活用，不能单凭嗓子好，仰着脸傻唱干唱，要用"心"去唱，唱出人物感情，唱得自己感到舒服，观众听得动情。经过细心打磨，她逐渐学会了许多优美动听的唱腔，不知不觉地显现出她自己的演唱特点。

兰田的戏在观众中越来越受欢迎，周海水弟兄俩对她也越来越偏爱。她上场前，海水师傅经常把她叫到跟前："少爷，过来，叫师傅给你喷喷胡子。"然后深吸一口烟，接过她的髯口，往上面喷几口烟，清除一下上边的气味，再递给她，充满信任地看着她说："好啦，上去好好唱！"

兰田唱得一天比一天熟练，一天比一天好听，经常博得台下的掌声。乐队的师傅们为她伴奏也很带劲，经常鼓励她、指教她。

《申包胥挂帅》中有这样 4 句戏词：

> 金牌招罢银牌招，
>
> 申包胥撩衣上当朝。
>
> 我再说不上朝回去好，
>
> 朝王鼓止不住咚咚隆咚连声敲。

兰田唱到这里觉得嗓子特别舒服，一高兴把最后一句戏的唱腔给改了。唱罢后她觉得自己这么唱和乐队师傅给她吊弦时唱的不一样，心里很害怕，心想下场后等着挨训吧。可是，她没有想到拉弦的朱师傅不但没有批评她，反而夸奖她唱得好听。这位辅佐周海水设计过许多新唱腔的老琴师非常满意地说："兰田这孩子就是聪明，别人照着师傅给哼的调儿唱，有时候还凉弦掉板地唱不囫囵，她却能自己想出这么好听的唱腔，天生是块唱角儿的料。咱以后就照这么唱啦！"

朱师傅夸奖她，她心里乐滋滋的。但是，她可没有觉得自己成角儿了，是"好戏"了，就骄傲自满忘乎所以。她还是跟科班的几十个孩子一样，唱主角也上配角和龙套把子，大家都听师傅分派角色，谁都唱主角，谁也都给别人配戏。不像江湖班，唱啥角拿啥钱，主演只唱主角，底包只唱配角上龙套。

五年的光景，太乙班跑遍了荥阳、汜水、巩县等地的农村高台和庙会。每到一个地方，周银聚就先领着崔兰田、毛兰花、王兰琴、罗兰梅几个小主演去拜客，到当地乡绅或有钱有势的人家中去拜望。一进人家大门，孩子们就随着周师傅尊称人家老爷、太太或大伯、大叔，请人家多照应。遇到小气的人家，主人只赏他们几块红薯、几把花生。遇到大方的乡绅，主人会赏孩子们每人几个铜钱。兰田拜客中得到的赏钱，总是舍不得随便乱花，积攒多了，她便买个被面或扯块衣料托人捎回家去。石姐接到捎去的东西，总是含着泪对捎信的人说："谢谢师傅们对大甜的栽培，回去告诉大甜，叫她一定要听师傅的话，好好学戏，别惹师傅生气，有出息了别忘了报答师傅。"

冬去春来，夏去秋回。随着时光的流逝，杜岭地边的槐树林也露出了葱茏的姿色。常来这里练功喊嗓的兰田跟这片槐树一样比以前长高了、长大了，跟师傅的感情也像这槐树根一样越来越深了。兰田在师姐妹中也有了三五知己好友，她跟毛兰花在台上唱"对儿戏"，一生一旦似比翼鸟连理枝，在台下她俩也很合得来，形影不离，吃喝不分，好得跟一个人似的。她俩跟马兰贞、郭兰玉、王兰琴自诩"五虎将"，学着《三国演义》中刘关张桃园三结义的样子，在杜岭野地的土堆上插上三根草，排成一行跪在地上，对青天大地发誓："不求同年同月同日生，只求情如兄弟，患难与共，肝胆相照。"磕头结拜，并以年庚大小为序，学着刘关张和瓦岗寨英雄结拜的口气，互相以大哥、二哥、三弟、四弟、五弟相称。她们跪在地上共同表示：要学"好戏"，成"好角"，无论谁先成名发达，都不能忘了"兄弟"，要互相帮衬，有福同享，有难同当。

五、豫剧"十八兰"

绵绵邙山，层峦叠嶂，蜿蜒起伏，九曲黄河盘桓在豫西的黄土地上。走进豫西，随着放羊人一声清脆的响鞭，传来的是河南梆子的吼声："整冠束带离虎位，想起，猛想起陈州事一回。在陈州国舅犯了罪，论国法我铡他不算亏。国舅是国太亲兄妹，她不恨我包拯她恨谁。"山坡上、河滩旁荡漾的吼唱声，寄托了黄河水黄土地养育的这群生灵的人生追求和精神寄托。

汜水马沟有个60多岁的老秀才叫牛士孔，在当地开煤窑，是个有钱有势的乡绅，还是个戏迷。他不仅热戏，更乐于和唱戏的交朋友，对周海水的戏崇拜得五体投地，两人渐渐成为忘年交。周海水尊称他"牛叔"。这位世故通达的老"戏筋"看了太乙班孩子们的演出后，又喜欢上这群娃娃。孩子们都称他"牛爷爷"，他是这个小科班的座上客。

牛秀才矮矮的个头，瘦瘦的下巴上有一缕山羊胡。他看了小科班的戏非常赞赏，叫人做了 18 面红、黄、绿等各种颜色都有的小彩旗，并且亲自拈毫执笔，在每面小彩旗上用规整的柳体字写上一个个小主演的名字：

毛兰花（青衣）　　崔兰田（须生）

王兰琴（花旦）　　郭兰玉（花旦）

马兰贞（老旦）　　李兰菊（小生）

罗兰梅（花脸）　　汪兰巧（丑）

秦兰花（武旦）　　车兰玉（须生、小生）

刘兰叶（老旦）　　黄兰祥（老旦）

范兰荣（帅旦）　　司兰荣（丑）

张兰保（须生）　　冯兰青（须生）

马兰凤（花旦）　　周兰学（黑头）

写完之后，他让周海水把这 18 面小彩旗从"出将"挂到"入相"。当着众多乡绅、财主的面儿，他一面欣赏着这些花花绿绿的彩旗，一面捻着胡须吟道：

要看戏，十八兰，

四生四旦四花脸。

毛兰花、王兰琴，

她俩色艺俱超群。

兰田兰玉和兰贞，

同称五魁在周门。

众人听完他朗诵的顺口溜，纷纷拍手叫好。头脑伶俐的已经记住了这 6 句话，走出人群，他们炫耀般地向邻居、熟人背诵了老秀才的诗作，很快这 6 句诗就在群众中流传开了。他们每到一个台口就把这 18 面小彩旗挂在舞台中间，吸引了许多观众，聚堆的大人小孩、老妪媳妇指点着小彩旗谈论着：

"毛兰花就是《汾河湾》中演柳迎春的，崔兰田就是那个演薛仁贵的，周兰学就是演黑老包的那个。"

　　"崔兰田是个男哩，演须生的。"

　　"啥呀，崔兰田是个女哩，没看见人家叫兰田嘛，女孩子才叫这名。"

　　"人家不管男女，名字中间都是'兰'字，这一科的学生就是'兰'字辈儿的，总共 18 个人。"

　　"人家四五十号人呢，成角的正好 18 个人。"

　　妇孺童叟七嘴八舌你一句我一句地谈论着他们的高见。由于他们每人的名字中间都带有一个"兰"字，又正好是 18 个人，所以，"十八兰"的称号很快传遍了豫西各县。在巩县、汜水等太乙班经常演出的地方，只要太乙班一进村，那些农家的小孩就追逐嬉闹着齐声喊叫："要看戏，十八兰，四生四旦四花脸……"

　　过去唱河南梆子的全是男人，女人不但不准唱戏，连后台也不许进。规矩严的家门，甚至不许女人抛头露面出来看戏。戏中的旦角由长相漂亮、嗓音清脆的男人扮演，如瞿燕身、张庆官和常香玉的父亲张福仙都是豫西一带很出名的男旦。20 世纪 30 年代中期，女演员开始走上梆子戏舞台。豫东的马双枝、司凤英、陈素真、马金凤、阎立品，豫西的汤兰香、常香玉、苏兰芬等相继成为很受观众欢迎的梆子戏坤角。原来以红、黑脸戏和须生戏为主的局面也逐渐变为由女演员主演的旦角戏为主。"十八兰"的出现，更增强了坤角对观众的吸引力。好多原来很出名的男旦相形见绌，被观众冷落，有的改唱老旦、须生，有的到小科班去当教师教学生。观众口味的改变使得周海水的这个小科班在豫西一带很受欢迎，在观众中的影响越来越大。各地庙会的会首对太乙班都另眼相待，纷纷邀请他们去演出。每到一地，周海水总是得意扬扬地带领着他的女弟子到当地士绅家去拜客。临别总要把写着一串戏码的单子给人家留下，请东家点戏。那戏单是专门请人写的，规规矩矩的毛笔字，清清楚楚地写有一二十出戏码：《盗宗卷》《收岑彭》《收姬昌》《收吴汉》《刘全进瓜》《申包胥挂帅》《东吴大报仇》《风箫媒》《汾河湾》《别窑》《大登殿》《困雪山》《桃花庵》《卖苗郎》《秦香莲》《老征东》《樊梨花征西》《虹桥关》《王文玉投亲》《斩白士起》等。各个行当都有的整本大戏，显示着这个小科班的实力。懂戏的会首、乡绅一看这个戏单便看出来这是个行当齐全、阵容整齐、演出剧目丰富的一流戏班。

傍晚，大地披上了一层青岚色的纱巾。草台上也挂起了耀眼的汽灯，演员们还没有化好装，武场面的师傅便早早来到台上，敲打头遍鼓，像在呼喊四邻八舍的大叔、大爷、婶子、大娘赶快放下锅碗来占地方。执着灯笼、火把的人群像河水汇流在草台前，三遍锣鼓敲过之后，正式开戏。站立在男人堆里的汉子揣着手，在倾听别人讲解今晚戏中的悲欢离合。搬着砖头石块在人群中钻来钻去的顽童，一心想站得高一点，好看见台上舞刀弄枪的大花脸大武生，好不容易找着个地方，急忙把砖头石块摞在一起抬脚踩了上去，踮着脚尖扒着旁边人的肩膀刚看到演员的一个头顶，不知谁碰到了他脚下的砖头，哗啦一声顽童倒在了人们的脚下。他只好爬起来拍拍身上的土，搬起砖石另寻新地方。整个晚上他一直在不停地搬砖找地方，等找到了满意的地方，戏已经接近尾声了。

唱高台戏时间很长，前边垫戏是热闹的武打戏和小生、小旦、小丑、彩旦表演的玩笑戏，后面压轴的才是帝王将相出场的朝代大戏或家长里短、伦理道德的故事戏。豫西调最擅长唱苦戏，乡亲们也最爱看苦戏。小女孩们都乖乖地坐在奶奶、姥姥、妈妈、姑姑的身旁，睁着大眼看大人鼻涕眼泪抹了一把又一把，明明是台上在唱，可台下的婆婆媳妇却在吧嗒吧嗒地掉泪哭，唏嘘成片。

那些挂着小油灯卖烤红薯、炒花生、甜甘蔗的小商贩不管台上是在唱还是在说，只管自己亮开嗓门吆喝："热红薯！炒花生又香又脆！"遇到看不懂的人来问，他就现买现卖，把昨天在村巷院前听到的议论立马兜售出来，临了还嘱咐一声："往后看吧，跟我这烤红薯一样，好吃的都在里边呢！"

台上的穷人哭天喊地，沿街讨饭，台下的观众掏空了衣兜往台上扔钱。台上的人撩起水袖哭诉心酸，台下的观众动情地陪着抹泪擦眼。就在这锣鼓笙弦的"流水"和慢板声中，演绎了一场场善恶忠奸、离合悲欢。泪水冲刷着生活的艰难，洗涤着肺腑心肝。他们记住了戏中的人物陈世美、秦香莲，也记住了演员的名字毛兰花、崔兰田。从此，"崔兰田"这个名字传遍了山窝里的村庄，唱响了豫西各县。

《刘全进瓜》也叫《打经堂》《李翠莲上吊》，崔兰田扮演刘全，毛兰花扮演刘全妻李翠莲，乔安民扮演丑角刘全之弟。兰田演这出戏很进戏，一点不假气，很受群众喜爱，每到一个台口，事主总要点这出戏。

这出戏说的是一个和尚到刘全家化缘，刘全妻李翠莲是个善良人，她手中没钱，便将头上的金钗摘下送给这个和尚。刘全知道后，怀疑自己的老婆与和尚有私，便动手责打老婆，刘妻冤枉，一气之下便上吊自尽，撇下两个年幼的孩子。刘全之弟责备刘全："嫂子这么贤惠，你冤枉了她，现在她含冤自尽，撇下两个孩子多可怜啊。"刘全自知冤枉了妻子，十分懊悔，携子女哭祭，翠莲于"望乡台"上痛哭，阴阳不能相认。刘全伤心地唱道："手拉着儿女泪如雨，哭天叫地叫声我的妻。"兰田每演到这里，便想起了自己幼年时的坎坷经历，想到妈妈带着她姐妹两人到山西寻找父亲的苦难情形，鼻子一酸，触动感情，越想越痛，越唱越难受，不由声泪俱下。台下的观众看到这个刘全真的掉泪了，也跟着掉泪，还夸她演得真像，真动人。

戏演得有感情了，她就琢磨怎么唱得有味。这出戏是周海水亲授的。周师傅唱戏有个毛病，唱到动情的时候，做戏不睁眼。兰田就模仿师傅，挤着眼唱。

周师傅发现后就批评她："好东西学不会，毛病倒学得快。"为了锻炼她们眼睛的精、气、神，让她们睡觉前黑着灯点香，然后眼睛一直盯着香看，还要求聚精会神，不许眨眼，不许瞌睡，谁坚持不住就打谁的板子。经过一段时间的苦练，她们的眼睛能传神、会说话了，师傅才不再监管她们练眼。

周海水的道白很讲究，吐字清晰，字正腔圆，字字如珠落玉盘，他要求学生也是这样。孩子们演戏多了，毛病也就暴露得多。他发现谁发音不正，尖团字不分，就叫到跟前用筷子压住舌面，帮你找准发音位置。有的同学纠正两三次都改不了，周师傅有时就会发脾气，拿筷子的手免不了要用力压舌面，筷子在嘴里一戳，戳破了舌面就会弄得满嘴血水，这样忍着疼、咽着血水还得照样练吐字、练道白。周师傅常告诫她们：吐字不清，道字不明，如同钝刀子杀人，叫人活受罪。兰田得周海水真传，在吐字上下过很大功夫，字头字尾，尖音团音，清晰分明，一个字一个腔都能清清楚楚、明明白白地送到观众的耳中。

荥阳县有一位教书先生，大家称他申先生，50多岁，瘦削的身材，爱穿一件长袍。他思想比较激进，在当地是个有影响的人物，也有人说他是共产党的地下工作者。他跟周师傅很熟，常去看太乙班的戏，也很喜欢这些穷娃娃。他不仅爱看戏，而且很懂戏，还会写戏。

一天，周师傅把科班的人集合起来，说："申先生专门给我们写了一个新戏《戚继光战台州》，我们要抓紧时间把这个戏排出来。我和师傅们商量，让兰田演戚继光，兰花演戚夫人。锁哥和朱师傅定唱腔，银聚师傅拉场。现在请申先生给大家讲本子。"

申先生拿着剧本对大家说："去年发生了震惊中外的'七七事变'，日本军队已经侵占了我们的东三省，最近不断有日本飞机飞到开封撂炸弹，在这国难当头之际，我想起了民族英雄戚继光到台湾战倭寇的故事，所以就写了《戚继光战台州》这个剧本。"

戏排出来后，开封已经沦陷，日本鬼子逼近郑州，民众抗日的情绪十分高涨。在此民族存亡的紧急时期，太乙班上演这出宣扬爱国抗日的新戏，受到各界群众的欢迎和称赞。

申先生经常邀科班的孩子们到他家去玩，而且十分关心这些穷苦孩子的文化学习。他借用附近的民众教育馆给这些孩子上识字课。戏班的孩子从小学戏，连学堂门都没进过，大部分连自己的名字都不认识。他们坐在桌凳齐全的教室里，望着小讲台上申先生写出的一行字，跟着申先生齐声念道："你是中国人，我是中国人，大家都是中国人，中国人爱中国，大家都用中国货。"

申先生发现兰田对识字学文化很用心，每次都是专心致志地念、写，就很欣赏她，鼓励她："我听说你学戏很刻苦，学文化知识像学戏一样用心刻苦就行。一个人不识字就是一个睁眼瞎子。好好学吧，将来你一定能成为一个出名的演员。"

兰田第一次听说不识字没文化的人将来就是"瞎子"。她回到科班，只要有空就找根小树枝蹲在地上不停地练写"人、口、手，大、中、小"，还学着小彩旗上牛秀才书写的柳体字"崔蘭田"三个字练习。当她发现自己背写的名字跟牛秀才写的不差一笔一画时，高兴得一蹦多高："我会写自己的名字啦！"拉着同学马兰贞和马兰凤就蹲在地上写给人家看。兰贞和兰凤是亲姐妹俩，济源人，兰凤是妹妹，在科班里年龄最小。兰田就劝说兰贞姐妹俩："恁俩也学识字吧，可好学啦。"

"十八兰"中的头牌旦角是师姐毛兰花，她的眼睛不大但是长得耐看，扮起戏来很漂亮，嗓子也好，唱得耐听。戏唱红了，人出名了，接踵而来的应酬交际也就多了。这天贴出的戏码是《汾河湾》，戏都快开演了，毛兰花还没有到场，周银聚急得团团转，眼看就耽误开演了，他试探着问已经扮好薛仁贵的兰田："柳玉环的戏你会不会？"

"会一点儿。"兰田小心翼翼地回答。

周银聚一听兰田说会一点，喜出望外："救戏如救火，会一点就中。路子你都知道，来，我再给你说说。"他又扭头吩咐乐队、管箱的人："今天兰田唱旦角柳玉环，冯兰青接薛仁贵，朱师傅叫武场'马后'些。"

贾锁师傅听说兰田改唱旦角，急忙帮兰田改装。在贾锁师傅给兰田包上头的时候，银聚师傅走过来跟兰田对茬口。周银聚发现兰田的旦角台词背得滚瓜烂熟，心里就有了底。他见大家准备妥当了，就走到乐队旁边比了比手势，回到后台喊了一声："开戏！"

武场的乐手收住了开场的"冲子"锣鼓，朱师傅操琴行弦，柳玉环出场亮相。这时周银聚悬在喉头的一颗心算是掉进了肚子里。他站在上场门摇了摇头自言自语："真是个小精灵鬼，不显山不露水地知道'抱本'学戏，是个有心人。"

在演出中，忽然台上台下发出了一阵哄笑。原来，兰田唱惯了须生，乍一改旦角，还不习惯。旦角叫板应该是"呜呀——"她一时忘了身份，"啊哈——"一声喊出了须生的叫头，惹得台下台上哄堂大笑。她自己也觉得可笑，演惯了须生，一伸手都是须生的手势两指并拢，而旦角伸手做戏应伸兰花指。在台上她总是习惯地伸出两指，猛然意识到后，马上悄悄改成兰花指。

这场戏圆满地演下来了，周银聚看兰

1941年，时年15岁的崔兰田演出《虹桥关》，扮演罗璋

田扮起旦角端庄大方，貌似天仙，旦角戏演得婀娜娉婷，唱做俱佳，高兴地对兰田说："少爷，以后你就改唱旦角吧！"

兰田演戏很泼辣，缺啥角补啥角。演《虹桥关》，王兰琴扮演女主角洪玉娥，兰田演小生罗璋，有时候也演洪玉娥的父亲老王爷。一次银聚师傅喊兰田："少爷，给你弄个丑角演演吧，敢不敢？""敢！"于是，崔兰田在《梅林拉灵》中扮演了一个鼻子上画有豆腐块的丑角梅林。

周银聚会戏很多，对学生要求很严，他往后台一坐，谁也不敢误场。他是个既正派又俭朴的老艺人，对这些小徒弟很体贴。在农村唱高台戏，演到深夜戏完了，观众还不走，一个劲儿地吆喝让再唱一出。这时候，银聚师傅不让孩子们上，他用彩笔往脸上胡乱画两道，然后对孩子们说："大家都洗脸歇着吧，让我来唱。""七匹骡子八匹马""东屋点灯西屋明""过了三十是初一"，他那失润的破嗓子高一声低一声地唱着，场面上的师傅跟着他尽兴地又拉又敲，好不热闹，台下小孩们又是起哄、吹哨，又是拍巴掌。大人们知道这是在要孩儿唱"送客戏"，听得不耐烦，拿起板凳回家了。

1941年农历八月，郑州时局日趋紧张，为了避开战乱，给科班寻一条谋生的出路，周海水带着小科班的几十个孩子逃难似的徒步来到洛阳，在背靠北城墙角的世界舞台演出。

洛阳是河南省很繁华的城市，古时候做过十三个朝代的京城，传说武则天在这里还种过牡丹花呢。可是，走进城里一看，市面上很乱，军警便衣横行霸道，地痞流氓招摇过市。农村蝗虫泛滥，五谷歉收，天灾人祸，民不聊生。逃荒要饭者随处可见，头插草标卖儿卖女的排成长队。在这年景不好、兵荒马乱的岁月里，人最不值钱，给个馍就能把一个人领走。

世界舞台位于城乡之间，来这里看戏的观众有做生意的小商小贩，也有下田种地的农民，更多的是那些围着锅灶做饭和抱孩子洗衣服的老太太和小媳妇。他们的生活并不富裕，很多人一年四季不得温饱，但他们中有许多是戏迷，肚子填不饱，照样不耽误去戏院看戏。

太乙班这些小演员第一次到城市的大舞台演出，很有生气，满台十五六岁的年轻人，生旦净丑行当整齐，个个生龙活虎，十分讨人喜欢。戏院的门口每天都挂着一块大红木牌，上写：豫剧"十八兰"联袂主演。下面写着：主演崔兰田、王兰琴、冯兰青等。几场戏演下来，这些小主演就被群众认识了。不少住在戏院附近的大娘大嫂同她们混得很熟，经常到后台和她们拉家常，聊闲篇，亲热地拉住她们的手："闺女，到俺家吃饭去吧，俺给你们做粉浆面条吃。"

一天，一个十五六岁的女中学生，抱着个花布包，来到后台指名要找崔兰田。兰田用惊诧的目光打量了几遍也想不起来她是哪股亲戚。女学生爽朗地告诉兰田："你不认识我。我跟你既不沾亲也不带故，我就是一个戏迷，喜欢看你演的戏。你演的《桃花庵》《抱琵琶》《樊梨花征西》《刀劈杨藩》《王莽篡朝》，我都看了。"她一口气说出了一大串兰田主演的戏，然后解开花布包拿出一件新官衣，送到兰田手里："这是我专门给你买的新官衣。你在《王莽篡朝》中扮演上官大夫，穿的官衣太宽大了，不好看。你以后穿这件吧，肯定合身。"

兰田接过官衣高兴得不知道说什么好。小时候在山西看戏，见过观众往台上扔布料、扔绸缎，在科班里也遇到过往台上扔钱的。一个素不相识的人，花钱为她买一件新官衣，这种喜从天降的事，她还第一次碰见。她激动得连声说："谢谢，谢谢小姐。"女学生落落大方地对兰田说："别叫我小姐了，我的名字叫王建青。""我叫崔……"兰田木讷地不知如何作自我介绍。王建青抢过话头："你不用自我介绍了，如今这洛阳城里有几个不知道你崔兰田大名的？"兰田学着师傅带她拜客时讲话的模样，厚道地说："我刚学戏不久，尚未出科，还请王小姐多多关照。""哈哈……"没等兰田说完，王建青就笑得直不起腰来了。兰田见她如此坦诚开朗，也不再紧张，舒心地放声大笑起来。从此，她俩成了无话不谈的好朋友。

崔兰田嗓子好，扮相俊，唱戏又卖劲，很快在这座文化古城初露头角，小有名气。好多群众冲着崔兰田的名气到戏院买票看戏，他们说："三天不吃盐，也要看看崔兰田。"洛阳其他剧团的同行也都知道了，世界舞台周海水小科班中有一个名叫崔兰田的坤角唱得不赖。

这天，兰田正在剧场后台拿着枪杆练功，戏院楚经理领着一位身穿阴丹士林布旗袍的小姐来找她："兰田，常香玉女士看你来了。"兰田扭过头望着这位比她个头高些、剪着短发、朴素大方的小姐，还没等她开口，常香玉亲切而有礼貌地对她说："久仰，久仰。早听说周师傅科班的'十八兰'中，有一位才貌出众的崔兰田在豫西一带很有名气，今天特来拜访。"听到常香玉这么客气地夸奖自己，兰田一时不知说什么好，急忙放下手中的枪杆，恭敬地向香玉鞠躬致意，香玉也躬身还礼。

常香玉这个名字，兰田刚进科班就听师傅说过。在崔兰田还没有学戏的时候，香玉就在周海水师傅的戏班待过，那时她叫张妙玲，从小跟她父亲学戏练功，后来随她父亲一块儿来到周海水的戏班，曾拜周海水为师，以后改名常香玉，在开封、洛阳、西安演出，很有名气。兰田刚学戏时，香玉已是赫赫有名的头牌主角了。这么出名的大演员亲自来到戏院看望未出科的学徒，使兰田打心眼里觉得常香玉是个没有架子的人。再从她的穿戴和气质看，兰田觉得常香玉不像个唱土梆子戏的演员，倒像个很有风度的女学生。头一次见面她俩很谈得来，这也为后来她俩在西安合作打下了基础。

六、出科搭班

崔焕臣和石姐听说女儿在洛阳唱红了，便带着二妮和二小来到洛阳。这时，兰田已经学艺期满，为师傅效劳一年的合同也快到期了。成了角儿，师傅也分给她一点戏份子，勉强可以养家。在师傅的帮助下，崔兰田在戏院附近租了两间房子，安置父母弟妹住下。

由于时局不稳，在洛阳演了有一年的光景，科班的营业收入也陷入了低谷。周师傅每天愁眉不展，为科班的生计发愁。未等效劳期满，周师傅迫于无奈，只得让徒弟们八仙过海，各奔东西，陆续出科搭班走了。

密县的一个戏班老板专门跑到洛阳找到兰田家，要邀她去密县唱戏。崔焕臣一见到陌生人就手足无措不知道怎么应酬，还是石姐出面，谢绝了密县的戏班老板。送走客人后，石姐对丈夫说："山里边恶霸恁多，谁能惹得起呀！我才不会把闺女往虎口里送呢。你看你，家里来了生人你就不知道咋说话了，还是大老爷们儿呢。"

"你能，你中，以后啥事都让你说了算，我赇等着吃闲饭，中了吧？"崔焕臣嘟嘟囔囔，一甩手出门上街溜达去了。

父母来到身边，兰田每天除了练功就是温习戏码，啥事都听妈妈的，一切由妈妈拿主意。

世界舞台的经理楚公民一直在戏院混，深知成班好戏是个赚钱的买卖。他自己成立一个戏班，取名"豫声剧社"，主要演员不论生角、净角、丑角、旦角都是豫西有名气的男演员，在豫西各县城乡演出很受欢迎。这些年女演员在舞台上活跃起来后，他这个戏班逐渐被观众冷落。男旦张庆官在豫西一带是呱呱叫的好角，可是现如今再卖劲地唱也唱不过常香玉、汤兰香这些妙龄坤角。楚公民为这事很发愁，担心自己的戏班如果再不充实色艺俱佳的坤角，总有一天会垮台。正在他一筹莫展之际，太乙班的"十八兰"出科了，他首先想到了崔兰田。这班孩子在他的戏院演出时，他清清楚楚地看到，最叫座的演员是崔兰田，他一定要想尽一切办法把崔兰田挖到他的豫声剧社。于是，他提着点心来到兰田家，他知道兰田的事情都是她妈说了算数，就甜言蜜语地跟崔妈商量："嫂子，听说兰田出科了，不知您有啥打算。到外边去搭班，别说嫂子你不放心，当叔的我也不放心。咱闺女在洛阳唱得这么响，论扮相论唱功，不亚于陈素真、常香玉。兄弟我手头积攒了几个钱，想置一套戏箱，给咱闺女拢个班子，把咱豫西的'好好'都邀来傍兰田，再从太乙班中挑几个像样的坤角给兰田配戏，保管比在太乙班打得更响。在洛阳地头上，咋着也得有咱一碗饭吃。到时候，只要生意好我亏待不了咱闺女，准能叫她在洛阳红得发紫。"

崔妈不露声色地看着楚公民眉飞色舞地拍胸脯打保票，她了解坐在她面前的这个高个子、黑长脸的经理，仗着他哥哥在国民党部队当团长的势力，在洛阳地面上无人敢惹。他性情粗鲁，处事心狠手毒。他若要用你时，也会摆出一副笑脸，说的比唱的还好听。崔妈心里清楚他的为人，也知道他的能耐。她想要是在这洛阳地头上让闺女搭班挑梁，离了这号人怕是办不成事。于是就爽快答应："别人我不信，大兄弟的话我还能不信？你说咋办，咱就咋办。"

楚公民不愧是在江湖上混的一个人物，说到办到，几天的工夫便把豫西班社中几位"好好"邀到他的剧社。其中有在豫西很有名气的须生王随朝，艺名"狗尾巴"，此人不到30岁，人很老实，爱抽大烟，演起戏来唱做俱佳，浑身是戏，应工须生，有时也反串丑角。他吸大烟被抓过，官府的人都认识他，在堂上喊他："狗尾巴！"他随即用丑角的腔调回答："有！有！有！"逗得众人哄堂大笑。此外，还有"狗尾巴"的堂兄、唱红脸的"狗头"王相臣，唱白胡须生的"地牤牛"贾宝须。张庆官此时已经50岁开外，嗓音失润，楚公民仍然留用他，改唱老旦。又从太乙班中邀来了姚淑芳和"十八兰"中的王兰琴、李兰菊、汪兰巧等人。

演员阵容更新后的豫声剧社，还是在世界舞台演出。贴演的第一出戏是《桃花庵》，崔兰田扮演窦氏，王兰琴扮演陈妙善，李兰菊扮演苏宝玉，"狗尾巴"扮演苏昆。剧中的主要角色虽然仍是"十八兰"中人，但是外八角换成了豫西的"好好"。尽管上演剧目仍是科班中演的那几出戏，由于演员阵容整壮，名角联袂登台，演唱的水准比其他班社高，所以他们一炮打响，在观众中引起很大的轰动，场场爆满，票房的收入非同寻常，高兴得楚公民每天咧着嘴笑，脸上像开了花一样。

帮兰田包头的一位老师傅在她化装时跟她闲谈："挑担的靠膀子，唱戏的靠嗓子。干咱们这一行，嗓子是本钱。老天给了你这么漂亮的一副嗓子，真是你的福分，命里注定你该吃唱戏这碗饭。不过，光凭嗓子好还不够，'二八流水'上韵下韵谁都会唱，但是唱得有韵味、唱得迷人可不是那么简单的一回事。就拿张庆官来说，你听人家那寒腔，那鼻音，真是唱绝了，多少戏迷一听他唱就走不动了。可是，戏才唱出味了，嗓子坏了，人也老了，只好改唱老旦。你这副嗓子如果给了他，他老先生可就做精了。"老师傅几句闲话，给了兰田很大的启发。她仔细品味这席话，觉得有很深刻的道理。她想，把我的嗓子给了张庆官他老先生就"做精"了，反过来，如果我能把张庆官的技艺学到手，我不也就成精了吗？看来这位老师傅是在有意点化我。想到这里，她脑海中萌生出一个想法：我绝不能盲目乐观，故步自封，陶醉在观众的喝彩声中。我要向张庆官师傅求教，把他的绝技学过来。

回到家，兰田跟母亲提起张庆官的精彩演技，崔妈也很敬佩地说："张师傅早年就是洛阳的红角。"她开导兰田："你成天光知道踢羽毛毽玩，好比那井里的蛤蟆坐井观天，你哪知道天外有天，戏无止境啊！你都十五六岁了，光玩可不中啊。要操心学艺，将来才能像张师傅那样红遍洛阳。"崔妈又问："你从小科班来到江湖班跟老师傅同台演出，感觉咋样？能配一块儿吗？"

"这几位老师傅都是'好好'，他们个个唱腔好听，做派讲究，和他们一块儿演戏，一点不敢马虎。像张庆官师傅，虽然演的是老旦、唱的是配角，可是唱腔、做派、念白很有功夫，我想好好跟他学习。"兰田把自己的想法告诉母亲。

崔妈听后高兴地拍手说："田儿啊，咱娘儿俩可想到一块儿了！你现在在江湖上搭班跑码头可不比在科班里，一定要有高人指点，你才能胜人一筹。"几天后，崔妈特意备了几样菜，把张庆官请到了家里。

张庆官中等身材，举手投足间蕴含着男旦演员的纤弱。他是河南偃师县人，自幼学艺，功底深厚，戏路宽，身段好，扮相俊俏，咬字清晰、准确。他虽然嗓音条件欠佳，但是很会用嗓。青年时期唱花旦，中年唱青衣，老年唱老旦。他在《花打朝》中表演程七奶奶"吃席"，活灵活现，惟妙惟肖，喜怒哀乐层次分明。他特别善演疯妇，在《天仙录》（又名《转心壶》）中扮演羌王公主桂花，被逼疯后的表演非常出色，常常感动得那些看戏的大姑娘、小媳妇热泪涟涟。兰田随科班刚到洛阳时，曾看过他的这出戏，印象非常深刻。此时的张庆官因嗓音失润已不大能演出，常演些配角，但在这些配角表演中仍能显露出他深厚的功底、精湛的技艺。

席间，崔妈一边殷勤地斟酒布菜，一边跟张庆官说出了她的心思："她大爷，我想让田儿拜在你跟前，请你多点拨点拨她，不知道你看中看不中这个徒弟？"

张庆官矜持地说："弟妹，你可真高抬老哥我了。我唱了半辈子戏，也红过几年，可现在已经人老珠黄不像当年了。如今看戏都是要看坤角。兰田年轻漂亮，是楚老板邀来的角儿，我是在傍着姑娘唱老旦。我当她的师傅，别人不说我倚老卖老嘛！况且，兰田已经成名了，多搭几个班、多演几出戏啥都有了。"

"她大爷，田儿这孩子是才出笼的小鸟，黄嘴毛还没褪呢。舞台上的玩意儿可不是吹糖人哩。你在西安陪陈素真演过，见过大世面。你说说，我这当娘的不能只满足于让她当个小主演哪，咱要让她往高处走。将来田儿这孩子要是有点出息，她能忘了你这当大爷的？"崔妈诚恳地说，"她大爷，你就辛苦辛苦，收下田儿这个徒弟吧。"

兰田也央求："张师傅，你就收下我吧，我不会给你丢人的。"

张庆官端起酒杯呷了一口，敞开心扉对兰田说："唱腔不要光以高取胜，许多人认为能唱高调门就是好。其实，低音也同样能深刻地表现人物，达到好听悦耳的效果。"他学兰田在科班中的唱法，唱了一句《桃花庵》中的"滚白"："窦氏一阵泪双倾，我的张才夫啊，你的鬼魂听。"又用他的唱法唱了一遍，其中"倾"和"听"两个字用的都是鼻音和低音，明显比科班的唱法生动感人。

用鼻音绝非单纯卖弄技巧，根据剧中人物思想感情需要，在唱腔的韵尾是鼻音字时，把韵尾收入鼻腔内行腔润腔，使之烘托唱腔的感情。这一绝招，使兰田受益终生，并在实践中逐渐形成了她的特点。如《秦雪梅》中"热身子掉至在冷水盆"的"盆"字行腔，是她运用鼻音、低音唱法的典范，既表现了秦雪梅悲哀低沉的情绪，在乐感上又动听悦耳。《双蝴蝶》中"那井里边照影"的"影"字，也是典型的鼻音，表现了深沉、含蓄的音乐意境，恰如其分地表达了剧中的规定情景。在长期的舞台实践中，鼻音和低音的运用，已经成为崔兰田声腔中的一个特色，很多观众还特别爱听她的鼻音，好多后学者也纷纷效仿。但是鼻音也不能随便用，要结合着剧情，听起来才觉得贴切。

张庆官还告诫兰田：演戏一定要演人物，要以假比真，要用感情假戏真做。不能千人一面，千人一腔。对扮演的人物，必须深刻理解剧情和角色在特定情景中独具的典型思想感情。秦香莲、穆桂英、柳迎春、秦雪梅等角色，她们在剧中的喜、怒、哀、乐，都有她们在各自不同情景、不同环境中的特征和鲜明的个性。所以，在准确地演好剧中人物时，一定要把握你所演的角色的年龄、地位、身份、性格特征，从而去细腻、生动、准确、真实地刻画人物，对所塑造的对象的一招一式、一腔一调、一言一语及手、眼、身、法、步、语气、神态都要反复揣摩，准确掌握，这样才能塑造出感人肺腑、富有魅力的艺术形象。

如果说周海水、贾锁、周银聚等老师傅是崔兰田的启蒙老师，将她领进艺术殿堂的大门，那么在她攀登艺术高峰的"修行"途中，幸运地遇到的名师，就是享誉中州剧坛的豫西调名旦张庆官师傅。崔兰田不仅在张庆官身上学到不少东西，而且在表演风格上受其影响，对日后她的艺术发展和风格流派的形成都起到了关键的作用。

洛阳是豫西调和洛阳曲剧的发祥地，也是各种艺术班社云集的一个十分繁华的商业都会。20世纪40年代在洛阳建立班社的有越调、京剧、河北梆子、蒲剧、眉户、罗戏、卷戏、怀梆、二夹弦、木偶戏、曲剧、豫剧等十几个剧种。

豫剧和曲剧以洛阳为中心向四周各县辐射的戏班达四十多个，几乎遍及豫西各地。

在洛阳，崔兰田有机会观摩这些剧种的艺术，潜移默化地受到了滋养。

每天演完戏尽管已经很累了，但兰田只要听说哪个戏院有戏，便顾不得休息，急急忙忙洗把脸就往人家的戏院跑，到那里看人家一段戏或是看个戏尾巴。天长日久，她学到了不少东西，"偷"到了不少技艺。徐碧云的京剧，陈素真的"樊戏"《女贞花》《霄壤恨》《凌云志》，常香玉的《拷红》《闹书馆》《蓝桥会》，这些名演员的戏，让她开阔了眼界。她觉得徐碧云的戏京腔京调，行腔归韵讲究，一招一式规矩；陈素真的戏表演特别细腻，身段大方脱俗，比她以前看过的许多梆子戏"好好"的做派都"广气"；常香玉的戏嗓音高亢洪亮，吐字清晰，唱腔新颖，既有豫西的韵又有豫东的味儿。

最使她入迷的是洛阳曲剧，"卫生丸"（曲剧男旦刘卫生）、"万人迷"（马德山）和冯章禄的戏，唱腔丰富，旋律悦耳动听。她不但爱看，而且看完回来就学人家唱。曲剧《祭塔》《小姑贤》等戏中的大板戏，她能一字不差、一句不少地唱下来。

在洛阳，兰田除了迷曲剧，她还迷乔清秀的河南坠子。她借了一台手摇留声机，抱来一大堆唱片，大多数是乔清秀唱的河南坠子小段：《王二姐思夫》《玉堂春》《蓝桥会》《宝玉探病》《黛玉焚稿》《双锁山》《凤仪亭》《昭君出塞》《游湖借伞》等，她听了一遍又一遍，边听边唱。

1930 年以后，河南坠子进入兴盛时期，在天津形成了乔清秀、程玉兰、董桂枝三大唱腔流派。乔清秀是河南坠子北路调的创始人，北路调也叫北口，以乔清秀为代表又叫乔口，她的不少曲目是从大鼓移植来的。乔清秀的演唱，风格清新，以节奏流畅、吐字清脆、唱腔悠扬婉转、行腔明快婉约见长，特别注重高音、中音、低音的运用，嗓音纯净甜润。

在郑州时兰田看过不少乔清秀的表演。那时，乔清秀身穿青色旗袍，胸前绣有一枝梅花，齐腰的大辫子，在她向观众弯腰鞠躬时，大辫子从肩上滑到胸前，只见她抬头挺胸将修长的辫子甩向脑后，就在她打响手中的简板的同时，台下爆发出一阵热烈的喝彩声。

河南坠子开场时都有即兴演奏的"闹台曲"，热烈火爆，非常吸引观众。闹台以后向起腔过渡的"过板"，是速度和力度的缓冲，在主体唱腔的进行中，根据唱词中不同句式的格律，使用三字崩、五字嵌、七字韵、巧十字、拙十字、寒韵、滚口白等唱法，产生节奏和旋律上的变异，表现不同的感情。伴奏乐器是独具特色的坠胡，击节乐器有伴奏员使用的脚梆和演员使用的简板、铰子、矮脚书鼓。

在洛阳，生活条件好一点了，崔兰田借来留声机，整天就跟着留声机学唱河南坠子。她手持一根筷子，模仿人家打矮脚书鼓的动作，边做边唱：

貂蝉你走了一个连环步啊，

吕布就把美娘扶。

美娘，美娘，

你心中莫把旁人怨，

埋怨你义父王司徒。

崔妈看女儿每天抱着留声机痴迷地听河南坠子，就说："这一段没见你练功，也没听你温词，下来活儿不是跑出去看戏，就是待在家里听留声机，你是想改唱曲剧呢，还是想唱河南坠子？"

兰田拽住母亲指着留声机说："妈，你听听人家乔清秀的喷口多讲究，嘴皮子多巧。"

听兰田这么一说，崔妈明白了女儿听留声机的用意，不由自主地伸手摇动留声机的手柄，也想一块儿听听，好让女儿多学别人一些长处，以丰富她的"玩意儿"。

常香玉的戏班在洛阳华乐戏院演出《西厢记》，前部王秀兰扮红娘，常香玉扮莺莺，后部王秀兰扮莺莺，常香玉扮红娘，她俩配合得出色，扮啥像啥。

兰田和师妹王兰琴也挤在观众群中认真地看着人家的戏，还小声谈论着看戏的感受："看王秀兰化装多漂亮。"

"不光人长得漂亮，戏演得也很抓人。你不记得奶师经常给咱说，演戏是以假做真，要装龙像龙、装虎像虎，不能光图穿戴好看，要知道你演的是啥行当、多大岁数、是啥身份。人家秀兰姐就是这样演的。"

"我想把她们的《闹书馆》学过来，咱找来剧本排这个戏吧。"兰田对兰琴说。

"中啊，我去找秀兰姐，托她想法给咱弄个剧本。"

兰田经常去看别人的戏，其他剧团的姐妹也常来看她的戏。王秀兰看了兰田的戏后，就到后台来找她："田妹，我知道你很喜欢《闹书馆》这出戏，我给你找来了剧本，你拿去排吧。"

在过去的戏班里，同行是冤家，戏词、剧本是不轻易送人的。王秀兰为人豪爽、大方。她和兰田一见如故，彼此都很佩服。送剧本给兰田，比送给她金银首饰都珍贵。她视兰田如手足，不分彼此，在一起无话不说。王秀兰告诉兰田：她8岁从民权闫集大门村逃荒到开封，因无钱葬父，将自己以10块银圆卖给马老婆的儿子当童养媳。马老婆后来改嫁给开封唱祥符调的男旦王兰亭。因受不了马老婆的虐待，她逃出马家，进了开封义成班，拜在名武生"羊羔"（杨吉祥）的门下学艺。两年后，杨吉祥病故，她又跟着王兰亭学艺。同时，她还得到祥符调名坤旦马双枝的教诲。1939年，王兰亭带领她到西安挑梁演出，后来应邀与常香玉合作挂二牌。

兰田与王秀兰都是穷苦人出身，自小都有着苦难的经历。她听秀兰讲述身世后，很同情她。她俩与王兰琴在一起谈话非常投机，比亲姐妹还亲。三人情投意合，难舍难分，就歃血为盟，结拜成干姐妹。秀兰为姐，兰田次之，兰琴为妹。

梨园行一向流传着这么一句比喻十分形象的土话："一个槽上拴不住两个叫驴。"意思就是说，在一个戏班中不能同时有两个出色的主演，两位"好好"同台演出，一定会互相嫉妒争斗，甚至相互拆台，很难搞好关系。可是，许多有修养的演员并非如此，他们讲究"一台无二戏""红花绿叶扶"，合作中体现了高尚的艺德和人品。

著名豫剧花旦姚淑芳，就是兰田在洛阳豫声剧社时遇到的一位"好好"。

姚淑芳是唱祥符调的演员，曾在西安与常香玉、在开封与陈素真合作。她年轻漂亮，一双明亮的大眼睛炯炯有神，顾盼生辉，表演大方活泼。嗓子如行云流水，唱念口齿清楚，嘴皮子上很有功夫。《桃花庵》中兰田演窦氏，她演妙善。兰田的唱腔沉稳婉约，用大本嗓行腔，是地道的豫西调；姚淑芳的唱腔俏丽明亮，用二本嗓行腔，是典型的祥符调。她俩在台上配合默契，演出效果出人意料的好，很受欢迎。她们自己也认为合作得很愉快，如鱼得水，称心如意。

在姚淑芳面前，兰田从来不以头牌自居，也不嫉妒淑芳俊美的扮相和出色的表演会压住她。姚淑芳也不怕兰田这个头牌压她一头，更不曾在台上故意显露自己，给兰田眼色。这一对舞台姐妹的合作，称得上珠联璧合。因此，在洛阳戏迷中流传着这么一句俚语："崔兰田的唱，姚淑芳的浪。"

姚淑芳原本姓韩，随母姓姚，祖籍开封，自幼家境贫寒。因生活所迫被卖入青楼，跳出火坑后在开封学戏。

姚大妈很厚道，说话办事慢条斯理。她的妹妹姚二姨是位久经江湖世面的人，说话办事都很厉害，一家大小事全靠这位姚二姨张罗。姚大妈对她这位妹妹从来都是百般信赖，言听计从。

姚淑芳来到洛阳后，与兰田的师哥常年来爱慕生情，两人相爱得如胶似漆，活像连理枝。姚二姨认为常年来是个臭唱戏的，要钱没钱，要势没势，在世面上也混不出个名堂来。而姚淑芳年轻漂亮，又是有名气的坤角，应该嫁个军官、商贾，做个达官贵人的太太。因此，她竭力反对姚淑芳与常年来恋爱。一见姚淑芳与常年来交往，她抬手就打，张口就骂。姚淑芳脾性也很刚烈，她觉得与常年来能够患难与共，生死相依，宁愿两人在一起演戏受穷，也不愿做官太太，她发誓非常年来不嫁。

一次，演完夜场戏后常年来送姚淑芳回家，恰好与打完麻将的姚二姨在门口邂逅。姚二姨拍着大腿把常年来骂走了，转身抓着淑芳的头发就往墙上撞。淑芳宁死不屈。姚二姨更是火上浇油，暴跳如雷地把淑芳按倒，在地上拳打脚踢。淑芳被逼得急了，摘下手上的金镏子塞进嘴里。姚二姨见状惊慌得又是请医生又是往她嘴里灌油，抢救了老半天，淑芳才苏醒过来。姚二姨看淑芳是铁了心要嫁常年来，没辙，只好松口同意他俩结婚。

当时唱戏的社会地位很低，和妓女一样被人们称为"下九流"。唱戏的艺人自认为靠卖艺挣钱，妓女靠卖身挣钱。好多艺人一向还鄙视妓女。在豫声剧社不少人听说淑芳出身青楼，便看不起她，故意疏远她。兰田知道了她的身世后，从心里不但不鄙视她，而且还很同情她的苦难遭遇。看到淑芳，兰田便想起了她那屈死的大表姐，可怜她20多岁年纪轻轻的便离开了人世。妓女不是生来就是卖身的下等人，而是世上最不幸的苦命人。

淑芳人很聪明，心眼也好，做一手好针线活，衣服、鞋都是她自己动手做，她还常给兰田做衣服、做鞋。在舞台上她俩互相关照，各显神通，从不争风吃醋；在台下她俩互相关心、帮助，有什么知心话都肯跟对方说，像亲姐妹一样。

魏太太是个戏迷，她丈夫是国民党某集团军驻洛阳办事处处长。20世纪30年代后期，陈素真随狮吼剧团在洛阳演出时，她迷上了陈素真，并结拜成干姐妹，魏太太排行老四，陈素真排行老五。崔兰田到洛阳搭班后，她又迷上了崔兰田，天天来捧场看戏，还托人说合，要认兰田做干女儿。她看兰田上进心很强，也很崇拜陈素真，便常跟兰田说："有机会陈素真来洛阳了，我一定叫她收你当徒弟。"

机会说来便来。1943年正当崔兰田在洛阳世界舞台走红之际，陈素真应河南同乡会的邀请来洛阳为灾民唱义务戏，而且就在世界舞台演出。剧场经理楚公民跟兰田商量："陈素真带着赵义庭、魏进福、田岫玲等几个傍她的配角，要借咱这儿的班底演几天义务戏，你看……"

兰田一听说陈素真要来世界舞台露演，没等楚公民把话说完，高兴得欢蹦乱跳地跑去找魏太太了。因为她对陈素真仰慕已久，一直苦于无缘目睹这位大演员的舞台风采。现在陈素真到了洛阳，同在一个戏班一个舞台上演戏，这不是打着灯笼也难找的看戏学戏的好机会嘛。

1937年兰田在郑州入太乙班学戏时，陈素真已经是享有"梆子大王""豫剧梅兰芳"之称的名角。那时她经常听师傅们说，开封有个叫"狗妞"（陈素真的奶名）的坤角唱得很好。到洛阳搭班后，又听戏院的人和不少观众经常谈到，陈素真前几年在洛阳演的戏，都是樊粹庭先生编的新戏，表演细、唱腔美。那时，兰田还没有看过陈素真的戏，但是这位大演员已经成了她心中崇拜的偶像。

魏太太专门设宴为陈素真莅临洛阳接风洗尘，并特意让兰田作陪。席间，魏太太推杯换盏热情布菜劝酒，极尽东道主之谊。酒酣耳热时，魏太太将话引入正题："五妹，兰田一向很崇拜你，她是当今洛阳的红角，你是豫剧大王，

崔兰田（左）与陈素真，1943 年于洛阳

她心里有一句话想亲自对你说，不知你想不想听？"

陈素真放下手中的筷子说："我洗耳恭听。"

兰田站起来，真诚地说："陈老师，我想拜你为师，请你收我做徒弟吧！"

陈素真没有想到这同行是冤家的年代，已经挂"头牌"的兰田，竟然会如此虚心地向比自己仅仅年长七八岁的同行拜师学艺。她相信兰田是真诚的，不忍心拒绝这个要求。可是她又不好意思收兰田为徒，碍于四姐的面子她又不能不答应。于是，陈素真端起酒杯，与兰田碰杯后一饮而尽。她动情地说："像你这样肯虚心向别人学习的后起之秀，我第一次遇见。从今以后，你我姐妹相称，只要你想学，只要我会，我一定倾力相授。"

魏太太看到陈素真与兰田一见如故，视为知音，还要以姐妹相称，她心中高兴得像开了花一样，打趣地说："五妹，你可不能得了新人忘旧人哪！你跟兰田以姐妹相称，那我咋跟她论辈呀？"

"咱各论各的亲。你跟兰田如何论辈，那是你们俩的事；以后，兰田是我的老妹子，我是她老大姐，就是海枯石烂，我们永不改变。"陈素真说完又端起酒杯要与大家共饮，以示决心。

一套"趟马"，对于今天的青年演员来说人人都会，不是什么高难度绝技，但在当时的河南梆子舞台上，谁能走一套规规矩矩漂亮利索的"趟马"，确实令人刮目相看。

20 世纪三四十年代的豫剧，以唱为主，很多优秀演员是以唱闻名，身段表演大都比较粗糙简单。相比之下，陈素真那既不失河南乡土气息又带点京剧味道的台步、身段表演，就显得高人一筹，出类拔萃。和许多前辈和同辈的著名豫剧演员比较，更显得气质高雅，具有大家风范，令同行和观众刮目相看。

早晨的世界舞台，整个剧场内空无一人，光线暗淡，显得十分寂静。与夜晚灯火辉煌、人声鼎沸的热闹情景形成了强烈反差。一缕晨光从台侧的高窗上直射到舞台上。陈素真和崔兰田一人执一根马鞭，一前一后，一个示范一个模仿，她二人口中念着"家伙点"，走"圆场""涮腰""翻身""卧鱼"，干净、利落、帅气地走完了这一套"趟马"。这是一套完整、繁难、复杂、优美的身段组合程式。在这套"马趟子"中，手、眼、身、步、马鞭，都融为一个有机的整体，牵此动彼，互相应和，动作密合无间。动作与动作之间，有连，有断，有合，有分。所谓"断"，是指每个动作都能分解成一个个独立单位，经过分解的每个动作都是一个美妙的造型。所谓"连"，是指这些舞蹈动作都是为了同一目的，而组成一个不可分割的整体。有断，有分，有连，有合，这就达到了节奏鲜明、层次清晰。

陈素真教完这一套"马趟子"，额头上已经布满了汗珠。兰田将毛巾递给陈素真。她接过毛巾在面颊和脖颈上擦了一把，长出了一口气对兰田说："这套'趟马'要有'馈头'，就是在表演、做戏的要害处要有悬念、关子。由于戏中人物身份不同，每出戏中所表演的'马趟子'也不相同，人物所骑的马，是战马、烈马还是温驯的马？马性不同，'马趟子'的演法也要有区别。"

兰田不住地点头，表示记住了陈大姐的教导。以前在科班里她也学过这些东西，但不如陈大姐的规范、严谨、漂亮。她从心里佩服这位老大姐，承认人家各方面都比自己水平高。

刘先生是一个文化人，琴棋书画样样擅长，也很迷戏，与崔妈有过一面之缘。一天，他到兰田家对崔爸崔妈说："兰田条件好，唱戏是块好料，日后定能成为名角。当个名角光会唱戏不行，还需要有文化。我是个戏迷，尤其喜欢兰田的戏，如果二位不嫌弃的话，我愿意毛遂自荐，做令媛的文化教员，教兰田读书识字。"

崔爸崔妈感激地说："能让孩子识文断字，这是我们求之不得的。"

刘先生亲自上街买来文房四宝，作为礼物送给兰田。每天到家里给她上课，教她《百家姓》：赵钱孙李，周吴郑王……教她《三字经》：人之初，性本善，性相近，习相远……还手把手地教她描红写字，给她批改作业。将近半年的工夫，兰田认识了许多字，懂得了许多道理，不但能提笔写字，还能念出戏报上的每一个字。有了文化，兰田高兴得见字就念，遇到"拦路虎"就记在手心上，第二天再请教先生。

春天来了，柳梢上露出了嫩绿的新芽。

兰田脱去臃肿的棉衣，换上了合体的春装。在这个春天里，她已经16周岁了，出落成一个大姑娘，婀娜的身材，一头披肩的长发，顾盼生辉的眼睛，在春天的阳光下显得十分靓丽，充满了青春的光彩。

这天刚煞戏，崔妈正在帮女儿卸装。她从女儿面前的镜子里发现一位头戴礼帽的中年人进入了她的视线。她拍拍女儿的肩头，示意有客人来访。兰田立起身来，发现了面前这位中等身材、戴着眼镜、穿西装打领带的先生，刚想张口请教，这位先生摘下礼帽，微微点头示意，向她们母女俩自我介绍："鄙人樊粹庭，久仰崔小姐的大名，专程从西安来到洛阳，目睹崔小姐在台上的风采，果然名不虚传，十分佩服。故而冒昧前来打扰，请崔小姐多多见谅。"

兰田一听站在面前的就是狮吼剧团的老板、大名鼎鼎的剧作家樊粹庭，高兴得一蹦多高，急忙上前给樊先生让座。她怕母亲慢待了樊先生，急忙介绍：

"妈，这位就是樊先生，陈素真大姐演的戏都是他编的，《义烈风》《柳绿云》《三拂袖》《涤耻血》《麻风女》《霄壤恨》，好多好多戏，都是他写的。他可是个有知识、有文化、会编戏的掌班人呢！"兰田把从陈大姐那里了解到的情况一口气都告诉了崔妈。崔妈知晓这位樊先生是贵客，14岁就考上了开封留欧美预备学校，毕业后曾任河南省教育厅社会推广部主任。他不顾家庭反对和社会嘲讽，毅然弃官从艺，创建豫声剧院。从办戏班到管理剧场，从文化教育到编戏导戏，他样样精通，很有名气。兰田亲自给樊先生斟茶。

樊先生接过茶杯轻呷了一口，向兰田说明了来意："自从陈素真离开狮吼去四川求学后，在豫陕享有盛誉的狮吼剧团处于极端困难的境地，我对自己苦心经营的这个新型戏曲团体就此解体很不甘心，于是变卖家产，在西安招收了一批河南籍的灾童，高薪邀请京剧界名师培养学员，决心东山再起，重振狮吼剧团。希望我已经奋斗数年的戏曲事业能够重新振兴起来。我听说崔小姐在洛阳唱得很红，便专程赶来。看了你的戏后，更加坚定了我的信心。因此，我想邀请崔小姐到西安去担任狮吼剧团的领衔主演，同时在唱腔上也指导指导这批学员，只是不知道崔小姐肯不肯屈尊。"

兰田一向对有文化的人高看三分，现在她心目中崇敬的师长亲自来邀她当主演，高兴得合不拢嘴。到西安跟樊先生在一起，能排新戏，能学文化，还能见大世面，那该有多好啊！她想妈妈一定乐意让她去，她将期待的目光投向了妈妈，可是崔妈的一番话却

樊粹庭，1935年于开封（樊爱众供图）

出乎她的意料：“哎呀呀，樊先生可别这么夸她，她一个小孩子家懂啥呀。这不，跟她楚大叔刚签了一季合同，包银都送到家了。咱不好拂人家的面子不是？承蒙樊先生这么看得起她，走，咱到对面的饭店喝几杯，算给樊先生接风洗尘吧。”

虽说兰田已经是大把大把往家挣钱的大主演了，可是，她并没有自主权，崔妈在这个家中是说一不二的“当权派”，家中大小事情都是崔妈说了算。戏班老板给的包银都是经崔妈的手，兰田每月挣多少钱她自己都不知道。兰田是个非常孝顺的孩子，对父母的话一向唯命是从，尤其对母亲是百依百顺。一个女孩子在江湖上抛头露面卖艺求生，做母亲的终日担惊受怕为女儿操心，唯恐她受人欺侮，更担心她不走正道误入歧途。因此，崔妈对女儿管教甚严。兰田对母亲的管教从来是逆来顺受，不敢有半点顶撞。崔妈婉言谢绝樊先生，不让她去西安，她心里觉得十分委屈，但不敢吐露一个“不”字。樊先生走后，兰田很不高兴。眼看着一桩梦寐以求的好事被妈妈给搅黄了，她心里很不是滋味，吃饭也不香，睡觉也不甜，一天到晚不和家里任何人说话，终日闷闷不乐，没个笑脸。

崔妈看透了女儿的心事，她走进兰田的房间，亲切地喊着闺女：“田儿，妈知道你想跟樊先生去西安，也知道你是个肯学本领求上进的孩子。妈妈何尝不愿意让你往高处攀哩。咱对樊先生这个人一点不了解，也不知道他的底细，在这里你刚刚站住脚，洛阳的老乡也认你的戏，你楚大叔对咱又这么好，咱撒腿一走，也怪对不住人哩。再说在哪里不是唱戏啊？都是唱戏挣钱，何必非要去人生地不熟的西安。没听人家讲，打生不如恋熟嘛。”

听崔妈这么一说，兰田也就暂且不提去西安的事了。

樊先生走后不久，赵义庭来到洛阳。他这次来不是搭班唱戏，而是来接李兰菊的。李兰菊与兰田是同科师姐妹，一块儿在豫声剧社搭班，闲暇常到兰田家来玩，崔爸崔妈对兰菊很热情，对她关爱有加。前一年，赵义庭随陈素真来洛阳用豫声剧社的班底唱义务戏，与兰菊相识，互生爱慕，经汤兰香介绍，他俩结下了秦晋之好。他俩走之前，常到兰田家来串门。

赵义庭是山东曹县火神台集人，与崔家是同乡。他比兰田大 11 岁，1934年进开封，应邀加入了由樊先生组建的豫声剧院，1935 年灌制了豫剧第一张生行唱片，曾先后与陈素真、常香玉长期合作，同台演出，被称为"珠联璧合，相得益彰"，在观众中也是很叫响的红角。他的《南阳关》已由上海百代公司灌制了唱片，很多青年演员都学他唱。崔爸崔妈也很喜欢他的戏，常听他的唱片。崔妈趁他在洛阳这个机会，请他将这出戏教给兰田："她大哥啊，你的《南阳关》这么好听，我和你大叔是百听不烦哪！你这一走，我可是再也听不到你唱了。你能不能教教你田妹，叫她也学学？"

"中啊，我还怕她不想学呢。"赵义庭满口答应道。

"谁说我不想学，咱现在就现教现学。"兰田说着就从门后边拿出一根木棍，递给赵义庭当枪使，又顺手拾起一根树枝当作马鞭，他们在院当中就拉开了架势。赵义庭那潇洒的武生做派和嘹亮的嗓音飘荡在小院中。

崔爸蹲在屋门口卷着纸烟，看兰田、兰菊跟着赵义庭学戏，也情不自禁地随着他们哼唱：

> 西门外放罢了催阵炮，
>
> 伍云召我上了马鞍桥，
>
> 头上戴麻冠身上穿重孝，
>
> 三尺白绫在脑后飘，
>
> 大小三军痛哭嚎啕，
>
> 都只为我的父命赴阴曹……

崔爸正跟着他们唱得起劲，崔妈用围裙擦着两手，站到了屋门口："她爹，你别在这儿过戏瘾了，叫孩子们吃饭吧。"

兰菊一听要吃饭了，丢下枪杆扭头跑过来："婶子，今天又叫俺吃啥好饭呢？"

"烙馍卷土豆丝和醋熘豆芽。"崔妈一边拉桌端菜，一边回答。

"有没有小葱蘸大酱？义庭可是你们曹县人，跟您一个口味。"兰菊说。

"俺们是老乡我还能不知道他爱吃啥，连你爱吃的炒辣椒丝我都做好了，还是红辣椒丝呢，这叫红红火火。往后哇，你们成了家，日子会越来越红火。"崔妈把土豆丝、豆芽用烙馍卷好，递给赵义庭、兰菊，张罗着大家吃饭。闲谈中，提到了樊粹庭，崔妈就有意识地问赵义庭："樊先生为人处世咋样啊？"

赵义庭说："樊先生可是为人仗义，能写会编。他放着教育厅的官儿不当，一心就想搞戏，他给陈素真写的戏是写一出红一出。陈素真往四川一走，可叫他伤透了心啦！狮吼剧团现如今没有了领衔主演，他又招收了一批孩子，现在还不成势，可叫他作大难了。他前一段专程从西安来到洛阳，就是想邀兰田去狮吼剧团挑梁呢，没料到你不给他面子，他只好高兴而来，败兴而去。"

"可不是咱不给人家樊先生面子啊！实在是这里跟人家按了手印，咱不能说话不算数，站起来就走，先失信于人哪！将来再见到樊先生我先给他赔个不是。"崔妈听了赵义庭说的情况，对樊先生有了一些了解，她急忙跟赵义庭解释不去西安的原因。

坐在一旁的兰田，心里更加向往西安这座文化古城了。

七、逃出洛阳

旧社会，梨园名伶是一般观众心目中崇拜的偶像，很多戏迷真心实意地捧他们、爱他们。而在那些宪兵、警察、地痞、流氓的眼里，名伶不过是他们茶余饭后寻乐调戏的玩物。在这世界舞台便经常有宪兵、警察到剧场来捣乱。艺人们见他们来了，急忙站起来，又递烟又倒茶，低头弯腰，叔叔大爷地招呼他们。崔兰田生性倔强，从不理睬他们，这些兵痞说兰田是臭架子大，便出坏点子找她的事儿。

有一天，演完戏已是半夜了，兰田在崔妈的陪护下回到家里，刚刚睡下，就听"嘭、嘭、嘭"有人敲门。崔爸披上衣服来到门旁问道："谁呀？"门外传来一声恶狠狠的喊叫："查户口的，快开门！"崔爸刚把门打开一条缝，哐当一下就挤进来四五个警察，他们手拿电筒闯进屋里。

"这炕上躺的是谁呀？"一个胖子警察油腔滑调地问。

"是我女儿。"崔妈小心翼翼地回答。

"叫啥名啊？"

"崔兰田。"

"崔兰田？咋在洛阳这地面上没听说过有叫崔兰田的呀。"

"还盖着红被子，这不跟八路的红旗一样嘛，是不是通八路啊？"一个瘦得像马猴一样的警察用电筒照着兰田的脸，不怀好意地说，"说不定这红被子里藏有通八路的秘密东西呢。"

"那就拆开检查检查吧。"胖子说。

他们撩开红被子，胡乱地摸了几下被角，看找不着啥茬儿，就在屋里乱翻，直搅得乱七八糟，鸡犬不宁，他们才扬长而去。

崔爸吓得浑身直哆嗦，嘴里不停地说着："不知道啥地方得罪了这帮兔孙，半夜里来跟咱们捣乱，往后这可咋办？再出门演戏，来回路上可得小心哪！"

前脚走了警察，后脚来了宪兵。

有一个宪兵队的连长好看戏，他晚上看戏不到台下去坐，常坐在后台，没话找话地纠缠兰田。白天也常去兰田家串门，总是鬼头鬼脑地不安好心，想占兰田的便宜。崔妈看透这家伙心怀鬼胎，就想方设法地暗中为女儿保驾，好烟、好茶、好酒地招待他，陪他说话，就是不给他单独与兰田接近的机会。有时还话中有话地警告他："你这位长官看戏真是个行家，又懂戏又看得起我们这些唱戏的下等人，你能常来我们家做客，真是高抬了我们。可是，有些兄弟就不像你这么规矩，你敬他，他却不识抬举，见了咱闺女就想占便宜，你说这种人可恶不可恶！我老婆子人穷志不短，我闺女是卖艺不卖身。老总，你人好心好，既然把我们当作自己人，又很喜欢兰田的戏，以后你的部下如果有谁欺负兰田，我可对他不客气，也求你给我们做主。"这家伙被崔妈的一席话敲打得鼻子不是鼻子脸不是脸，心中十分恼恨，又不便当面翻脸使孬，他便想出了别的办法跟兰田捣乱。

这天晚上，他带着两个护兵一摇三晃地来到剧场。台上兰田正在唱《抱琵琶》，当秦香莲唱到"忘恩负义他……他弃结发……"时，全场观众为兰田这一句满弓满调的大甩腔喝彩叫好，这时这个坏蛋从座位上站起来，手举一块手帕，怪声怪气地在台下喊叫："好妹妹别哭了，接着你送我的手帕，擦擦泪再唱吧。"正在专心致志唱戏的兰田听到这突如其来的叫喊声，轰一声脑子里像响了个闷雷，但很快她便镇静下来，她想："你这个无耻小人，来剧场给我捣乱，姑奶奶我不怕你，想搅我的戏没那么容易。"她像没有发生任何事情一样，有板有眼地接唱道："这杯茶我不用，倾倒在地下，王相爷听民妇表一表家……"随着倒茶的动作，兰田瞟了一下乐队的师傅们，只见他们个个聚精会神地注视着自己，比往常更加卖劲地伴奏，她心里踏实了，暗想："叫你这坏蛋捣乱吧，你就是把园子炸了，也挡不住我唱。这么多观众捧场，难看的是你这个坏蛋。"台上崔兰田不慌不忙地唱她的戏，台下却吓坏了世界舞台的经理楚公民，他胆战心惊地跑到这个连长跟前，又是递烟又是倒茶，赔着笑脸紧巴结这家伙，恐怕他闹大了砸场子，影响生意。看看楚公民满面堆笑的奉承相，又看看观众一点不慌乱，再看看崔兰田稳坐在舞台上唱得更起劲，连长心里有气，又想不出用啥法子再捣乱，只好带着两个护兵怒气冲冲地离开座位走了。

崔妈一听说有人在台下捣乱，急忙站到台口侧幕边上，只怕闺女有啥闪失。她预感到这个家伙不会善罢甘休，还会再来后台捣乱，一散戏，她就坐在后台等着帮女儿卸装。这时那连长的两个护兵嬉皮笑脸地叼着烟卷走进后台，冲着兰田叫喊："是谁把手帕送给我们连长了，还在这儿装正经。"兰田一看见这俩货，在前台受的憋屈一下子涌了上来，她站起来想臭骂他们一顿，被崔妈拦住强按坐下。这时楚公民也赶来后台，他满脸堆笑地上前拉住这俩货，朝他们怀里一人塞了一包老炮台牌香烟："兄弟，别跟一个小孩子一般见识。今晚我请客，走，咱到对面喝两盅去。"说着就硬拉着两个家伙往外走，这俩货扭头瞪着兰田，嘴里不干不净地叫骂着，跟楚公民走了。

一波未平，一波又起。前脚赶走了狗，后脚又跟来了狼。这天，警察局的那个胖子警察喝醉酒，带着两个警察耀武扬威地又来到兰田家，进门就号叫："叫崔兰田出来见我！"崔爸看他站都站不稳还横行霸道，就不客气地顶撞他："叫你妹妹来见我！"胖子看崔爸也敢直着腰板不把他放在眼里，甩开两个狗子的搀扶摇晃到崔爸的跟前，两手扠着腰："你、你们别仗着有、有楚公民撑腰，有、有魏太太捧、捧场，就不把我们弟兄放在眼里，魏太太已经跑到西安了，看谁还给你捧场。我、我们弟兄几个，在、在洛阳这地面上，谁、谁敢不给面子。你、你一个臭唱戏的，竟敢如、如此不给面、面子，我几次去看戏，别说敬烟倒茶，连句话都、都不跟我说，你上别处打听打听，本处长到哪家戏院不是吃香的，喝、喝辣的，到世界舞台竟敢叫我坐冷板凳，我叫、叫你们在洛阳城混、混不下去，看你还敢小、小瞧本、本处……"话还没说完，他一个趔趄摔趴在地上，两个随从一看处长出了洋相，马上跑过来替他圆场："处长喝多了，醉了，别误会，别误会。"崔爸蹲在屋门口边划火柴点烟，边对两个警察说："喝酒喝到肚里了，又不是喝到茅坑里了，来俺家臭装个啥劲。卧地上的狗，我又不是没见过，光这街门口就好几条呢。"两个警察明知道崔焕臣是在骂他们，看看胖处长烂醉如泥，他俩也不敢造次，只好架起胖处长，像拖着一条断了脊梁骨的癞皮狗，朝门外走去，临出门一个警察撂下一句话："臭唱戏的，咱们走着瞧！"崔爸呼地一下站起来，将嘴上的烟蒂随手一扔，冲着他们的背影骂道："走着瞧就走着瞧，你个狗日的还能杀了我。大不了我们回山东，我还能怕你！狗日的喝几口猫尿就来诈唬我，以为我真怕你呀！"

由于社会混乱，宪兵、警察成天到剧场捣乱，到兰田家找茬儿，世界舞台的演出也受到了严重的影响，老百姓都不敢再上戏院看戏，生怕引火烧身，营业额急剧下降。豫声剧社只有再寻出路，拉人马到近郊的集镇上去演出。

一天，兰田接到家里捎来的口信，说大表嫂死了，要她回城里看看。大表嫂就是大表哥张洪基的老婆，兰田入科前就是大表哥带她从曹县回郑州的，她一直跟大表哥大表嫂的关系很好，家里捎信让她回去，也是想让她最后再看一眼大表嫂。

楚公民听说兰田要回一趟城，就牵来一匹马，他要骑马亲自送兰田回城。兰田急于赶路没有多想，就随他上马往城里奔去。飞奔的马蹄扬起一溜尘土，不一会儿工夫就能看见洛阳城墙了。

经过一片小树林时，楚公民勒住了飞跑的快马，说："马上进城了，跑了这一路，我得方便方便。"说着他就打马来到一片树林边下了马。兰田趁机在路边歇息。像这身旁茁壮成长的小树一样，十六七岁的兰田出落得亭亭玉立，婀娜多姿，春风撩起了她的秀发，显出了洁白的脖颈。楚公民望着眼前如花似玉的少女，顿时心中起了歹意。他四下瞅瞅，前不挨村后不着店，空旷的田野，路上连个人影都没有，只有树上几只乌鸦在孤单地呱呱叫。楚公民来到兰田的跟前，佯装要上马出发，待兰田转身要上马时，他突然扑上去抱住兰田，努着大嘴要亲她，吓得兰田拼命挣扎两脚乱踢。那匹马受到突如其来的惊吓，就地嘶鸣着踢蹦起来。趁楚公民愣神的瞬间，兰田挣脱了他的纠缠，吓得跑出去好远，她浑身颤抖，扑通一声跌跪在地上，不停地给楚公民磕头："叔，你饶了我吧！叫我走吧，我保准给你好好演戏。叔，你饶了我吧！"

楚公民眼看阴谋不能得逞，便马上换了一副面孔，满脸堆笑地说："大侄女快起来，我是试试你的心，看看你这几年学坏了没有。快起来，起来，咱赶路吧。到家可不能跟你妈说啊，听到没有？"

兰田吓得哆哆嗦嗦两腿发软，坐在马背上她仿佛看透了楚公民的心肠。平时，楚公民装得像一个善人，见了演员很客气，其实他是把演员当作赚钱的工具，根本就没有把他们当人看。一旦你没用了或是用处不大了，他就像踢土坷垃一样，一脚把你踢出去。

兰田猛然想起有一次跟几个女演员到他家去玩，他老婆李翠拿出几个玉米棒子，让她们用筷子插着在煤火上烧着吃。同伴张凤云从碗橱里拿出一双白色的筷子插起玉米棒子放在火中，红通通的炉火蹿着蓝色的火焰，不一会儿，那双白筷子就变成了黑色。恰在这时楚公民从外边回来，进屋一眼就看见了张凤云手中的筷子，顿时像恶狼一样嚎叫起来："你们这帮臭戏子跑到我家来败坏我的东西，这是双象牙筷子，你看看给我烧成啥了！你那条狗命还没有这双筷子值钱呢！你他妈的这样败坏我的东西，老子一枪崩了你！"骂着就从腰里掏出了手枪，吓得几个女孩子叽哇乱叫。张凤云也吓得脸色煞白，跪在地上不停地磕头求饶，一帮孩子也苦苦哀求"楚经理，您大人不计小人过"，楚公民才骂骂咧咧把手枪摔在桌上，挥手把她们撵出了家门。

路遥知马力，日久见人心。楚公民这时候已经撕下了他的伪装，露出了阴险毒辣的真面目。

回到洛阳，兰田跟崔妈讲了楚公民在路上欺辱她的事，崔妈一听气得肺都炸了，拍桌子大骂楚公民不是东西，是披着人皮的豺狼。这一年来接连不断发生的事情，使崔妈对这个世道看得越来越清楚，她也觉得硬碰硬不行，吃亏的是自己。她叹了口气，深有感触地说："看来洛阳这地方咱不能待了。"崔爸一听老伴儿也不想待在洛阳了，就说："咱回山东老家，再也不唱戏了。"崔妈瞪了丈夫一眼，没好气地说："你就知道回山东，山东有你的田地还是有你的生意？你就不为孩子想想，闺女不唱戏了，你喝西北风啊！"

"没唱戏的人多着哪，人家都不活了？"崔爸嘟囔着甩手走出了家门。

冬天，一场纷纷扬扬的瑞雪让洛阳城也披上了银装。兰田家的小院里也飘落了一层厚厚的积雪。清晨站在雪地里练功的兰田，看见崔爸正在打扫积雪，也拿过一把铁锹，把积雪堆成了一个小山包，又用铁锹头削了几下，一个人头出来了。崔爸抓了几把雪捏成了圆坨，给它安到了鼻子处，立刻一个长着大圆坨鼻子的雪人就蹲在了院子里。兰田捡起一根树枝，又找来一顶破草帽，把树枝插在雪人的嘴里，把破草帽扣到了它的头上，院中的雪人马上改变了形象，成了头顶草帽、嘴叼烟卷、长着大圆坨鼻子的人。父女俩正在院里给雪人打扮得起劲，门外一个汉子推门踏了进来，他站在门口很有礼貌地问道："请问这是崔老板府上吗？"

"我是姓崔，但不是老板。"崔爸还没有弄明白人家的话意，就回答说，"你是不是走错门了？"

那汉子急忙解释："噢。我是从西安来的，是杨彩云的当家的，专门来找崔兰田崔老板的。"

"你就说是找大甜的不就完了，还说找崔老板，叫我丈二和尚摸不着头脑。哎呀，大雪天跑这么老远的，快进屋，快进屋。"崔爸放下手中的家什，亲热地招呼来人。

兰田掀开门帘朝屋里喊道："妈，来客人了。你看看谁来了？"

崔妈端详了半天，认不出来人是谁，正在诧异，兰田介绍说："彩云姐你记得不？过去跟我在一个科班的杨彩云，这是她男人。"

"瞧瞧，我说嘛，咋看了半天也觉得面生，要是彩云来了，我大老远的一眼就能认出来。快坐，快坐下喝口热茶。"崔妈给客人倒茶后坐下来跟他说话，也打量着来人，见他穿一件黑皮袄，头戴狗皮帽子，身材魁梧，行动干练，一口河南话夹杂着陕西的口音，说话不慌不忙，是个见过世面的人，就猜想来人不是一般的路过串门、投亲借宿，一定是有啥大事。

来人也看出了崔妈的心思，他摘下皮帽子，两手捧着冒热气的茶碗说："我叫寇少功，在西安便衣队当差。我跟彩云结婚两三年了，眼前有个小子，快两岁了。我是受西安戏院经理高成玉之托，专门来邀田妹去西安唱戏的。高成玉是我的好朋友，他知道彩云过去跟兰田在同一个科班，关系不错，就借着这层关系，让我替他专门跑一趟，这是他亲笔写的一封信。"来人说着就从怀里掏出一个牛皮纸信封，双手递给崔妈。

崔妈接过信心中暗叹：真是天无绝人之路啊！正在进退两难之际，就来了这个解围的兵，正好趁机离开洛阳。她热情地对寇少功说："这么冷的天让你跑这么远的路，真是叫你受累了。为了你大妹子，你看看把你冻的。我去弄几个菜，你跟你叔好好喝几盅，暖和暖和身子。兰田，别傻站着，陪你大哥说说话，我去炒菜。"

这一回崔妈再也不反对兰田离开洛阳去西安了，很快就与寇少功谈妥了去西安的条件。第二天，崔妈伺机找到楚公民，试探地跟他提出："她大叔哇，俺也离开山东老家好几年了，一直都没有回过老家，趁这一段演出也不紧，是不是让俺回老家看看。田儿她大爷都捎了几次信儿说想闺女呢。"

楚公民听了崔妈的话，两眼转了几圈，说："嫂子啊，这一段营业情况正不好呢。你都看见了，我快愁死了，这么多人的吃喝我都得管哪！你们要是一走，这园子里没有了挑梁的主演，你说叫我咋办？警察、宪兵再跟我闹起来，你说可叫我咋活？我总不能叫他们再跑到山东曹县去找你们吧。嫂子，咱挺过去这一季再说，中不中啊？"

崔妈碰了这颗不软不硬的钉子后，已经摸清了楚公民的脉，好说好商量地离开洛阳这条路是走不通了，要想走只有偷跑。具体逃离的办法崔妈跟寇少功商量了几次，事不宜迟，夜长梦多，当天就让崔爸收拾了细软先上西安走了。晚上，兰田还像往常一样坐在后台化装。开演前姚淑芳凑到兰田耳旁："等散了戏，我送给你一样东西。""你好好留着吧，散了戏我还有事呢。"兰田不敢多说，担心走漏了风声，只得不明不白地暗示姚淑芳。姚淑芳似懂非懂地望了兰田一眼，匆匆去化装了。

煞了戏，像往常一样，崔妈陪着兰田坐着人力车若无其事地先回到家。趁夜深人静，察看四周没人注意，兰田和崔妈就上了寇少功事先安排好的人力车去往火车站。

上了火车，娘儿俩心里扑通、扑通直跳，低着头不敢仰面，生怕出现啥意外情况。就在这时，兰田偷偷往车窗外看了一眼，一个熟悉的身影闯入她的视线，兰田急忙拽了母亲的衣襟一下，示意往外看。崔妈一看竟是姚淑芳，只见她正东张西望地像找人。原来，姚淑芳发现兰田一晚上都是心神不定，就猜想她可能出啥事了。煞了戏跑到兰田家一看家里没人，就断定可能是逃走了，急忙又追到了车站。崔妈见她手中举着一包东西，就慌忙打开车窗。淑芳赶紧递进来一个布包说："我专门给田妹做的。"说话间火车就启动了。淑芳撵着火车边跑边挥手，转眼火车就把她甩在了后边。直到看不见淑芳的身影，兰田才打开布包，原来是一双新棉鞋。抱着这双棉鞋，兰田的眼泪像断了线的珠子直往下掉。

火车驶出了洛阳地界，兰田心里才算稍微安定了一些。回想起出科搭班三年来的演艺生活，她一夜间像长大了许多，心里非常想念周海水师傅、贾锁师傅、张庆官老师和秀兰、淑芳两位大姐，非常憎恨那些警察、宪兵和人面兽心的楚公民。

火车经过铜川时，遭到日本鬼子的炮击。火车喘着粗气开足马力一路不敢停息，炮弹就在车厢两旁爆炸，震天的响声吓得车厢里的小孩子发出尖厉的哭叫声。人人都提心吊胆。兰田心里暗暗念叨着："快到西安吧，快到西安吧！可别炸中这趟火车啊！"

八、初登西安舞台

　　西安是西北五省的重镇，是中原通往陕甘川疆的交通要道，在古代一度是中国政治、经济、文化的中心地区。从公元前 11 世纪起，先后有周、秦、汉、唐等 13 个王朝在西安或其附近建都，历史长达 1100 多年。抗日战争时期，这里发生了著名的"西安事变"，国共两党的第二次合作，从此开始起步，这一带成了抗日的前线。这里驻防着西北军，加上蜂拥而至的东北军，西安成了军界人员的集散地。西安的老百姓很多是来自山东、河北、山西、河南的逃难群众。苦难的生活孕育了黄河中下游流域共同的民俗文化，看梆子戏是这些劳苦平民宣泄爱恨喜怒的一种方式，生旦净丑也演绎着他们心中的苦辣酸甜。

　　西安也是商贾、百优、三教九流讨生活的大码头。位于西安南苑门的福建会馆陕山戏院是崔兰田到西安后演出的第一个剧场。这是个比较讲究的旧式戏院，中间是能坐四五百人的池座，两边是楼座，楼下是站票席。崔兰田来西安之前，陈素真和常香玉都曾在这里演出。

从洛阳到西安，在崔兰田一生的艺术生涯中是个重要的转折。

是在河南唱，还是来西安闯？自从樊粹庭到洛阳邀她之后，崔妈一直拿不定主意。现在到西安来了，崔妈又担心女儿能不能在这座大城市打响。父母当时为兰田捏着把汗，他们说西安是大城市，京剧、评剧和当地的秦腔，许多好角长期在西安演出，观众看戏的眼光高、胃口大，特别是豫剧演员陈素真、常香玉在西安打得很响。陈素真演的《克敌荣归》《涤耻血》《女贞花》《义烈风》等"樊戏"和常香玉的《六部西厢》《秦雪梅吊孝》，在西安的豫剧观众中评价很高，很受欢迎。和这两位名角相比，兰田是个初露头角的新角，西安观众对她还不熟悉。接陈素真、常香玉的台口，让西安观众承认兰田、欢迎兰田，确实不是一件轻而易举的事。难怪崔妈、崔爸和很多朋友都为她担心。就连接她来西安的经理高成玉也不例外，他虽然对兰田的戏很满意，评价很高，说她扮相漂亮，嗓音甜润，唱戏动情，唱腔有自己的特色，相信她在西安观众心目中能够代替陈素真、常香玉，但是和观众见面后，剧场效果到底如何，他心里比谁都紧张。因此，在商量首场演出戏码时，高成玉对崔妈说：咱这个戏班，仍然叫"豫声剧社"。但是在业务安排上，第一，不要唱陈素真、常香玉演的戏；第二，不要演《桃花庵》《卖苗郎》这些仰着脸干唱的苦戏；第三，挑一出文武带打、行头漂亮、唱做并重的热闹戏，一炮打响，打开局面。

崔妈很赞同高经理的想法，兰田也尊重他的意见，当下提出唱《刀劈杨藩》。高成玉一听，拍手赞成。服装不全，他帮兰田借了一身非常漂亮的淡青色女靠，扮起戏来更加英俊。

1943年12月，陕山戏院的门口贴出醒目海报，"崔兰田"三个字用三张大红纸书写，下边依次写着给她配戏的主要演员张凤云、杨素真、黄少林、宋保仁、魏进福、陈玉虎、韩全友、王大店、邵明齐等。海报贴出后，戏迷们奔走相告，买票十分踊跃，还未开戏便挂出了客满牌。

西安的豫剧观众很多。河南、山东好闹灾荒，许多逃荒的群众到西安谋生后，看戏是他们唯一的娱乐生活，他们是豫剧的基本观众。当地的陕西人也有好多豫剧迷。

这一天，兰田早早来到后台化装，这是她第一次和西安观众见面，她对着镜子仔细打扮自己，她要从扮相到表演给观众一个崭新的印象。

在她化装的时候，高成玉一会儿跑到前边招呼客人，一会儿跑到后台看看，唯恐哪点照顾不到出现漏洞。崔妈更忙，坐在兰田身边，又是帮她拿花，又是给她倒水，好像在侍候女儿"出阁"上花轿。

演丑角的魏进福在后台管事，他是狮吼剧团的高才生，原来傍着陈素真在西安唱，对西安地面上很熟。他满面春风地跑到兰田跟前通报："田姐，你的牌子真亮啊！易俗社、三意社和狮吼剧团的好多角儿都来了，小报记者也来了不少。门口抢购站票和等着买退票的人多了去了！"

唱须生和小生的黄少林比兰田年长20多岁，原来傍常香玉在西安唱，对西安的情况也很了解。他在《刀劈杨藩》中扮演薛丁山。听见魏进福的话，他扭过脸来对兰田说："田妹，不要紧张，谁来看戏也不怕，就是梅兰芳来了他也是观众，咱该咋唱还咋唱。西安也没啥了不起，就是比洛阳大点，戏很好唱。常香玉在这里能唱响，你崔兰田在西安也照样能唱响。"

前台垫戏结束了，乐队武场奏起"凤凰三点头"，台下响起热烈的掌声。检场的师傅换上了绣有崔兰田名字的桌围椅帔，正戏马上要开始，主角即将出场，观众翘首以待。

这时，崔兰田已经化好装静候在侧幕旁等待上场。崔妈手捧小茶壶站在下场门，高成玉端端正正一脸严肃地站在上场门。当兰田上场一亮相，台下响起一阵热烈掌声，观众给她来了个"碰头彩"。拉板胡的师傅坐在下场门台口，他穿一身崭新的中式裤褂，两个雪白的袖头挽在袖口，显得格外潇洒和精神。他全神贯注地看着兰田，不慌不忙地奏起过门。兰田张口才唱了一句，台下又是一片掌声。戏班的演员们这时也都站在舞台两侧观看，台下观众鼓掌他们也跟着拍手。高成玉没有拍手，紧绷的脸上露出满意和放心的微笑，他从袖口中掏出手帕，习惯性地往嘴上擦了一下，迈着轻快的步子走下舞台。

第二天晚上，兰田一进后台，黄少林拿着一张小报到她跟前："兰田，你看报上登出了你的照片和一篇文章，写得可邪乎了，说'陈素真让席，常香玉低头，后起之秀崔兰田风靡西安'。"

"他们怎么能这样胡编乱写，叫陈大姐、常大姐看见了多不好。"听黄少林这么一念，兰田坐不住了，恨不得马上跑到报馆去找人家说理。

魏进福见她气得脸都涨红了，走过来对她说："田姐，你别着急。你才到西安，对这一套还看不惯，慢慢见多了就不奇怪了。这些小报记者就是这样，他要捧你能把你捧上天，他要贬你一句话能把你气死。再说，经理不买他们的账，他才不给咱效这个劳哩。高经理这么做可以说是一箭双雕，既在观众中吹捧了你，吸引观众来买你的票，又给你施加了压力，叫你更卖劲地唱。"

魏进福这么一解释，兰田仿佛明白了其中的道理，气也消了，就一门心思地化装演出了。

连续几天，戏院满坑满谷。高成玉和崔妈、崔爸这时把悬在嗓子眼儿的一颗心放进了肚里，全剧社的演职员也都十分高兴。初登西安舞台，他们就站稳了脚跟，打开了局面。此后，兰田又演了《秦香莲》《秦雪梅》《安安送米》《赶花船》等戏。在陕山戏院演出的一个多月里，场场客满，没有一天是半池子观众。

《秦雪梅》这出戏，当时成了最叫座的一出戏。每当觉得上座不理想，就演这出戏，就像一颗医治上座率的灵丹妙药，啥时演啥时爆满。演这出戏时，常分两场演，先演《观文》，也叫《闹书馆》，后演《祭文》，也叫《吊孝》。在《吊孝》中秦雪梅上场的一段唱，用紧打慢唱的板式，兰田唱得像跟人说话一样，一张口就抓住了观众。

> 雪梅只把秦府离，
>
> 高堂上抛舍二双亲。
>
> 莫非说商郎他未曾死，
>
> 雪梅还是梦中人。
>
> 小郎赶车把村庄进，
>
> 见纸幡吓得我掉了魂。
>
> 商郎夫他已死情真不假，
>
> 热身子掉至在冷水盆。

兰田的这段唱，观众爱听，剧场效果好，反应强烈，每逢唱完最后一句，台下便是一片掌声。就是在剧社同行中，演职员们也格外喜欢这段唱。它的旋律流畅悦耳，鼻音唱法典型动听。每逢兰田演唱这段戏时，他们齐集在幕条边，一面看她演出，一面在心里跟着兰田默唱。日常生活中，在井边汲水时，在晾晒衣服时，也常常能听到他们在学唱兰田的"热身子掉至在冷水盆"的鼻音共鸣腔。

演了一段时间后，兰田感到观众对她演的《刀劈杨藩》和其他的戏虽然也很满意，但更热衷的是她演唱的苦戏，尤其是她唱的"滚白"观众更愿意听。这个板式不好掌握，看似没有板眼，实际上要唱好，需要有很强的心板，它表达人物悲痛、凄楚的心绪最合适。每逢唱到这类板式，兰田便感到充分表现了角色的情感，也表达了她的心声。演苦戏兰田唱得最为舒坦，同时也就格外地受到观众的青睐。

底包整壮，台风严谨，这是兰田当时深受西安观众欢迎的另一个重要因素。

那时，她除要求自己百倍地用心之外，也要求同台的演员必须认真扮戏演戏，就连龙套把子也不例外，四个把子站在台上，一句台词没有，但个个扮相英俊，穿戴讲究。

豫剧中有许多"三小"戏，讲究"三小"要精，即小生、小旦、小丑要好。初到西安跟兰田配戏的小生是黄少林，小丑是魏进福。

黄少林当时40来岁，他与曹子道是师兄弟，均为杨金玉的徒弟。他在开封时也是一个"好好"，小生、须生都演，会戏很多，是个戏篓子，能排戏还能编戏。他和西安报社的记者胡乐平曾合编了《黄桂香推磨》《安安送米》。他的嗓子有点"月白"，但是道白很出色。在《抱琵琶》中他扮演王丞相的那大段道白，吐字讲究，抑扬顿挫分明，字字如珠。《桃花庵》中他扮演苏昆，《三上轿》中他扮演崔金定的公爹，《藏舟》中他扮演田玉川。不同身份的老生、须生，被他刻画得栩栩如生。

黄少林很崇拜兰田，逢兰田在前场演唱，他总是站在侧幕边仔细地听认真地看。有一次演《四进士》，他扮演毛朋。他化好装，把胡子挂在腰带上，只顾与别人在后台说话，连开场的锣声也没有听见，猛然闻得四位进士出京为官要于双塔寺前起誓的"家伙点"，他慌忙起身往前台跑去，上台亮相一挼胡子，发现没戴胡子，急忙转身下场。待他重新上场时，嘴上戴着"三绺"却忘了腰带上挂的胡子，引得观众哄堂大笑，给他拍起"倒好"。逢他唱念，观众就拍手起哄。兰田扮演的杨素贞一上场，观众就鸦雀无声了。黄少林一气之下，背起靴子自己走了。兰田听说后，赶快派人把他又请了回来。因为兰田知道他是个人才，配她演小生虽然扮相不十分漂亮，可他的念白在当时谁也比不了。

魏进福是狮吼剧团的第一批学生，一直陪着陈素真演丑角，和常香玉也合作过，他的丑角表演逼真传神，有"西北名丑"之誉。兰田初到西安挑梁，他就被高成玉邀来陪兰田演丑角兼后台管事。他与兰田合作的戏有《克敌荣归》《女贞花》《义烈风》《洛阳桥》等。

旧社会唱戏的艺人挣钱少，又没有社会地位，连老婆孩子都养活不了，受到欺辱也无处申告。魏进福的老婆马景桃，明明知道她是被西安便衣队骗走的，就是没有办法整治他们。这使魏进福精神上遭受了极大的刺激，每天神志恍惚，脖子里挂着个尿壶，里面装着酒，嘴对着尿壶口仰面痛饮，常常喝得酩酊大醉。但是一登上舞台，他跟换了一个人一样，嬉笑怒骂，唱做俱佳，把一切烦恼都抛在了九霄云外。

崔兰田初登西安舞台就受到社会各界的欢迎，这更增强了她好好演戏、演好戏的信心。可是，一提起西安的伤兵，他们就毛骨悚然，心惊胆战。伤兵不仅不讲理，胡搅蛮缠，而且无法无天。对他们稍有怠慢，轻者砸戏园子，重者就往舞台上开枪，扔手榴弹，哪儿人多他们就往哪儿扔，吓得老太太、年轻媳妇和小孩子哇哇乱叫。人们也顾不得看戏了，抱着头往外跑，有时连挤带摔地跌倒一大片，有踩死人的危险。

有一天在陕山戏院，戏快要结束时一群伤兵来了，非要求加戏，不演他们就拍桌子摔板凳，往舞台上扔水果皮、扔茶碗、扔坐垫。一个伤兵把汽灯罩砸烂，将燃着火焰的汽灯往顶棚上拉，想让汽灯烧着顶棚。几个演员上前阻止，伤兵就和他们打起来了。伤兵见剧社的一个演员用装翎子的竹筒和他们对打，以为竹筒里装着炸药，吓得他们到处乱跑、乱砸。警备司令部派来宪兵，把伤兵带走，才算平息了这场捣乱。

从此以后，崔兰田在陕山戏院就无法演出了。只要在街上一贴海报，那些兵痞就给撕下来，弄得观众都不知道兰田到底有戏没戏。无奈，他们只好搬到新民戏院演出。搬到新民戏院后，伤兵们照样捣乱。一天演《叶含嫣》，一伙青年军闯进戏院，把已就座的观众轰走，占据了剧场。戏演完了他们叫喊着要再加戏，剧团不想再演了，他们就堵着门口乱放枪，魏进福的裤腿角被打了个洞，吓得他趴在地上半天不敢动弹。经理高成玉跑到台上，大声呼喊叫演员快从后门跑。正在这时，忽听兰田站在桌子上大叫："快来救我呀！"演花云的演员回头一看，只见一个兵痞正抓着她的大辫子使劲扯拽。"花云"一个箭步上去，一脚把那兵痞踢倒在地，拉起兰田就往后门跑。后门口几个演员正跟几个兵痞厮打，"花云"急忙掩护着让兰田跳墙跑了。

有一天在民乐园，给国民党的军官演慰问戏《赶花船》，几个伤兵吵闹着要闯进来看戏，把门的伙计说："这场戏你们长官交代了只让军官看，士兵不能进。"伤兵就站在墙外边往院子里扔手榴弹，轰一声把茶房炸塌了，茶房的伙计也给炸死了。

当时西安的老百姓常说："伤兵狠，青年（军）坏，无理闹事还耍赖。"可恶的伤兵横行霸道，伤天害理，使兰田初登西安舞台便深切地感到，在这个令她迷恋、给予她欢愉的舞台小天地里，随时随地都可能有灾难。在人生大舞台上，一个艺人的命运自己很难掌握，稍不留心便会遭到灭顶之灾。

崔兰田到西安搭班后，陈素真也在西安。这时她已与国民党部队的一个参谋长尹晶天结婚，怀孕在家赋闲。她怕孩子不成人，便托兰田给孩子做个百家长命锁，图个吉利，为的是戴上百家锁，小孩能成人。兰田拿出一部分钱，又求人施舍了一部分，给孩子做了个百家锁，送到了陈素真的家里。

陈素真怀着身孕，身子越来越笨，心绪也很乱，她有心给兰田说出戏，实在是力不从心，但不教给兰田一出戏又觉得对不住她。于是，在酷热的数伏天，她不顾炎热和疲劳，趴在床沿上给兰田抄写了《女贞花》和《义烈风》两出大戏的唱词和念白。这件事若是放在别人身上，也许不算回事，但是放在身怀六甲的孕妇身上，可真是件又苦又累的事啊！师傅对徒弟、姐姐对妹妹的一腔情意，都蕴藏在这两出"樊戏"的唱词和念白的字里行间。

这时候，魏太太也常来看兰田演出，遇到有伤兵捣乱，她也是爱莫能助。在西安不同于洛阳，在洛阳魏太太地面熟，遇到麻烦事，她打几个电话就能摆平。可在西安，树林子大了啥鸟都有。碰见不讲理的伤兵，她是干瞪眼，没办法。但是，她毕竟是个戏迷，又是兰田的干妈，对兰田在西安的一举一动格外关心。她经常说兰田的戏箱配不上她的戏，说她的行头不如陈素真的讲究，都到大城市了还穿那小戏班的行头，那会中！其实，不是崔兰田不舍得置买戏箱，也不是买不起，哪个演员不愿意在舞台上穿戴得漂亮啊，而是当时在西安有钱也买不到好货。到北京、苏杭去买吧，正值抗战时期，时局不稳，交通不便，她几次想方设法托人代买，都是空手而归。这时，魏太太想到了陈素真。这位"豫剧皇后"的戏箱在当时是一般演员比不上的，那色彩、图案的搭配，针线做工的精细，面料质地的讲究，同京剧、秦腔名家们相比，也是毫不逊色的高档货。于是，她找到陈素真，说："把你的那些行头给兰田吧！她正在西安唱得红，可就是缺一堂像样的行头。她是你的徒弟妹妹，你又喜欢她。再说你现在也用不着，在箱子里锁着干啥？你不唱戏也没进项了，尹晶天又没影儿了，你马上生孩子还得用钱。你在困难中，我也不能让你白送她。恁俩这叫互相帮衬，她有好戏箱了，你也不发愁生孩子没有钱了。不要不好意思，你说个数，我去给兰田说。"

这可把陈素真难住了，她没卖过东西，哪会谈价钱。再者，她跟兰田的这种关系，别说她心里没数，即使心里有数，她也说不出口呀。

"要兰田拿两千五吧。"魏太太看陈素真为难，便替她报价。

陈素真为难地说："按哪方面说我都不能收兰田的钱。这件事若是放在半年前我结婚那会儿的话，我会分文不要送她一堂好箱。可现在我真充不起英雄侠义了。虽然还没有到秦琼卖马的地步，可也差不多了。再者说，除了兰田，换个人我还不舍得卖给她哩。我不在乎钱多少，可眼下我也真缺钱，就半卖半送吧。"

好马配好鞍，宝刀配好汉。好角有一堂好行头，如同锦上添花，确实给戏增添不少光彩。送也罢，卖也罢，有了陈大姐这堂好"箱"，兰田是如虎添翼，更加光彩照人。

《三上轿》原本是豫剧中一出老掉牙的戏，剧情简单，唱腔单调，一向被许多戏班当作"送客戏"来演。当年陈素真从一位老艺人那里学会这出戏后，在唱腔上下了很大功夫，设计出很多新唱腔，在开封一唱便打响了。一出"送客戏"经她一唱成了受欢迎的"留客戏"，啥时演啥时客满，成了她唱得最红的一出代表作。

兰田很喜欢这出戏，陈素真知道后就又亲手抄写了她演出的《三上轿》私房本送给兰田。兰田捧着那写满密密麻麻字迹的草纸本，激动万分。虽然当时她看剧本还有很多"拦路虎"，可是从字里行间她体会到了陈大姐对她的殷切期望。拿到剧本后，她便起早摸黑地读剧本、背唱词。在唱腔安排上基本按照陈大姐的唱腔，学习吸收了不少祥符调，但在行腔运腔上又保持了豫西调的特色。兰田演的《三上轿》和陈素真演的《三上轿》就像一对孪生姐妹，虽然血脉相通，但是各具特色。经过她的心血浇灌，日后也成为崔派的代表剧目之一。陈素真与崔兰田的友谊在长达半个世纪的磨砺中，也越来越让人觉得情义无价。

《三上轿》剧照，崔兰田扮演崔金定，1980年于郑州

九、"如意郎君"常景荻

西安新民戏院是崔兰田一生中最难忘的一个地方。

20 世纪 40 年代，她在西北演出 8 年当中，在这个戏院露演时间最长，排演了许多新戏，和豫剧界许多出色演员在这里合作，演出最受欢迎。这是她青年时代演艺生活中最值得回忆的一段时光。这期间尤其令她感到满足和幸运的是，在这里与才华出众的豫剧女小生常景荻的合作。

西安新民戏院坐落在繁华的尚仁路，它的设备当时在西安是最好的。其他戏院的座位是长条板凳，这里是单个活动的座椅。过去这里只唱评剧，没有接待过豫剧班社。豫声剧社在陕山戏院遭到伤兵捣乱无法演出了，高成玉便带着戏班来到新民戏院。在这里演出有两大优势：第一，离火车站近，是西安比较繁华热闹的地方，流动观众多；第二，这一带是河南人聚居区，人称"豫剧窝"。

高成玉是山东人，很有能力，在尚仁路上同时兼管三处生意：新民戏院、珍珠泉浴池和百花春饭庄。他喜爱豫剧，也很懂戏，办戏班还算是个行家。为了在西安打开局面，把剧社办成一流的戏班，他不惜重金高薪聘请了许多"好好"。先后在豫声剧社搭班的有曹子道（须生）、许树云（须生）、韩全友（黑头）、黄少林（须生）、张凤云（旦）、陈玉虎（花脸）、魏进福（丑）、李兰菊（小生）、徐凤云（小生）、翟爱云（旦）、杨素真（旦）、范秀荣（旦）、宋保仁（净）、常香玲（小生）、翟彦身（名男旦，这时改唱老旦）、毛松山（丑）等。这些"好好"都是高成玉请来的，唯独才貌出众、表演超群的女小生常景荻是樊粹庭先生专门为崔兰田送上门来的艺术伙伴。

"兰田，总算把你盼来啦！去年我去洛阳请你，你妈不放你。看来，高经理比我有办法。我编戏比他强，邀角却没有他老兄本事大。这回高经理给河南、山东老乡办了一件好事，把你这位豫剧新秀接来，让西安观众和咱们远离家乡的河南、山东老乡们大饱眼福。"演完《桃花庵》，兰田刚回到后台还未卸装，身穿笔挺西服的樊粹庭先生在高成玉的陪同下，满面笑容地来到后台。他一面亮着大嗓门滔滔不绝地大发议论，一面伸出双手祝贺兰田演出成功。兰田急忙放下刚从头上摘下来的头饰和绢花，迎上前去向樊先生恭恭敬敬鞠躬致意："樊主任来了，请多多指教。"

扮演小郎的魏进福原是狮吼剧团的高才生，他正在洗脸，听见樊先生说话，急忙跑过来向他的老师问好。樊先生指着魏进福对兰田说："进福是个演丑角的好演员，来到你这里算是有了用武之地，也是你的一个好傍角。我想再给你推荐一个好小生，不知道你欢迎不欢迎？"

樊先生那双明亮的眼睛瞅着兰田，急切地期望她马上给他一个肯定的回答。还未等兰田张口，站在一旁的高成玉抢先说道："樊先生莫非要把你们的美男子常景荻割爱送给我们吗？"

"知我者，高兄也。"樊粹庭答道。

这时，高成玉上前握住樊粹庭的双手："君子一言为定。樊先生如果在两个月前把常小姐给我送来，我们的薛丁山也不会挨倒好啊。"

站在一旁的黄少林满腹委屈地说："本来我是演薛仁贵的，没人演薛丁山，你们赶鸭子上架，硬叫我去掉胡子演小生，咋能不叫观众轰我。"

"常言说救戏如救火。如果没有你这位挨倒好的薛丁山，我这个樊梨花唱得再好，咱们也演不成《刀劈杨藩》哪。黄师傅救戏补台，挨倒好也有功。"这时兰田赶忙为黄少林打圆场。

高成玉拍着黄少林的肩膀说："兰田说得在理。要不你赌气走了，我们还能又把你老兄请回来？"

樊先生也说："是啊！剧团没有主角不行，但也少不了黄师傅这样的戏补丁。"

"常小姐来了，这个补丁再也不用找人补了。今后，我们可以多开几出生旦戏，再把樊先生的大作搬上舞台，我们的戏在西安会更受欢迎。"

高成玉这么一说，触动了樊先生的痛处，他感慨地说："自从陈素真、赵义庭离我而去，我那几出戏只好压到箱底下，成为一堆无声无影的废纸。实在叫人寒心！如果兰田和景荻联手将拙作重新搬上舞台，一定能重现陈素真、赵义庭当年演出的盛况。"

事后，高成玉对兰田说："常景荻这位美男子可不是个小伙子，而是一位年轻貌美的大姑娘。她在台上演小生，做派、风度不露女相，比男小生还气派。在台下穿衣打扮、言谈举止活像个小伙子，所以我称她是美男子。有她给你配戏，保证让你满意。"

兰田问高成玉："这么好的人才，樊先生怎么舍得送给咱们？"

高成玉得意地说："这就叫运气。我高某人虽说本事不大，可是运气很好。能将你这位唱得好、扮相好、人缘好的大红角请来做台柱，使我们豫声剧社在西安一炮打响，这就叫运气正。这一时我走到哪里，朋友们都以羡慕的眼光仰着脸看我，说我时来运转要发大财。其实，发财事小，声誉事大。咱们的生意好，观众对你评价高，我在人前觉得特别光彩。现在不费吹灰之力，樊粹庭又将这位色艺超群的女小生给我送来，我们豫声剧社的戏今后在西安会打得更响。要说樊粹庭为什么会这样慷慨相助于我，心甘情愿地把自己剧团的主角送给咱们，这事首先要感谢你崔兰田这块金字招牌。这叫佳人引才子，绿叶配红花。没你这位'天仙美女'，我也招不来她这位'如意郎君'。其次，这内中也有樊粹庭自己的苦衷。"

高成玉接着说："前年，陈素真离开狮吼剧团去四川求学后，狮吼没有了台柱，樊先生苦心经营的事业前功尽弃。这位老兄是个很有志气的文化人，当年在河南弃官从艺，编演新戏，创办剧团，遭到父亲反对，与他断绝了父子关系。陈素真在他的一手培养下，在豫剧界被捧为'河南梅兰芳''豫剧皇后'。日本人占领开封后，他历尽艰辛把剧团从河南拉到大后方西安，凭着他那几本新戏，陈素真在西安红得发紫，狮吼剧团在观众中享有很高的声誉。如今，狮吼剧团落到这步田地，樊先生十分痛心。但他并未心灰意懒，为了重振'狮吼'，他变卖家产，招收河南灾童，高薪聘请京剧名师教学生们练功、给学生们排戏。这批学生非常用功，武功基础很扎实。现在已经排了几出戏，不断地演出，票房收入还过得去。这些小学员虽然都不错，也经常演出，但是年龄小、个头低，常景荻比他们大，演戏配不到一块儿。常景荻是樊先生一手培养出来的小生演员，樊先生视她如掌上明珠。一个年轻演员若想在演技上不断提高和更加成熟，就必须经常演出，在台上磨炼。这一点樊先生看得最清楚。常景荻如果长期不登舞台，慢慢便会荒废了艺术。为这事，樊先生很发愁，景荻也很苦恼。去年他去洛阳接你，就是想让你做'狮吼'的台柱，让常景荻给你配小生。不料，你谢绝了他的邀请，这事又使他很生气。他说，当年在开封请陈素真都没有这么难请，想不到他屈驾亲赴洛阳却请不来你崔兰田。另请别人吧，他还真看不上眼。他认为能够在狮吼剧团领衔接替陈素真的非你莫属。你没有与他合作使他很失望，但是在人前他没说过你一句坏话。你如今被我请来了，虽然不在狮吼剧团，总是来到了西安，他不记恨你，认准了你唱得好，所以才将常景荻送来与你合作。这也算了却了他一桩心事，既使常景荻有戏可演，又显得他对你我支持帮助。实际上，我们剧社现在演员阵容确实也缺少一个硬邦邦的好小生。你想想我打着灯笼都找不来，他给我送上门来，我何不痛痛快快地落个顺水人情呢！"

高成玉不愧是在世面上久混的生意人，这么简单的一件事，换上别人一句话便讲清楚了，而放在他嘴里，嚼烂咬碎，把樊粹庭和常景荻两个人的心思，从里到外分析得透透彻彻。其中的利害得失，让他给讲得明明白白，不由你不服。

高成玉说他运气好，兰田也觉得自己非常幸运。像她这么一个初出茅庐的青年演员，初到西安这么大的文化古城，便遇到这两位心肠好、本事大的人为她捧场和帮忙，心里感到十分踏实。她暗自忖量："如果说樊粹庭夸奖常景荻是出于偏爱，那么高成玉对这位小生也很赏识，可见此人的演技非同一般，在舞台上一定有两下子。樊先生和高成玉都口口声声说是让她来给我配戏，我倒担心我能不能配上她。"那些天，无论是吃饭、睡觉时，还是在后台化装、卸装时，一静下来，兰田心里便在盘算这件事。想到他们的戏中没有一个理想的小生，想到在陕山戏院演出时黄少林被观众喝倒彩，兰田便盼着常景荻早一天出现在他们的舞台上。有时她甚至下意识地感到，她盼着见常景荻的急切心情，就像一个蒙着盖头的新娘盼着新郎快来给她揭盖头一样，好让她早点看看这位"如意郎君"到底长什么模样。兰田曾一遍一遍地暗自告诫自己：要和常景荻像亲姐妹一样相处，在她面前绝不摆头牌的架子。她熟悉樊先生编的新戏，我要把她视为老师，请她给我说戏，我们一起将樊先生的新戏搬上舞台，绝不辜负樊先生对我的厚爱和期望。

　　1944 年初春，高成玉领着一位身穿狮吼剧团团服的姑娘来到兰田住的楼下。这姑娘中等身材，圆脸庞，眉清目秀，气宇轩昂，一看就知道她性情豪爽，做事干练。

　　"这位是樊先生介绍的常景荻常小姐，来咱们豫声剧社唱小生的。"一听说眼前这位就是演小生的常景荻，兰田高兴地上前拉住她的手："我早就盼着你来了。"

　　景荻也亲热地握住兰田的手："好一个天仙美女啊！怪不得樊主任经常夸你。你这么漂亮，我可配不上。"景荻性格开朗，快人快语，初次见面便跟兰田开玩笑。她俩互问了年龄，都不满 18 岁，兰田是农历九月二十生，景荻是五月初一生。兰田说："那你是姐哩。"当天晚上，她俩合作演出《闹书馆》。化装时，兰田亲切地问景荻："姐，你用的啥粉、啥红啊？你用我的吧。"两人第一天见面，亲得就像亲姐妹一样。第二天和第三天，她俩又合演了《贩马记》和《老羊山》。头三天的演出观众反应异常强烈，两人也觉得互相配合得天衣无缝，如鱼得水。

　　常景荻来后，高成玉吩咐在戏报上写上常景荻挂二牌，并让她们都住在新民戏院对面的三友巷。这里是高成玉的家，他专门腾出一间小楼，让兰田住在楼下，景荻住在楼上。

　　景荻爱穿男装，爱留男孩子的背头发型，看上去像个英俊潇洒的小伙子。她和兰田白天没事常爱到街上转转，到公园坐坐。有时崔妈高兴了，也跟着她俩出来逛街。街上的人们都用惊羡的目光频频回头张望她俩："瞧这小两口穿的衣服多好看！""瞧这小两口多般配！"崔妈听见路人的议论，就会小声地骂："瞎着个眼还回头看呢，没看见那是你俩姑奶奶！"

景荻爱喝酒，也有海量，她一个人能喝一瓶白酒，常在酒酣耳热时喊兰田："田儿，你上来咱俩说会儿话。"此时，两个妙龄女子四目相对，彼此敞开了心扉，推心置腹的话语，使她们两个成了心贴心的姐妹。

　　景荻是个孤儿，一生不知亲生父母是谁，8岁时在开封被养母卖了三次，最后被卖到洛阳于老板的河南坠子班，给于老板的儿子做童养媳，取名于景荻。当童养媳她受尽了折磨，饱尝了人间的疾苦。为了挣脱封建家庭的束缚，争取自由，也为了她酷爱的豫剧，她毅然逃跑出来，从洛阳扒着煤车来到西安参加了狮吼剧团。在狮吼剧团经过樊先生的悉心栽培，她练就了一身扎实的武功，成为出类拔萃的小生演员。由于她身上功夫好，演起小生戏来很有气派，做戏也十分细腻、逼真，因此她和兰田在一块儿配戏从不拘束，非常默契，可以说是珠联璧合，相得益彰。

崔兰田（左）与常景荻合作演出《虹霓关》，1944年于西安

崔兰田（左）与常景荻合作演出《蓝桥会》，1945年于西安

兰田和景荻可谓天配一对、地成一双的好伙伴。台上，她俩互相启发，都很入戏。台下，她俩好得就像一个人一样。有时半夜拉警报，躲日本飞机轰炸，景荻就跑下楼来，跟兰田睡在一个被窝里。只

崔兰田（右）与常景荻，1944 年于西安

要她俩在一起就有说不完的话。最使她俩陶醉的话题是演"樊戏"，景荻说："田儿，我要是一个男的非娶你不中，你看你多像送夫从军的华慧娟。"

"那你就是那个抗击元兵、立功还朝的黄克敌了。"

"那当然，咱们说到做到。明天我就跟樊主任把《克敌荣归》的剧本要来，咱俩先在舞台上做一回夫妻。"

"中！我演华慧娟，你演黄克敌，黄少林演元帅，地保让魏进福演。那个老旦瞎婆子黄克敌的母亲让李希宝演，别看李希宝才 30 多岁，演老旦还真有一手。"谈笑间她俩就把角色安排好了。

兰田在洛阳看过陈素真演《克敌荣归》，路数心里都有，景荻对"樊戏"是滚瓜烂熟，她们在一块儿一对词，就演出了。

"你们这一炮打得四面开花！"樊先生看完戏伸出大拇指，边说边向她俩走来，"你跟景荻在一块儿演戏，就像一对金娃娃。"

兰田言道："说心里话，起初对演您的戏我是又想演又害怕。这些戏是陈大姐在西安唱红的，我还真怕演砸了，观众不买我的账。想不到这么受欢迎，关键是有景荻姐保驾呀！"

这出戏她俩演得最好，得心应手，观众反应也最强烈。因当时西安民众抗

日的情绪十分高涨，这出戏又激发了民众抗日的热情，因此她们的演出也就格外受欢迎。此后，她俩相继合演了《贩马记》《闹书馆》《吕布与貂蝉》《七月七》（又叫《天河配》），还有"樊戏"《凌云志》《女贞花》《义烈风》《霄壤恨》等。合作期间，两人都发自内心觉得舒心、惬意。

常景荻是崔兰田演戏生涯中遇到的唯一一位称心如意的小生演员。在她之前，黄少林给崔兰田配小生，他虽舞台经验丰富，唱二路老生是块好料，但唱小生显得勉强。后来，徐凤云虽在这个班里唱过一段时间，但那时她还不够成熟，表演不如景荻。再以后，常香玲、王香芳虽然武功不错，但唱做都不及景荻，个子也低些，与兰田配戏不甚理想。与景荻合作时期，她们不仅配合默契、和谐，表演达到了上乘，也形成了兰田艺术发展时期的一个高峰。

一张精致的大红帖子摆在兰田和景荻的面前。大华纺织厂的老板石凤翔为他的女儿石静宜与蒋纬国结婚在常宁宫举办堂会，特邀兰田和景荻去演《贩马记》。

景荻扮演赵宠，兰田扮演李桂枝，一亮相就得个"碰头彩"。"写状"一折喜剧色彩很浓，小夫妻亦庄亦谐。赵宠故意挑逗桂枝，桂枝很生气，但为替父鸣冤又得忍气赔笑脸央求丈夫。这段对话妙趣横生，表演极具生活情趣。

赵宠：哎呀，夫人哪，你心中有什么不平事，来呀，来呀，对下官说一个详细。

桂枝：妻身纵有满腹冤情，对相公说了，不能做主，也是枉然。

赵宠：夫人既是满腹含冤，对下官说了，与你分忧雪恨。

桂枝：说来又恐相公你着恼哇！

赵宠：只要夫人不哭，下官就不恼。

桂枝：（哭啼）唉，喂呀呀呀！

赵宠：唉，恼了恼了！

桂枝：方才说过不恼的呀。

赵宠：方才夫人说过不哭，下官就不恼。如今夫人哭么，下官就恼了。

桂枝：如此，我不哭就是。

赵宠：我也不恼，慢慢讲来。

在这段表演中，李桂枝忽哭忽笑，哭中带笑，笑中带哭，表演难度很大。赵宠给爱妻开玩笑真真假假虚虚实实，道白表演都要求达到既真又美的境界。她俩不瘟不火恰到好处的表演，使台下笑声朗朗，掌声不断。这场演出使崔兰田在西安上层社会声名大振，崔兰田逐渐成了家喻户晓、妇孺皆知的豫剧名伶。这也使新民戏院的演出越来越红火，几乎天天爆满。

在西安，兰田还经常和其他剧种的名家一起联袂唱义务戏。秦腔易俗社的著名男旦王天民被称为"西安梅兰芳"，兰田很尊重这位秦腔名家，王天民也很谦逊。他们一起演出时，王天民常主动跟兰田打招呼。

西安"评剧皇后"赵玉兰是兰田的好朋友。有一次，她们在一家堂会上碰面，赵玉兰手里拿着一朵顶花来到兰田跟前："兰田，送给你一朵花吧，是我自己做的。"兰田知道赵玉兰手很巧，她头上戴的花都是自己做的，色泽鲜艳，花形美观，就像新摘的鲜花一样。她接过花戴在头上，在镜子前照了一下，十分喜欢地说："真好看！谢谢赵大姐。"赵玉兰亲热地拍拍兰田的肩膀示意她不用客气，就上场去了。

兰田和这些兄弟剧团的同行经常在一起演堂会，各剧种名家聚集一起演出最难办的就是演出顺序的排列，好多演员老是因为谁演大戏和二轴争吵不休。凡是有兰田参加的堂会或义务戏，她跟谁也不争，谁也不跟她争。在后台一见面，她都主动跟人家打招呼，大家也都与她相处得很好。

《偷龙换凤》又叫《王莽篡朝》《松棚会》《翻八卦》《药酒台》，说的是王莽与苏献合谋设下松棚会，逼汉平帝（刘衎）服药酒自尽，皇后（王莽之女）有孕，王莽恐怕皇后生出男儿替父报仇夺回王位，命徐世英、柴文俊推算男女。柴文俊为保皇后母子性命，虽算知为男，假报为女，并与世英打赌。柴妻闻知后巧将自己所生女孩与皇儿相换，并把皇儿刘秀送至南阳。后刘秀长大访将起兵，灭莽兴汉。京剧、汉剧、怀调和秦腔都有此剧。

这出戏也是兰田与景荻经常合演的剧目，一般都是兰田演身怀六甲的大肚子皇后，景荻演小生柴文俊。这天下午该去剧场化装了，兰田站在门口说："景荻姐，今天你演啥？"

"你说我演啥？当然是我演小生柴文俊，明知故问。"景荻佯装生气地说。

"咱俩换换演吧！"兰田嫣然一笑，像是征求景荻的意见，又像是最后通知。

"你别胡闹啦！那大肚子皇后还是你演吧。"景荻一听就生气了。

没等景荻说完，兰田早已溜得没影了。过了一会儿，兰田的跟包来到小院催景荻去化装。景荻胸有成竹地说："时间还早哩！"跟包着慌地说："兰田把鬓给你打好了，她扮小生，叫你演旦角哩！"景荻虽然生气，但转念一想：她既然已经化好了装，也没法了，只好演吧。

开演后，她俩反串，把观众惊喜得笑声不断，特别是景荻夸张、活泼的大肚子表演更逗人。兰田在台上看见景荻的大肚子一颤一颤地抖动，就咪咪笑场。景荻趁做戏之际用手在背后掐她，不让她笑场，谁知景荻越掐，兰田笑得越厉害，台下观众不明真相，被她俩感染得气氛高涨。

经理高成玉见剧场效果非常好，就跑到后台高兴地说："哎呀呀，把我都蒙住了。我说这是哪儿来的名旦角，我咋不知道？早点跟我说一声，我好写个牌子挂出去宣传宣传嘛！"

兰田见高成玉把她俩的反串当成了正事，越发觉得可笑，差点笑岔了气儿。

十、演"樊戏"

1944 年农历九月二十是崔兰田 18 岁生日。这天上午，樊粹庭来到兰田和景荻的住处。

"兰田，听说今天是你的生日，我给你庆贺庆贺，咱们一块儿去吃饭。"樊先生说话的口气是邀请，也是命令，他那热情和诚恳的态度，不容你推辞和谢绝。他们三人一起来到新民戏院对面的百花春饭庄，樊先生特意要了两条兰田爱吃的糖醋鱼。

樊先生端起酒杯向兰田祝贺生日后，感慨地说："西安豫剧舞台继陈素真之后又涌现出你这样的红角，真为咱们河南戏争了光。你现在一出场，满台生辉，掌声四起，一派大家风范、名角气派。想起你当初拿坤刀的架势和踢皮球式的台步，我真不敢相信，眼前新民戏院的红角和刚到陕山露演的崔兰田是一个人。你在表演艺术上的进取精神真称得起后生可畏，前途无量。"

樊先生对兰田本来就有些偏爱，三杯酒下肚，天花乱坠般的褒奖之词夸得她脸腮绯红。樊先生是一位很有学问又酷爱戏剧的文化人。他对崔兰田这个文化水平不高的年轻演员很看得起，对她的演唱评价很高。但是他不是一味地吹捧，对兰田在表演上的缺点、毛病看得很准，并能毫不客气地指出来，真心实意地指教她、帮助她。

刚到西安那年，兰田才17岁。尽管她当时在观众中已是小有名气的红角，在剧团里是老板和同行们另眼看待的头牌主演，但在艺术上毕竟还不够成熟，初出茅庐，在表演上难免还存在着很多不足之处。常言说：一腔遮百丑。她的嗓子好，唱腔好，很多戏迷爱听她唱，赞扬声不绝于耳，捧场者比比皆是。在这种情况下，能有人给她指出表演上的毛病，确实是她求之不得的。因此，她把樊先生视为艺术上的真正知音和良师益友。

崔兰田到西安后，樊先生看她的第一场戏是《桃花庵》。散戏后，他一进后台就对兰田说："兰田，你唱得真美。记得去年我在洛阳第一次看你的戏，给我印象最深的就是你的唱，都是一样的板式腔调，从你嘴里唱出来，别有一番韵味。特别是你唱的苦戏中的悲腔，非常动听，很能打动人心，称得上是缠绵悱恻，催人泪下。依我看，你的唱腔已经有自己的独特风格，怪不得西安观众这么捧你的场。但是，在表演上你却不够讲究，还有许多地方需要进一步改进和提高。比如，你的台步就不够规范，人家京剧青衣有青衣的台步，花旦有花旦的台步，咱们豫剧比较粗。你走起台步来爱蹉步，像踢皮球一样，显得不够美，这可能与你原来唱须生有关。要改正这个毛病，需要从基本功练起，按旦角的台步多练走圆场，慢慢就会改过来。"

樊先生开门见山的这几句话，兰田听了并没有觉得难堪，反而觉得如获至宝。她按照樊先生说的办法，像科班的学徒一样每天早晨练习跑圆场、走台步。有时白天没有日场戏，在家里抽空就练，慢慢改正了这些毛病。

樊先生看她演《刀劈杨藩》手握坤刀的姿势不对，在后台就亲自给她示范刀马旦的架势，边做边讲："单刀看手，双刀看肘。净角要撑，旦角要松，生角要弓，武生取当中。身如撑，膀如焊，脚如钉。下脚稳，贵裆劲，收小腹，缩臀部。上半身重露，下半身重藏。这都是对演员舞台形体的具体要求。"

在樊先生的耐心帮助和谆谆教诲下，兰田不仅在表演上学会了许多表演技巧，而且从思想上认清了自己的优点和缺点，使她在一片喝彩声中没有盲目乐观和自满，懂得了艺无止境的道理，从而不断苦练、不断进取，逐渐达到了更美更高的境界。

这一天在饭桌上，樊先生高兴地夸奖兰田，还提出让她去狮吼剧团给学生们说唱腔。兰田也趁机提了个条件，请樊先生赏个面子，樊先生爽快地说："只要我能办到的，一定尽力。"

"让我弟弟到狮吼来学戏吧，他今年都10岁了。"兰田恳切地说。

"没问题。但是有一个条件，他得和其他孩子一样，服从我的管制，不能例外。如果逃学、中途退学，你都得包赔我的损失。"樊先生很认真地说。

"咱们一言为定。"兰田说着举起酒杯，跟樊先生碰了一下。

狮吼剧团的学生服装统一，队伍整齐。他们规规矩矩地坐在剧场里听兰田讲课。兰田结合自己常演的几出戏边唱边讲体会：

　　要想唱得响，先得装得像，好演员都是装龙像龙，装虎像虎。如果要问怎样才能装得像，那就离不开"表情"二字，表情就是用情，人有人情，戏有戏味，演员不动情，观众不同情。以情感人是表演的重要特点，演员在舞台上下的联系靠的就是情感的交流。所以作为一个演员，一定要以情动人，唱做并重，音调要准，板头要稳，韵味要浓，感情要真。俗话说，演戏要演人，才算进了门。别人哭的是泪，演员哭的是戏。一哭一笑，胜过千腔万调。当然，演员的表情绝不是简单的哭哭笑笑，要做到笑而不俗，嚎而不厌，就必须表情用得恰如其分，适合剧情，这就要求演员"未演戏，先识戏"。对每出戏的剧情戏理，每句台词唱腔的真正含意，都必须深入领会，了如指掌。只有理解了才能口唱一句，心唱十句。在唱戏时有丰富的潜台词，甚至在静场中也能不言似有言，妙在不言中。唱戏不懂意，等于和烂泥。心中不笑，脸不会笑；心中不恼，脸不会恼。强做出来的表情是不自然、不感人的。正像我的师傅教我时常说的那样："神不到，戏不妙。"

兰田给狮吼剧团的学生先后讲了几次课，每次讲课，她都把过去师傅给她讲过的道理结合自己演戏的切身体会告诉同学们，使大家得到了很多启发和帮助。

后来，樊先生又把他的尖子学生关灵凤送到兰田身边，每天看兰田演出，还跟她学了一出《秦雪梅·别府》。兰田每天教她四句戏，"出门来我只把父母拜过"，兰田唱一句，关灵凤学一句，发现有不准确的地方，兰田就纠正她："唱戏就是唱气，呼气、吸气要均匀，快板吸气浅，慢板吸气要深。慢唱让人听味儿，快唱让人听字儿。"

"师傅姐，我再唱一遍你听听。"关灵凤和兰田的弟弟崔青云（少奎）同在狮吼剧团，见了崔爸崔妈都是异口同声地叫爸妈，所以，对兰田是既称师傅又叫姐。小孩子模仿性强，关灵凤唱几句还真有几分像兰田，当时在西安有些观众曾称她是"小崔兰田"。

《桃花庵》是兰田很喜欢演的一出传统戏。在科班时，她最初扮演老生苏昆，后来改唱旦角，扮演窦氏。她出科后在洛阳搭班常演这出戏。来到西安后，这出戏也是她演得较多和深受观众欢迎的看家戏。这出戏有两个本子两种演法。一种演法是以陈妙善为一号主角，从张才逛庙会开始，戏中情节有"撒瓜子"等低级趣味的表演。另一种演法是以张才之妻窦氏为一号主角，从窦氏"上门楼"思夫、王桑氏卖衣、窦氏认干儿子开始，主要刻画窦氏这个人物的复杂心情和悲剧性格。兰田演的是后一种，戏名也叫《卖衣收子》。

她喜欢这出戏有两个原因：第一，同情窦氏这个人物。在旧社会，妇女在经济上不独立，不论是有钱人家，还是平民百姓，女人都是依靠男人生活，女人称自己的丈夫是"当家的"，男人称自己的老婆为"屋里人"。女人视男人为主宰自己命运的上天，男人去世，如同塌了天。就是有权有势的官宦人家和富商财主家也不例外。窦氏有这么句道白"我是万贯家业身无主啊"，就是这个意思。张才出门去虎丘山玩会，一去十二载没有音信。窦氏在家不愁吃不愁穿，还有丫鬟仆女日夜侍候，过着饭来张口、衣来伸手的富裕生活，但她在精神上空虚，思想上苦闷。虽然她不像秦香莲被得中状元招为驸马的丈夫抛弃，过着贫困的苦日子，又遭到狠心丈夫"杀妻灭子"的迫害，但在情感上她和秦香莲一样悲哀。丈夫失踪，她思念；听说丈夫在桃花庵另寻新欢，她怨恨；最后得知丈夫身亡，她绝望悲痛。窦氏是个物质生活富有、精神生活贫乏的悲剧人物。兰田生性同情命运悲苦的女性，在舞台上刻画这样的人物，心里觉得不空，演起来觉得心中有戏。

第二，这个戏唱腔优美动听，演员爱唱，观众爱听。前辈艺人在这出戏的唱腔上下了很大功夫，创造了许多耐人寻味的旋律。如"上门楼"一场中窦氏思念丈夫演唱的那段豫西"二八板"和"盘姑"一场中窦氏哭夫那段酣畅淋漓的"滚白"，实在令演员唱得过瘾，观众听得痛快。

樊先生称得起是崔兰田艺术上的知音。他知道她喜欢这出戏，同时他更赞赏她演的这个本子。他认为崔兰田演的《桃花庵》，不以那些低级庸俗的情节迎合观众，而以刻画悲剧性的妇女形象和优美的唱腔来争取观众，是个正派艺人的正当选择。因此，他非常乐意助兰田一臂之力，主动提出为她改写唱词。

当樊先生把窦氏在花园散心时思念张才的那段"二八板"唱词改好后交给

兰田时，风趣地说："兰田，以前我写了那么多戏都是在光天化日之下正大光明写的，唯独这段戏是钻在床底下写出来的，不过我自己觉得还挺满意。"

兰田问他是怎么回事，他说："日本鬼子的飞机经常在空中哼哼，弄得我的思路总是不集中，于是便咬牙钻到床底下写。这个法子还真灵，两耳不闻飞机声，全神贯注写戏文。一会儿的工夫，这段'二八板'便写出来了。"

樊先生才华出众，满腹文采，一二十句唱词对他这位大剧作家来说，可谓小菜一碟，兰田当即就套用原来的旋律哼唱起来：

> 迎春来送秋去苦度时光，
>
> 满怀的愁烦事暗自凄凉。
>
> 抬头望空中雁来来往往，
>
> 想起来久别的张才夫郎。
>
> 自那日虎丘山去把会望，
>
> 到如今十二载未曾还乡。
>
> 每日里倚门户把夫盼望，
>
> 每夜里伤心泪滴湿枕旁。

在西安那些年，崔兰田和樊粹庭的关系非常融洽。她虽然没有参加他的狮吼剧团，但是樊先生写的好多戏崔兰田都演了。她演的好多戏，樊先生也曾热情地改写过唱词。他们互相信任，密切合作。这一段时间在艺术上，崔兰田和樊粹庭、常景荻称得起是三位一体。樊先生颇具新意的改编，兰田、景荻立竿见影的实践，使崔兰田的艺术得到了城市文化的滋养。同时，这种带有市民文化色彩的戏曲，也更受西安观众的欢迎。

兰田和景荻合演的《七月七》在新民戏院曾轰动一时。一天，樊先生看过日场戏后对兰田说："你演的织女很美，也很动人，唱腔尤其抓人。美中不足的是唱词显得少些，听得不过瘾。如果能再加两段戏，织女的形象就更丰富了。"

樊先生的话正合兰田心意，于是，她顺水推舟地提出："那就劳烦大驾动笔给加两板戏吧。"

"中，我去洗个澡，回来就给你写。"樊先生爽快地应承了。当天晚上，开戏前兰田在化装，樊先生拿着一大张写满唱词的纸放在兰田的面前。唱词写得通俗易懂，朗朗上口。兰田一边化装，一边学词。开演前和乐队打鼓拉弦的师傅口头交换了一下意见，定了一下板眼，当晚演出时便加上了。

兰田请樊先生写戏词是有求必应，连向他致谢的客气话也不用说。樊先生把给她写戏视为一种乐趣，简直成了她的私人编剧。当他看到兰田很乐意唱他写的词，听到观众对兰田唱这些出自他的手笔的唱词报以热烈掌声时，他从心底感到高兴。一位爱戏如命的剧作家的内心世界一般人是难以理解的，只有这些爱戏如命的演员才懂得他的心声。

来西安之前，兰田在洛阳看了陈素真演的"樊戏"后，就想将这些新戏学到手。这些戏的唱词通俗易懂，唱起来顺口，表演起来顺手，观众听起来顺耳，达到了大俗大雅的境界。陈素真演出时，兰田曾站在舞台边上认真地看、细心地记，学她的唱腔，看她的表演动作。在旧社会学戏，不像现在有音乐设计师给设计好唱腔，一句一句地教给你，有导演排演，一场一场地排，一个动作一个动作地给你说。那时在科班学戏是师傅口传心授，出科后向别人学戏，全靠自己偷学。他们这些戏曲艺人虽然目不识丁，更不识乐谱，但脑子特别灵，眼睛、耳朵特别管用，看别人的戏，唱腔、表演动作，一看就能学会。在洛阳看陈素真的演出，兰田脑子里已经记下了八九成。到西安后，兰田能实现演"樊戏"的愿望，多亏有常景荻。景荻帮她排"樊戏"，陪她演"樊戏"，使她通过演"樊戏"在表演和刻画人物上有了长足的进步。

她俩合演的第一出"樊戏"《克敌荣归》与观众一见面，便引起强烈的反响。兰田演"樊戏"的热情一发不可收，《义烈风》《女贞花》《霄壤恨》《凌云志》《涤耻血》《三拂袖》，一出接着一出上演，在观众中再次掀起了"樊戏"热。

樊先生一扫陈素真离开后的愁容，打心眼里为她俩的演出感到高兴。樊先生见了兰田总是赞不绝口，笑逐颜开。其实，崔兰田更感激他这些新戏。

豫剧与京剧、昆曲、川剧、秦腔相比，在表演上确实显得逊色。樊粹庭的狮吼剧团一向重视武功和表演身段的训练，不惜高薪从北京邀请京剧教师来西安教学。在他编导的"樊戏"中，既重唱又重做，堪称唱做并重。如《义烈风》中女主角童玉珊怀抱婴儿过独木桥的舞姿，以及在刑场被刽子手踢倒在地后膝行扑向庄鸿文的跪步动作，对以往的豫剧表演无疑是一个突破。要做好这些表演动作，要求演员既要有扎实的基本功，又要深刻理解剧情和体会角色心情，只有把内心的戏把握准确了，在表演上才能不空洞，有新意，从而打动观众。

樊粹庭说："我的观众就是推车的，担担的，锢漏锅的，卖蒜的。"因此，在他构思命笔时，既考虑到知识分子的审美要求，又注意到底层群众的接受能力，有意识地向深入浅出、通俗易懂的方向倾斜。因而，他写的戏不仅为知识分子所喜爱，更受到底层观众的欢迎。"樊戏"的唱词在情理并茂的基础上，更着重写情。他深谙"以理喻人，以情动人"的戏理，所以他除了编织动人的故事情节来体现他所宣扬的警世深意，还靠动人心弦的戏词来阐发他的主题思想。

崔兰田主演"樊戏"《凌云志》戏单

"樊戏"的人民性，就是作者站在人民大众的立场，满怀热情地反映中华民族勤劳勇敢、见义勇为、国而忘家、公而忘私的传统美德。与此同时，又揭露了在封建统治下，人民大众所经受的压迫与苦难，尤其是妇女所受的双重压迫和悲惨处境。在"樊戏"中，旦角的比重较大，主要是他痛怨于妇女的不幸，而为她们做了更多的不平之鸣。

"樊戏"给崔兰田的艺术生命注入了新的血液，拓宽了她的戏路，在唱腔上也由单一的豫西调，自然而然地吸收了祥符调，使她的声腔艺术更加丰富。这一变化不仅表现在她演的"樊戏"上，也在她演的《桃花庵》《秦香莲》《秦雪梅》《卖苗郎》等传统戏中产生了潜移默化的作用，使这些传统戏有了新的光彩，使这些戏中的传统唱腔在不知不觉中进行了改革，使她的声腔艺术有了升华和提高，从而对她日后的艺术创造起到了不可估量的推动作用。

一个演员的艺术成长，犹如栽花育树，要想使它永不凋谢，就要长期不懈地浇水、施肥、剪枝。到了西安，兰田深深地感到艺无止境，不学新东西，就不能成长。"樊戏"使她在表演艺术上登上了一个新台阶。

在西安帮助她长知识、长见识的，还有一位周先生。周先生年过花甲，高高的个头，一身整洁的大褂，一口流利的京腔，酷爱京剧，会唱两口"西皮二黄"，是一位有雅兴的闲居文人。周先生言谈轻声慢语，和蔼可亲，人品清高。他每隔两天来兰田家讲一次课，都是坐在当院。他讲课不用四书五经，采用学校里的新课文，讲国文、算术、地理、自然和修身。

"吾日三省吾身，就是说每天要检查反省自己的言行，像吃三顿饭一样，每天思考三次，看看自己是否每天都有长进……"周先生讲起课来滔滔不绝，善于启发诱导，兰田听得津津有味。周先生有时来了兴致，索性用京剧唱腔咏唱课文，兰田这时也兴致勃勃地跟着周先生学唱京剧："天苍苍，野茫茫，风吹草低见牛羊……"

十一、结婚

十八的姑娘一朵花。过了 18 岁生日，兰田像春天的花蕊，越发长得漂亮。一件粉红色花白点点的斜襟上衣，映衬出她那丰满苗条的身材。一绺刘海下镶嵌着一双春波涌动的大眼，垂肩的长发，她自己喜欢得每天要梳两三遍，走在街上格外让人羡慕。

这一段时间她太忙了，成天演不完的义务戏，自家戏院的活儿又这么重，东家请西家邀的，都是看着自己的名气来的，谢绝了哪家都得罪人，只好自己受累四处奔波赶场，忙于应酬演出。

来到西安快两年了，吃穿不再发愁的崔妈崔爸坐在家里开始暗自发愁，俩老人念叨的一个话题就是该给闺女找个婆家了。崔妈盘腿坐在炕沿上缝补着二妮的一件衣裳，她抬眼问崔爸："你别成天就知道吸烟冒气，人家提的这家，你觉得咋样？中与不中，你说句话呀！"

"你觉得那会中？听起来倒是不赖，有钱有势的，可是那岁数，往那儿一站，不知道的还以为是闺女她舅哩。"崔爸闷闷地说道，"再说啦，那不是往坑里扔闺女嘛。"

18岁的崔兰田，1944年于西安

"你老是觉得这家是火坑，那家是苦井，你倒是给闺女找个享福的好人家啊。眼看着过了八月十五闺女就虚岁20了，她能唱一辈子戏？到唱不动了咋办？还不趁现在年轻水灵，给闺女找个好人家，让她下半辈子有个着落，我也省得操这一份心。"崔妈把一肚子的担心全盘托给了老伴儿。

崔爸也将自己的看法兜了底："男大当婚，女大当嫁，自古就是这么个理儿。可是，这婚姻得看缘分。缘分来了，那婚姻就像地里的瓜，熟透了自个儿就落下来了，否则你再操心也是白搭。"

"婚姻大事得爹妈做主。这可不是台上唱戏哩，由着她的性子想咋来就咋来。我就知道跟你商量，你也说不出个子丑寅卯，净耽误我做活。"崔妈听着崔爸的话不顺耳，就嘟嘟囔囔地数落他，"你就成天啥事都别管，我看你能把她惯成啥样儿。这到吃饭时候了也不着家，在外边学的抽烟喝酒打麻将，你就跟瞎子一样，成天啥都看不见。"

崔爸辩解道："这闺女唱红了，出门应酬应酬，抽支烟喝杯酒玩一会儿牌，这有啥！不比闷在家里没人理睬好？再说，她上午出门不是跟你说过嘛，是周家二小姐派车来接她去玩的嘛。"

老两口就这样你一句我一句地诉说着自己对闺女的疼爱和忧虑。反正孩子们都大了，二妮也能跟着姐姐的戏班跑跑龙套扮个宫女了，二小也上狮吼剧团学戏去了，家里没有了张嘴等吃饭的闲人，老两口在家一有工夫就磨牙。

崔爸说的周家二小姐就是周光辉，也是山东曹县人。周家父母与崔焕臣在山东老家就相识，来到西安他乡遇故知，两家经常来往，互相都很熟识。周光辉的丈夫戴子文是西安警备司令部的军官。周小姐特别喜欢兰田的戏，又是同乡，老一辈又是故友。跟兰田认识以后，发现兰田为人非常忠厚善良，就跟兰田成了非常要好的朋友。周小姐在娘家排行第二，上有一个姐姐，下有一个弟弟。她不让兰田称呼她"戴夫人"，让兰田叫她"二姐"。她也从不直呼兰田的名字，都是很亲昵地喊"田妹"，闲暇经常请兰田来家做客。有时，也邀两三个熟朋友在家玩玩麻将，听听唱片。这天，她家雇来个新厨子，做一手好川菜。她就是专门请兰田来尝川菜的。周小姐和兰田坐在宽敞明亮的客厅里，细品着香茶，闲聊着西安的饮食。

"我以为演员都不太喜欢吃辛辣的东西呢，想不到田妹跟我的口味一样。我也是喜欢吃涮羊肉、炒辣椒，越是麻辣的，越觉得吃着过瘾。"周小姐手指上夹着一支香烟，还套着一个白色的长烟嘴，姿态优雅地坐在沙发上。

"小时候在科班里，师傅高兴了就用烧饼夹辣椒炒肉犒赏我们，我也就从小养成了吃辣椒的习惯。当演员的都怕吃辛辣的东西，怕吃辣的对嗓子不好。我没事儿，吃再辣的东西嗓子也没事。要说我最爱吃的还是咱们山东的大饼卷豆芽、绿豆面条这些家常便饭。"兰田实话实说。

周小姐伸出长长的烟嘴用食指往烟缸里轻弹了一下烟灰："你和我真的是口味相投，能在一个锅里吃饭。你说我和你姐夫戎马倥偬东跑西颠的啥好东西没吃过，啥好东西没见过，可真要说吃得舒服的还是咱家乡的这些小吃。"

两人谈兴正浓，一位身穿戎装的青年军人走进了客厅。周光辉向进来的年轻人介绍："哎呀，你今天来得正好，又有口福又有眼福。我来给你介绍，这位就是西安舞台上的大名角崔兰田崔小姐，咱们曹县老乡，她家在东门里，跟咱爸在曹县就认识。这是我弟弟周光灿，字子田，刚从咸阳炮校毕业。"兰田款款起立伸出纤手。在两手相握的一刹那，她抬眼看到周光灿身材挺拔俊秀，脸庞轮廓鲜明，浓眉大眼，表情透露着兴奋，举止散发出军人的气息。她脸上飞起了红霞，讷讷地说："幸会，幸会。"

"子田也是个戏迷，爱看京剧，也爱看河南梆子。不过，一般的河南戏他不喜欢看，专爱看陈素真的《涤耻血》《凌云志》这些新戏。"周光辉说，"但他是个外行戏迷，只是看热闹看不出门道。"

周光灿不想让二姐在陌生的客人面前而且又是一位西安有名的红伶小姐面前揭自己的短，就委婉地说："谁能跟二姐比呀，家里的客厅要是舞台，二姐早就唱成名角了。"

周光辉马上接住话茬："你可不能这么笑话二姐。二姐热戏那是看人下菜碟，不是好角我还不去看哪。像田妹的戏，你想看还买不上票呢。"

"那我拉着二姐的衣裳襟不就能大饱眼福了？请问崔小姐今晚有没有演出？"周光灿问兰田。

"有，今晚在新民戏院演《凤仪亭》，周先生如果有空欢迎赏光。"兰田答道。

"不敢当，不敢当。我哪里敢赏光啊。崔小姐言重了，我只是跟着二姐凑凑热闹。"光灿看兰田彬彬有礼急忙解释。

"哎呀，看看你们俩，先生小姐的称来呼去像是在演文明戏。田妹，你就叫他子田吧，子田你跟我一样喊她田妹就行了。要不，你就叫她兰田。别崔小姐崔小姐地叫，在自己家没必要讲究那么多礼数。"光辉看他俩都很拘束，就直言点破了他俩的"拘谨"。用人进来说菜已备好，请主人和宾客入席。他们有说有笑地走进餐厅。

周光辉家的餐厅不仅宽敞也非常讲究，桌上的餐具全是景德镇烧制的青花瓷。光辉殷勤地给兰田夹菜："你看这宫保鸡丁，金红色的，香辣酸甜，鲜嫩鲜嫩的，你尝尝。"招呼罢兰田，她又问弟弟："子田，你觉得这个厨子手艺如何？"

　　光灿尝了一口菜说："很地道，是个正宗的川厨。其实说起这道菜有个典故，我讲给你们听听。这宫保鸡丁啊，北方叫宫爆鸡丁，贵州叫宫保鸡，是清朝同治年间四川总督丁宝桢的家菜。丁宝桢是贵州人，被朝廷赐封为'宫保'，就是太子太保、少保的通称。丁宝桢就被称为'丁宫保'。他非常喜欢吃这道菜，每次请客吃饭都上这道菜。后来逐渐传开，名噪一时，人们就称它为'宫保鸡丁'。各地厨师都做这道菜，但由于各地口味不同，用料也有差别，川味都加花生米、干红辣椒，而黔味就不用花生米，用甜酱、糍粑辣椒。因此，我说这个厨师做的这道菜是正宗的川味。"

　　周光灿用汤勺在一个精致的砂锅里舀了一勺汤尝尝，又伸勺从砂锅里舀出一个饺子："啧啧，味道不错。这道菜叫太白鸭子，也是川菜中的一道名菜。"周光灿侃侃而谈："传说唐玄宗时，由于杨贵妃、杨国忠、高力士等人向玄宗进李白的谗言，李白呢只受宠爱而不被重用。因此，他就想方设法接近玄宗，希望有朝一日能成为国家的'辅弼'，以实现他'直挂云帆济沧海'的宏大抱负。他想起过去在四川吃过一只用陈年花雕、枸杞、三七等材料烹制的肥鸭，味道独特，他就做了这道菜献给玄宗。玄宗食后，大加赞赏，把李白召到了金銮殿，问他这鸭子是怎么做出来的。李白回答说，臣担心皇上龙体劳累，特加了许多补品在里边，比如这个饺子，就是用菠菜汁和面包成的。玄宗一听高兴得不得了，马上赐封说，此鸭可叫'太白鸭'。从此，太白鸭就成了四川的著名风味菜。你们尝尝，这汤不但味道好，还滋补健身。"

　　兰田很斯文地品尝着桌上的菜肴，她心中对面前这个年轻的军人产生了好感。她觉得周子田跟她见过的许多军官都不一样，他年轻英俊，有文化，见多识广，仅仅两道菜他就能说出两个故事来。这叫兰田不由得心生羡慕。这个念头在脑海中刚一出现，兰田就羞红了耳根。她借舀汤之机，看了看光辉和光灿，觉得他俩都没有在意她的心理变化，就坦然地舀出一个饺子，细细地品尝这菠菜汁和面精心做出来的味道。

西安老百姓对国民党军队的横行霸道、祸国殃民深恶痛绝，老百姓说国民党六大害：军官总、国大代、青年军、航空站、便衣特务、伤兵员，一个更比一个坏。他们不断寻衅滋事，搅得市贾不宁，戏园子不敢鸣锣开张。为了戏班的生存，也为了几十号人养家糊口，大冬天，高成玉把戏班拉到了远离西安的三原镇演出。

这天快开演了，一个瘦高的铁路警察抱着一大束鲜花来到后台："这是我们队长送给崔小姐的。"兰田看着这一束鲜花心里又担惊起来：就是怕这些警察、宪兵纠缠捣乱才跑到这三原镇来的，想不到他们又追到这里……然而兰田眼前一亮，在那束鲜花后面她发现了一张熟悉的面孔。"周先生！"兰田惊奇地跟周光灿打招呼，"你怎么也到三原镇来了？"

光灿满脸喜悦地说："我就在这三原车站护路队工作。听说你来这儿演出，特意来看看你。有啥需要我帮忙的，你只管吩咐一声。"两人站在这忙活的后台，四目相对，都有一种意外的惊喜。光灿抬腕看了一下手表："不耽误你的时间了，你快准备吧，我去前台看你演出。"他走了几步又转回身来，对兰田说："如果方便的话，演出结束后我请你吃夜宵，你可一定赏光啊！"兰田高兴地点点头，她目送光灿走出后台，心里顿时觉得暖融融的。

干冷的冬天，夜已经很深了，星星强打着精神不断眨巴着眼睛。三原镇火车站护路队的几间小屋还亮着灯，门口上的烟筒冒着黄烟，偶尔从远处传来一声火车的低鸣。

光灿特意从饭馆里要来几样菜。兰田由妹妹兰玉陪着，他们吃完了饭，就坐在火炉旁聊天。兰田穿着姚淑芳送她的那双棉鞋，蹬在火炉上。兰玉困得趴在姐姐的腿上已经睁不开眼了。光灿手握着掏火的铁火钩，还在娓娓讲述他的故事。

"我中学毕业后向往革命，想趁着年轻为国家、为抗日干一番事业，就跟着一帮志趣相投的同学步行到了延安，上了抗大晋南分校。那里是解放区，跟这里的国统区不一样，抗日的情绪很高，但是生活很艰苦。家里怕我吃不了这份苦，就让二姐夫出面通过八路军驻西安办事处，捎信让我回到了西安。我父亲说，在前方子弹又没有长眼睛，说不定啥时候就被打死了，不如在后方找个安稳一点的差事。二姐夫就把我送到了黄埔军校咸阳炮校。毕业后，很多同学都去了云贵前线，家里说什么也不愿让我去前线，就把我安置到这三原火车站，当了这车站的护路队队长。你看到了，就我们仨人。"说起自己的经历，光灿像捆着翅膀的小鸟，总想飞向蓝天，可是总也扑棱不起来，心中充满了叹息和无奈。

兰田述说了自己逃荒要饭及在洛阳、西安遭受兵匪欺压的苦难，引起光灿深切的同情。

两个年轻人越说越觉得心近了，越说越觉得满肚子都有说不完的话。

周光灿说："有点名气的演员都是有名有字，如京剧名家梅兰芳，字叫畹华。你也应该有个字，或者说叫别名。啊，我想起来了，蓝田生玉，你名叫兰田，字叫培玉怎样？"

听到光灿给她起了这么文雅的名字，兰田欣喜地说："你觉得好，你就这样叫我吧。"

得到兰田的赞同，光灿很高兴。他接着发表自己的见解："我觉得你唱的戏和陈素真不一样，别具一格，就跟川菜一样，有独特的风味。尤其是你唱的那苦戏，我发现观众特别爱听，有的人还跟着在台下掉泪。这说明你的戏唱到他们心里去了。生活的苦难，人间的悲欢离合，都在你的戏中唱出来了，引起了观众的共鸣。所以，他们爱看，爱哭，觉着哭一鼻子心里也好受。等我有时间了也写一出苦戏，专写人间悲剧，专让人抹鼻子掉泪。"

"你写吧，写好了我来演。人家樊先生就是专门写戏的，他写的戏，我都演过。我的好多戏，还都是他编的词呢。等回到西安，我介绍你跟樊先生认识，你可以跟他学学怎么编戏。"兰田一听光灿要给她写戏，就热情地鼓励他。

他俩热火朝天地聊着，炉子里的火苗也像动了情似的鼓着劲往上蹿，热烈地亲吻着兰田脚上的棉鞋，直到烧煳了也没被发现。还是兰玉睡眼蒙眬地抬起头来问："啥东西烧煳了？"他俩才惊叫起来。兰田跺着冒烟的棉鞋，光灿抓起桌上的茶水泼在了烧煳的鞋上。就在他们惊呼乱叫之际，他俩抬头朝窗外望去，发现东方已经大亮了。他俩的爱情也跟随着初升的旭日跳出了地平线。

崔妈一向对兰田要求很严，不许她随便跟外边人接触。不是去剧场演戏，不是熟悉的朋友邀她，一般情况下崔妈都不许她随便出门。处于恋爱中的年轻人一日不见如隔三秋，他们要想方设法排除万难去约会，去对心上的人诉说衷肠。

光灿想见兰田，但又不敢贸然去剧场或者去家里相见，他只能把无限的思念和爱恋写在纸上，请戏班的人捎给兰田。兰田接到信后就想出了应对妈妈的策略。第二天上午，关灵凤来找兰田学戏，兰田和景荻已经穿戴整齐，跟崔妈说要去戏园子排戏，拽起关灵凤起身就走。关灵凤一头雾水摸不清东西南北，刚要开口问究竟，只见兰田和景荻挤眉弄眼地暗示，她只好跟着两位老师走出家门。她们没有去戏园子，而是径直往北来到了城墙根的一片小树林，远远地

崔兰田（左）与周光灿结婚照，1948年
于西安

就看见光灿在翘首等待。兰田朝光灿快步走去，景荻拉着关灵凤往一边去了。

来到光灿的身旁，兰田心里怦怦直跳，她回身望着远处的景荻和关灵凤，对光灿说："要不是她们帮着我说谎话，俺妈还不叫我出门呢。"

"我人在三原车站，心早就跑到西安来了。一到西安我就想马上见到你。"光灿急切地表达着他的心情，"我想让我爸妈明天去你们家提亲，只要他们都同意了，咱俩就永远能在一起，永远不分开了。"

一对燕子展翅从他俩眼前飞过，使他俩同时想到了戏中的那句唱词："在天愿做比翼鸟，在地愿结连理枝。"

1948年初冬，崔兰田身穿洁白的婚纱，周光灿穿着笔挺的中山装，他俩手挽着手，在亲朋好友的祝福声中踏上了结婚典礼的红地毯。

十二、与常香玉合作

　　1946年夏天，坐落在西安火车站附近的新民戏院和民乐园，生意特别红火，一到傍晚两家戏院门庭若市，人声鼎沸，热闹非凡。许多观众会集在这里观看崔兰田、常香玉的戏，无意中形成了"两军对垒"的阵势。两个名角对台唱，在观众中引起极大的轰动，忙坏了那些爱看豫剧的戏迷。他们今天来新民戏院看兰田的戏，明天去民乐园看常香玉的戏，戏瘾过足了，还要品头论足地说长道短，有褒常的，有捧崔的，一时间在西安文艺界、新闻界和观众中自发地掀起一阵豫剧热。在这座剧种繁多、名角荟萃的文化古城，河南梆子这个外来剧种更加引人注目。不仅从河南、山东逃难到西安的平民喜欢它，不少陕西人也成为豫剧的知音。这两位年轻豫剧演员在西安舞台上的对阵，很快就成为人们茶余饭后街谈巷议的热门话题。

　　一开始，崔兰田担心和常香玉这位在西安早已唱红、在观众中享有盛誉的名角对台，会不会影响自己的上座。后来一看，不但不受影响，观众反而更加踊跃。尽管如此，豫声剧社的同事都有如临大敌之感，演出上不敢有丝毫疏忽大意。他们不求压倒人家，但也不想被人家压倒。主要演员们都憋足了劲，在舞台上展示自己的拿手绝活。三套、四套小角色做戏也都异常认真，就连龙套、把子、宫娥、彩女在前台也不敢有一点马虎草率，真称得起阵容整齐，台风严谨。跟崔兰田合作的琴师、鼓师本来就是身怀绝技的高手，这时伴奏更加用心。兰田怎么唱，他们就怎么包腔托腔，互相配合得风雨不漏，恰到好处。来看戏的观众非常懂戏，他们经常情不自禁地为琴师的精彩演奏鼓掌叫好。唱到精彩处，观众为演员鼓掌，拉到绝妙处，观众同样为琴师喝彩。那时的艺人们，虽然是搭老板的班，靠卖艺挣钱养家糊口，但他们爱戏如命，视戏班为家。心齐、抱团，从主演到底包，从场面到后台，人人都把剧社的兴衰荣辱和主演的声誉看得很重。主演的声誉和上座率高低直接关系到票房收入的好坏，而票房收入的好坏直接关系到他们每个人的切身利益。因此，在这段日子里，许多人不仅关心自己戏院的上座情况，而且经常跑到民乐园去打探情况，唯恐人家把自己的观众拉走。

一天，武行的两个小兄弟下来活儿后，跑到民乐园看戏，散戏回来在后台说："人家那边看戏的人可多啦！四个墙角都站满了人。"又说："常香玉唱得可真棒！小红娘不仅身段表演活泼逗人，一个眼神就能博得满堂彩，特别是莺莺进了张生的书房，张生关上门，红娘一个人在门外唱的那段'谯楼上打四梆'真是迷人，唱得满池子观众瞪大眼睛盯着台上，没有一个人大声出一口气。唱到最后一句'为什么今夜晚这夜真长啊'，一个又脆又亮的大甩腔，台下掌声四起，还有人站起来叫好、吹口哨，简直快把戏院的席棚给掀起来啦！"

他俩说得绘声绘色，正在卸装的演员们听得津津有味。有人说："听你说得这么神气，明天抽空我也得去看看。"有人说："少见多怪，常香玉有什么了不起，咱兰田的唱腔那才叫有滋有味，秦雪梅那句'热身子掉至在冷水盆'死要好，唱得那些戏迷眼噙着泪把手拍红还不拉倒，你没听人家说，常香玉的劲儿，崔兰田的味儿。"

这时，坐在戏箱上的胖师傅站起来也开腔了："小家伙，坐这儿喝口水歇歇吧，别把天吹破了。这样卖劲地给人家做宣传，是不是人家请你吃羊肉泡馍了？长别人的志气，灭自家的威风，吃里爬外的小人。有本事去陪常香玉唱张生，看人家要你不要！"

两个年轻人一听这话，火冒三丈："老家伙，说话不要出口伤人。俺没嗓子唱不了角儿，挣的就是翻跟头的钱。你有本事包上头唱秦香莲，我情愿给你梳头打鬏当跟包。"

胖师傅一听这话，冷笑一声："呀呔！你不配。"

听他们七嘴八舌地越吵越凶，越说越走板，崔兰田坐不住了："胖师傅别生气，他两人年轻，说话没深浅，顶撞了你老人家，你坐下消消气，别跟他们一般见识。这两位小兄弟也别上火，你们来这儿时间不长，还不知道胖师傅的来历。胖师傅年轻时不但演过秦香莲，还唱过《洛阳桥》，在豫西一带是有名的青衣花旦。现在年纪大了改唱老旦，我还经常向他请教呢。胖师傅听你们说别人的好话，误认为是在贬低自己，老人家听不惯便吵你们。胖师傅的话也说得有些过头，你们别计较了。两位小兄弟说的也是实话，香玉姐唱得确实好，对人也很好。前几年我刚出科在洛阳世界舞台唱时，香玉姐还专门到戏院去看我；后来她在华乐戏院唱，我经常去看她的戏，跟她学了不少东西。我特别喜欢她的《六部西厢》和《秦雪梅吊孝》。叫这两位小兄弟去给常香玉配小生恐怕办不到，如果有机会，我倒真想给香玉姐配唱小生。"

兰田这么一说，大家都消了气，两位武行的小兄弟主动上前给胖师傅道歉赔不是，胖师傅不好意思地说："我是个粗人，说话信口开河。还是兰田心量大，说得在理。兰田，如果有一天你和香玉联手唱《拷红》，我唱老夫人，咱爷儿俩一起傍她。"

当时，崔兰田只是这么随便道出一句戏言，却没想到时隔一年之后竟成了事实。

1947年，崔兰田搭沈子安的班仍在新民戏院演出。

一天，西安戏剧公会的秘书菊伍亭来到崔兰田家，说西安河南同乡会和妇女协会要与他们一起组织演出几场义务戏，为河南灾民募捐筹集救济粮。他们想邀请常香玉演出，但她大病初愈，刚从宝鸡回到西安，在家养病，没有搭班。他们想用崔兰田的班底，让崔兰田和香玉合演。菊秘书说："你们俩挂双头牌，对观众一定有很大号召力，不知你乐意不乐意？"兰田当即向他表示："演义务戏救济灾民是咱义不容辞的责任，你们为乡亲们办好事，我们唱几场戏完全应该。我从小逃荒要饭，从山东到河南，现在又流落到西安，对饥寒交迫的难民我最了解。只要能把义演办好，对得起乡亲们，别的什么都不值得计较。能与香玉姐在一起演戏，正是我向她学习的好机会。香玉姐比我年长，在观众中比我名气大，理应挂头牌。我非常乐意与她合作。"

菊伍亭见兰田答应得非常爽快，连声称赞她通情达理，顾全大局，是对河南灾民募捐筹粮的大力支持。这件事就这样一拍即合，非常顺利地定了下来。

崔兰田与常香玉合作募捐义演的剧场在中正堂，有1000多个座位，是当时西安最好的演出场所。剧场门口的戏报和西安报纸刊登的义演广告上写着"豫剧明星常香玉、崔兰田联袂主演"。两位红伶的名字并列于一张戏报上，在西安豫剧演出史上尚属首次，它显示出这台戏的水平之高不同寻常。很多戏迷在剧场门口，仰面端详这张戏报，久久不肯离去。他们看着自己崇拜的两个当红艺人的名字，心里想象着舞台上将会出现的精彩场面，满心欢喜地走向售票口购票。尽管票价比平时高出好几倍，但购票观众仍然非常踊跃。

第一场演出的剧目是《桃花庵》。这出戏是崔兰田和常香玉演出的看家戏，也是豫西调许多前辈名家经常演的一出传统戏，因此可以说它是豫西调众多传统剧目中比较精彩的一出代表作。这次她俩合演，由香玉扮演窦氏，兰田扮演陈妙善。拉戏时，香玉对兰田说："田儿，还是你演窦氏吧。""本来你就是姐姐，啥时候我也是妹妹。姐，你放心吧，你走到哪儿我跟到哪儿，看看你妹子的本事咋样。"香玉听兰田这么一说，上前亲热地拉住她的手说："田儿，我的好妹妹，你真会说话，怪不得咱周师傅那么喜欢你。"

开演前，兰田和香玉便早早地来到后台，十分认真扮戏、化装。

常香玉在第一场"上门楼"一亮相，台下来了个"碰头彩"。"思夫"那段20来句的豫西"二八板"，她唱得字正腔圆，一点看不出是一个大病初愈的人在演唱。兰田打心里佩服香玉姐功底扎实，演技娴熟。"认子"一场窦氏唱完"桃花庵去打探张才相公"，随着缓慢的打击乐徐徐下场。

这时舞台下边熙熙攘攘，人声沸腾，有人在议论香玉的演唱，有人趁这个时间离座出去解手，有人在议论下边陈妙善要出场了。乐队奏着慢板过门，兰田扮演的陈妙善手持拂尘满面愁容地上场，捧场的观众又送给她一个"碰头彩"。"念真经拜佛祖一日三遍"一句唱词还未唱完，台下满堂喝彩。

"叫小郎快上前与我传禀"，按照窦氏的吩咐，小郎挥手喊了一句"降香啦"，妙善站在庵堂前猛一抬头，只觉眼前一闪亮，原来是一位小报记者在下边拍照。这时台下异常肃静，一千多双眼睛全神贯注地看着台上，他们要仔细看看这一对情敌如何交锋，他们要好好欣赏一下，这两位豫剧红角同台表演的精彩画面。他们知道，要看到这样一场高水平的好戏，确实是机会难得。兰田和香玉心里也都十分理解观众此时此刻的兴奋心情，她们比往常任何一场演出都更加认真地做戏，更加卖劲地演唱。这种热烈场面在"盘姑"一场达到顶峰。

妙善在诉说与张才庵中幽会和张才病死庵中的演唱，如泣如诉，声泪俱下，博得观众阵阵掌声。接下来窦氏"哭夫"的"滚白"唱得更是酣畅淋漓，又赢得台下掌声四起。她俩配合得异常默契，就像合作多年彼此早就知根知底一样。

回到后台，香玉紧紧地抱着兰田，眼含热泪用颤抖的声音说："田儿，我的好妹妹，我真服你啦！这出戏我不知演了多少场，都没有今天觉得这么痛快。"陈宪章（香玉的丈夫）走过来递给香玉一杯水，送给兰田一盒炮台烟："田妹，辛苦啦，哥犒劳犒劳你。"

香玉坐下来喝了一口水，拉住兰田的手说："田儿，我还有个想法，不知道你愿意不愿意？你在科班唱过小生，我想叫你陪我唱小生，咱姐妹两一生一旦再露几手，叫那些戏迷好好开开眼界，你说中不中？"兰田调皮地朝陈宪章望了一眼："中！俺姐说咋办就咋办，小妹遵命。"香玉朝兰田的脸上轻轻地拧了一下："死妮子，小嘴真甜，咱们一言为定，明天就开始拉戏。"

每次对词排戏，兰田都去得很早。排《贩马记》这天，香玉鼓着劲提前出发，她想今天一定要赶在兰田之前到达，谁知来到剧场她还是落在后头。香玉惊奇地问："田儿，你怎么来得这么早啊？"兰田给香玉作了个揖，用演戏的口吻说："官人来跟娘子对词，哪敢怠慢！"说话间，她看到香玉冲上来佯装要拧她，拔腿就跑。香玉捏住两个指头比画着说："你敢再占我便宜，小心我把你的小嘴拧烂。"兰田冲着香玉扮鬼脸，没防备香玉一个箭步冲了上来，她俩你搂我抱你，在舞台上一骨碌一爬地嬉闹撒欢。

排《凤仪亭》时，吕布爱慕貂蝉年轻貌美，轻轻地用肩膀扛了扛貂蝉，

1950年代初，西安剧影界举行雨灾互济公演，崔兰田、常香玉合作演出《凤仪亭》戏单

就这么一个情节，按惯常的演法是，貂蝉立即用袖子遮住脸表示害羞。排练到这里的时候，兰田用商量的口气跟香玉说："姐，吕布是个英俊潇洒的青年将领，董卓是个比猪还胖的老头子，难道貂蝉真心实意地爱董卓，而对吕布竟连一眼也不愿意看吗？再说，她奉命要

1979年，崔兰田（左）与常香玉（中）、马金凤（右）相聚郑州

借吕布之手除掉董卓，吕布这一扛，不正是引他上钩的好机会吗？我觉得，貂蝉应该看看吕布，递过去一个多情的眼神，然后再用袖子挡住脸才合乎情理。你说呢？"香玉听兰田这么一分析，心里豁然开朗，高兴得一把搂住她的脖子说："田儿，我的好妹子，我可真服了你啦。"

演吕布，要有武生的功底，有许多身段动作很美，演起来也很吃力。排完戏后，香玉见兰田额头上汗涔涔的，就端来一盆水，让兰田痛痛快快地洗洗脸。兰田两手往脸上撩着水，又跟香玉开玩笑："每次演戏，我都是当男的，如果我真是个男的，你嫁我不嫁呀？"香玉把毛巾递给她说："好不该你也是个女的，没有这个福分。"在场的同事听了都哈哈大笑，兰田和香玉也一起笑个不停。这笑声中凝结着她俩的真挚感情，也凝结着她俩为人处世的品格。

十三、兰光剧社

1949年5月20日，红旗插遍了西安古城，中国历史上的十三朝古都回到了人民的怀抱，人民群众当家做主，欢欣鼓舞，各行各业百废待兴，大雁塔下的河南梆子更加引人注目。

西安解放后，社会秩序井然，歪戴帽子的混混少了，那些成天在街头欺行霸市、调戏妇女的地痞流氓销声匿迹了。原来戏班的老板也都离开西安逃跑了，很多戏曲艺人闲在家里。无家可归的单身艺人住在剧场，没有收入，生活十分困难。这时，已经接管西安的西北军政委员会很重视文艺，他们把闲散的艺人组织起来演出，由于没有高水平的主演领衔，上演情况不好，演出剧目贫乏，很快便维持不下去了。许多艺人跑来找崔兰田，希望兰田能挂牌成班。军委会的同志也到家里来动员，讲革命道理，并让她参加了在西大街由习仲勋主持召开的文化工作会议。

这是崔兰田第一次聆听共产党高级干部讲话。她认真地注视着台上的习仲勋，生怕漏掉一句话。

习仲勋向参加会议的文化界代表传达了毛主席《在延安文艺座谈会上的讲话》："我们的文学艺术都是为人民大众的，首先是为工农兵的，为工农兵而创作，为工农兵所利用的。""那么，什么是人民大众呢？最广大的人民，占全人口百分之九十以上的人民，是工人、农民、士兵和城市小资产阶级。"

使群众"去掉落后的东西、发扬革命的东西"，"使他们团结，使他们进步，使他们同心同德，向前奋斗"，"使人民群众警醒起来，振奋起来，推动人民群众走向团结和斗争，实现改造自己的环境"，"去提高他们的斗争热情和胜利信心"。一言以蔽之，就是要"帮助群众推动历史的前进"。

这次会议对兰田很有启发，也使她的思想观念发生了巨大的变化。

西安文化局的一位女干部叫陈若飞，高高的个子，穿一身灰布军装，扎着腰带，工作有魄力，说话也很管用。她常来找兰田做宣传教育工作：现在解放了，艺人翻身做主人了，唱戏也是为人民服务。老板跑了，你们可以自己组织剧团演戏。兰田同志，你年轻，戏又唱得好，在艺人中有威信，在群众中也有名气，你咋不自己成立个剧团，带着大家演戏呢？这样既可以解决许多艺人的生活困难，又可以活跃西安的群众文化生活。这也是为人民大众服务，为党的事业服务嘛！

陈若飞的一番话，燃起了兰田心底的火焰，使她的身心得到了解放，坚定了跟着共产党走社会主义道路的决心，她以极大的政治热情投身到新中国社会主义建设的高潮中。于是，她和丈夫周光灿商量决定：筹资成立自己的剧团。

那时，许多著名演员办团以自己的名字为团名。如京剧界的梅兰芳剧团、荀慧生剧团、尚小云剧团，豫剧界的（常）香玉剧社、（陈）素真剧团、（阎）立品剧社。当时也有人建议兰田将团名定为"兰田剧社"。光灿也说："你在观众中影响很大，以前搭老板的班，不管戏班叫什么名称，很多戏迷看戏都是冲着你来的，从来不提剧团的名字，而是直呼你的名字——去看崔兰田的戏！现在咱们自己成班，干脆就叫'崔兰田剧团'或'兰田剧社'，多响亮！"

兰田想了一会儿说："还是叫兰光剧社吧。"

"你怎么想起来叫这个名字呀？"兰田文化水平不高，能想出这么个文雅的团名，光灿觉得有些惊讶。

"这个名字不好吗？我崔兰田的'兰'字，你周光灿的'光'字，表示咱俩齐心协力办好这个剧团。再者说，当年在科班时周师傅给我们这班小孩起名，都带一个'兰'字，'十八兰'在豫西一带很出名，到西安后不管是同行还是观众，一提起'十八兰'，便格外高看我。因此，我觉得突出这个'兰'字比突出我的名字更好。"

"想不到你大字不识几个，肚子里点子还真不少。就依你说的，咱就叫'兰光剧社'。"

樊粹庭听说后，专门跑来找兰田，很慎重地跟她说："兰田啊，你这戏班叫兰光剧社是否合适啊？国民党有个蓝衣社，我们会不会被怀疑与蓝衣社有关系呀？"

"国民党的蓝衣社是特务组织，兰光剧社是为老百姓演戏的团体，这牛头安不到羊身上吧。"兰田说完，便真诚地向樊先生请教办团的经验。樊先生一边讲一边再三叮咛："千万小心谨慎啊！"

团名定下来后，他们便着手筹集资金，招聘演员。

1950年4月，兰光剧社在国民市场宣告成立。崔兰田任社长，挂头牌；周光灿任副社长，负责管理剧社的行政工作。他们学樊先生办团的方法，不怕花钱，先把"好好"集中在一块儿排戏、集训。又拿出多年积攒的三根金条，添置了戏装，高薪聘请了当时在西安的许多豫剧名角，其中有旦角张凤云、陈秀芳，须生曹子道、许树云、朱全来、黄少林，净角韩全友，小生黄月楼、宋保筠、王香芳，丑角魏进福和武行头杜庆斌。

文化局的陈若飞也隔三岔五来剧团指导工作。

人马虽然很齐，但兰田和光灿领团都没有经验，这时兰田想到了恩师周海水，一则他领班多年，经验丰富；二则他老人家现在生活也不很宽裕。于是，兰田专门把他请来，让他帮着打理剧团。

兰田从出科后在洛阳搭班挂头牌，到后来在西安唱红，时时刻刻都惦念着师傅。有一次，她从西安到郑州去买戏装，当时周师傅领班在郑州演出，她便顺路去看望师傅。周师傅见到她高兴地说："孩子，这几年没见你，听说你在西安唱红了，我和你师娘都为你高兴啊！你给师傅争光了，我在人前也觉得露脸啊！买戏装的事我给你办，师傅比你识货，你不用亲自跑，在园子里给我演两场吧。当年你在郑州学戏时还是个小孩，现在是大红角了，也叫郑州的老乡看看你的戏。"兰田理解师傅领班的艰难，她满口应承道："师傅，你派戏吧！"

当时马金凤在周师傅的戏班里挂头牌。兰田说："我给金凤姐唱垫戏。"周师傅执意叫她唱压轴戏，马金凤也开玩笑地说："你是周师傅请来打炮的角儿，咋能叫你唱垫戏呀。我唱垫戏，你压轴吧！"兰田看马金凤也是真心实意，就不再推辞，便演了一出《三上轿》，马金凤演了《三上关》。两个台柱一齐

兰光剧社时期的崔兰田（左）与周光灿

上，观众当然十分踊跃，周海水更是高兴得一晚上合不拢嘴。

崔兰田和马金凤第一次见面合作，马金凤谦逊可亲、待人诚恳的态度，给她留下了终生难忘的印象。当她得知马金凤也是山东曹县人，本姓也姓崔，心里觉得更加亲切。

马金凤说："弄不好咱真是一家呢！都姓崔，都住在曹县东关，哪能有恁巧的事哩。"

兰光剧社在西安国民市场举行首场演出，拿什么戏打头炮呢？兰田一时拿不定主意，去征求周师傅的意见。周海水想了一下说："还是先演《秦香莲》吧。"师傅的意见正合兰田心意。这出戏是她多年来演出最受欢迎的一出传统戏，也是她在科班改旦角后演出的第一出戏，同时也是最能展示兰光剧社演员阵容的一出大戏。

兰田扮秦香莲，包公由三个人扮演：周海水、韩全友、曹子道。

韩全友是专演净角的演员，演唱刚柔相济，节奏鲜明，韵味醇厚，而且有膛音，是豫剧界不可多得的净角演员。曹子道唱做俱佳，既演须生又演净角，做派大方，动作洒脱，工架稳健，举手投足给人以美感，是一位以做表取胜的性格演员。他与兰田合演的《卖苗郎》，当时在西安很受欢迎。他在"摔碗"一折中手端面条和举杖责打儿媳的表演，达到了生动传神、催人泪下的境界。在"背公公"一折中"爬坡"的身段表演尤为精彩，经常博得观众喝彩。

王延龄由黄少林扮演。朱全来扮演陈世美，人称"活陈世美"，特别是他演到陈世美面对一双儿女，做父亲的顿时良心触动，但又想到当驸马的荣华富贵不能丢舍，眼前妻儿是认是抛，翻心揭肺，左右为难，一个活生生的负心汉的矛盾心情被他表现得入木三分。

拉二套的旦角张凤云扮演皇姑，她嗓音清脆，扮相端庄秀美，做工细腻。

她后来在曹子道掌班的西安民众剧社担任头牌旦角。门官由魏进福扮演，戏虽不多，但他那不瘟不火、格调脱俗的丑角表演颇受观众欢迎。他主演的《唐知县审诰命》《卷席筒》等戏，表演都很出色，被誉为"西北名丑"。

唱小生的黄月楼，是从山东过来的一名年轻演员，20岁出头，是名小生黄儒秀（黄娃）的徒弟。黄儒秀与兰田同是山东曹县人，因此，兰田对黄娃的徒弟格外照应，常让他在前边加演《黄鹤楼》《禅云寺》。他嗓子好，扮相好，在西安的豫剧舞台上能与赵义庭媲美。

强大的阵容，雄厚的人才实力，无论是兰光剧社的一套、二套主演，还是外八角武行龙套演员，可以说是人才济济，群英荟萃。在当时的戏曲班社中，像兰光剧社这么硬邦的剧团，的确是为数不多。几场戏演下来，兰光剧社即名噪西安。

这时，陈若飞给兰田推荐了一个剧本，是著名戏曲家、西北军政委员会文化部副部长马健翎编写的《鱼腹山》。马健翎创作、整理过很多现代戏、历史戏和传统戏。《鱼腹山》这一剧本，是他在延安时期根据《明史》的《李自成传》《刘宗敏传》而创作的一出新编历史剧，讲述的是闯王李自成的部下刘宗敏攻克县城后，沉湎于酒色，使鱼腹山陷入官军重围之中，危在旦夕。李自成怒斥刘宗敏，率军杀出重围，转战鄂豫。

这是马健翎参加党的七届二中全会后，根据毛主席会上提出的，要求全党在胜利面前要保持清醒头脑，在夺取全国政权后要经得住执政的考验，务必使同志们继续保持谦虚、谨慎、不骄、不躁的作风，务必使同志们继续保持艰苦朴素的作风而创作的一出新编历史剧。

兰田看了剧本后，觉得这出具有浓厚生活气息和饱满战斗热情的戏正对兰光剧社这一班演员的戏路，当即决定排演，闯王由曹子道扮演，刘宗敏由杜庆斌扮演，魏进福扮演知县，兰田扮演知县夫人。

《鱼腹山》上演后，受到了西北军政委员会领导的表扬，他们一致认为兰光剧社演出的《鱼腹山》给西安舞台注入了一股清新的气息。它发扬延安精神，利用戏曲艺术，通过大家喜闻乐见的艺术形式，高台教化，寓教于乐，春雨润物般地提醒刚进城的干部，要牢记两个"务必"，经受住考验。

兰光剧社在西安舞台站稳了脚跟，经济收入日渐好转，但同时演员中的一些坏毛病也显露了出来，有几个演员吸大烟已经成瘾，苦口婆心的劝说均无济于事。这时光灿跟兰田商量，把剧社拉到河南进行巡回演出。他们认为豫剧在西安是外来户，豫剧的根在河南，落叶归根。应该到河南去看看，一方面增加收入，扩大影响；另一方面挪挪窝，也能断绝了瘾君子买大烟的来源。

1951年5月，兰光剧社来到河南的第一站是郑州的爱民舞台。郑州的干部、群众看了他们的戏，觉得这个团与其他剧团不一样，唱、念、做、打都别具风格，台风严谨，演出认真。

在郑州演了有20多天，由于正值麦收，又赶上机关、学校、工厂、街道到处都在轰轰烈烈地开展镇反运动，干部、群众整天忙于开会，因此营业情况不太好。

当时不少演员觉得郑州城市不如西安大，上座也不好，不如把剧社还拉回西安，他们家在西安，以前又是常年在西安不动窝，现在坐着火车往东拉出1000多里地，难免有一种身在异乡的陌生感，遇到冷场就产生了畏难情绪。可是，兰田的感觉却不同，郑州虽然不是她的老家，但它和西安一样同是她的第二故乡，她在这里讨饭、学戏，看见这里的戏院她就觉得特别亲切，听见这里的老乡说话，她就仿佛又回到童年。她曾想到杜岭去看看她童年时住过的地方和那个大杂院里的乡亲们，由于演出很忙又赶排新戏，临走也没有去成。

当时剧社计划到开封去，可是派去打前站的人没有联系上台口。而这时，那些抽大烟的人也暗暗地跟毒贩子接上了头，每天还是怀抱烟枪不放手。正在进退两难的时候，新乡来人，非常热情地邀他们去平原省省会新乡演出。

新乡新华剧场虽然是个席棚剧场，可是上座情况很好，连着一个多月都是满场。新乡观众很喜欢兰田的戏，平原省领导也高度评价兰光剧社的艺术素质高。平原省文化局领导张国础再三表示，想让兰光剧社落户新乡。

离开西安归属新乡这变化太突然，兰田没有一点思想准备。剧社的同人们乐意不乐意，他们会不会跟着她留在新乡，她前思后想拿不定主意。再说，新乡市已经有个新华豫剧团，领衔主演是兰田的师姐罗兰梅，当年在科班里她是"十八兰"中的头几名，现在的演唱水平不如兰田，他们剧团的阵容也没有"兰光"强，如果兰田留在新乡，对他们是很大的威胁。兰田不想干这种对不住师姐的事，于是婉言谢绝了张局长的好意。

恰在这时，安阳同乐戏院负责外交的施洪瑞专程来到新乡，盛情邀请兰光剧社到安阳演出。

十四、落户安阳

城墙高耸，河水清澈，民风淳朴，路不拾遗，夜不闭户。

九府十八巷七十二条胡同，是安阳老城内的框架布局。别看这座城市不大，早在 1903 年就通了火车，成为京汉铁路上一个重要的站点。中华民国原总统袁世凯就安葬在安阳城北的洹水河畔。这里的殷墟遗址，3000 年前曾是商王朝的都城和宗庙，在这里发现的青铜器、甲骨文举世震惊。

这座人口尚不足 10 万人的城市却有许多戏院，当然大多是席棚戏院。要说像模像样下雨不漏水的剧场，还数位于西华门街路北的同乐戏院。它建于 1930 年，是当时豫北地区唯一的砖木结构的剧场，既能演戏又能放无声电影。新中国成立前，这里是上层社会的官宦望族、达官贵人的娱乐场所；新中国成立后，这里成了劳动人民的天下。

门口的广告墙上刚写上去两行大字："河南高调名角崔兰田，来安公演《秦香莲》",戏院门前扯着布棚卖凉粉的摊主,推着小车高声叫卖的小贩,连那担着挑子卖五香豆的老头儿也凑过来好奇地打探:"哎!你这是要演戏呀还是要演电影?"美工放下手中的排笔,慢条斯理地炫耀:"刚从西安邀来的名角——崔兰田!听说过吧?"

"听说过,'三天不吃盐,也要看看崔兰田',这谁不知道啊!"卖五香豆的老头儿一句抢白,把还想卖关子的美工气得提溜起糨糊桶转身走了。

太阳落山的时候,同乐大戏院的房顶上只留下了一抹夕阳的余晖。对面的旅店挂出了"客满"的牌子,街坊四邻都知道,今晚来看戏的商贾老板把这家旅店住满了。

戏院对面的酒馆里,人声鼎沸,酒酣耳热。浓烈的酒香味,震耳的划拳声此起彼伏扑面而来。老板娘看着满屋的顾客,眼角上荡漾着醉人的笑意。她把酒罐里的提子抽出来,两手摁了摁罐子上的木塞,对着柜台前的顾客说道:"今儿黄昏这戏院肯定热闹。听说崔兰田在西安是名角,出门都坐自家的黄包车,跟常香玉唱对台戏,那可是厉害极嘞啊!你知道为啥有那么多观众迷她的戏吗?"老板娘一看屋里的顾客都望着她等着下文,就一边麻利地收拾桌子,一边赞叹地说:"扮相好,底板靓啊!"

老板娘这句话,撩拨得几位想看戏的顾客,急忙干完了小黑碗里的酒,一抹嘴,起身往戏院里先去占座了。

开戏的锣鼓响了,街上的喧闹也消停了,做小买卖的开始收拾家伙准备回家了。戏院门口的亮光下,两个检票的人虽然屁股坐在门口的板凳上,可脑袋早伸进戏院里了。站在街上,还能清晰地听到里面传出来的哭腔。这天晚上,唱的是一个叫秦香莲的女人,拉着一双儿女到汴京城去寻找丈夫陈世美,没想到丈夫变了心被招了驸马,不但不认还要轰他们娘仨出城。这不,这女的被逼得没法儿,只好怀抱着琵琶站在大街上逢人就哭,边哭边唱:"我的那个男人啊，他可是没良心。他进京赶考一走三年，湖广大旱，爹娘饿死在家，是我剪了两绺头发换来两张草席，才打发的他爹和他妈呀！"那哭声，像邻居大嫂在跟你诉说心酸事，也像自家亲戚在跟你说她的心里话，反正听着怪动心的。这一夜，安阳古城一直飘荡着这种哭音，它像一剂中药，那种苦味一直浸到了人们的骨头缝里。

同乐戏院一进门是一块巨大的木质屏风，上写着"改戏改人改制"。屏风后边有一张桌子，过去是专门给警方提供的"弹压席"，现在专供来检查工作的干部。观众池内是一排排的木板茶水座，两边是站票，楼上正对面是包厢。

这天晚上，专座上来了一位近40岁的大高个干部，身后还跟着一个精明强干的年轻人，他俩悄没声地一直坐在那儿看戏。有认识他的人急忙告诉戏院经理：李艺林来了。经理知道李艺林进城前是太行第五分区敌工站站长、太行五地委城工部部长，进城后是安阳市第一任市长。不一会儿的工夫，经理带着几位管事的襄理就整齐地站到了他的身旁。李艺林就提议说：咱到后台去看看

崔兰田（右一）与剧团指导员马力（右二）、李九思（左二）及赵籍身（中）、韩兰云（左三）、崔兰玉（右三）、王香芳（左一）合影，小孩为周福生（中）、周铁（前左）、周文玲（怀抱者），1954年于安阳

崔兰田吧，于是他们就从观众池里鱼贯而出走进了后台。

那天晚上，这位安阳市的第一任市长跟初来乍到的戏班名角谈得很融洽，没有一点官架子，还热情地挽留剧团：在安阳落户吧！安阳虽然比不上西安，可也是一座古城，地处平原省的中心，历史悠久，民风淳朴，这里的群众非常喜欢你们唱的戏啊！而且这里交通便利、四通八达，你要想去外地演出，也方便得很哪！

后来，市里的几位领导走马灯似的轮番前来看戏，轮番前来劝说，还把原来部队上留下来的一堂新戏箱送给了兰光剧社。终于，崔兰田被感动了，她决定留在安阳不走了。

同乐戏院距东大街的市人民委员会很近，出门往西再往南，一拐弯就到了。崔兰田三天两头来人民委员会参加会议。她脱下了丝绸的斜襟褂子，换上列宁式的制服，看起来更像一个新社会的干部了。

她和丈夫在西安成立的兰光剧社，这时也改成了安阳市人民豫剧社，崔兰田任社长。剧社归属安阳市领导，成了登记在册的文艺团体。

1953年剧社改为民营公助性质，更名为"安阳市人民豫剧团"，崔兰田被推选为团长，市委还派来了指导员。

作为人民委员会委员的崔兰田在安阳群众中的名气也更响亮了。广播站的小喇叭里经常播放

崔兰田（右）与京剧大师尚小云，1954年于安阳

她的唱腔，她成了安阳家喻户晓的演员。那时候，她政治热情十分高涨，宣传《婚姻法》，积极排演《罗汉钱》《桃李同春》《小女婿》等现代戏。为了支援抗美援朝，她排演《拥军模范》，扮演军属老大娘，将自己精心喂养的老母鸡拿去慰问志愿军。这是根据山东快书《三只鸡》改编的一出豫剧，剧情简单，但是兰田唱得非常动听，演得非常精彩，群众反响十分强烈。电台录音，唱片社灌制唱片，喇叭里经常播放，一时间，崔兰田演唱的《拥军模范》成为家喻户晓、脍炙人口的唱段。很多街道、工厂的业余剧团也纷纷排演这出小戏，模仿她的唱腔。在安阳的大街小巷，不少戏迷经常学着她唱的腔调哼唱："我大儿干工作就在区上，我二儿参了军全家荣光……"

一出小戏使崔兰田和安阳成千上万观众的心连得更紧，也使她充分感到演新戏做一个人民的宣传员无上光荣。排演《小女婿》时没有合适的男演员演男主角田喜，兰田便反串扮演男主角。她像换了一个人似的，把身心都交给了共产党，都奉献给了新社会。

1954 年，崔兰田参加全国人民慰问团时留影

那几年，最叫她觉得扬眉吐气的是参加全国人民慰问团，去郑州、开封、洛阳等地为抗美援朝回来的伤病员演出。每当她听到慰问团的领导在大会上讲"我们是代表全国人民来慰问你们的"，她就觉得激动、兴奋、神气。在慰问演出中，她特别卖劲，从不计较个人名利，不计较个人得失，吃住条件再差也从不在意。她就是一心想为志愿军多演几场戏，多做些为人民服务的事。她常说，骡马架子大能卖个好价钱，人要是架子大了一分钱不值。

他们陆续新排了《梁山伯与祝英台》《白蛇传》《张羽煮海》《劈山救母》《游龟山》《猎虎记》《屈原》等新编古装戏和《走上新路》《雷雨夜》等现代戏。

这时候剧团的演员阵容也比过去强大了，好几位能工巧匠聚集在崔兰田的麾下。她的胞妹崔兰玉、表妹辛玉兰和著名净角兼须生演员渠永杰先后从西安来到安阳与她合作。

1955年，全省民间职业剧团进行登记，安阳市人民豫剧团被确定为省重点辅导剧团。市委书记、市长、宣传部部长、统战

崔兰田（右）与妹妹崔兰玉，1940年代于西安

部部长都经常直接过问剧团工作，对兰田个人的演出、工作和生活也关心备至，希望她把剧团办好，排演更多的新戏、好戏。同时也希望她这一代演员将自己的表演艺术传授给下一代，培养出更多的优秀青年演员，使安阳市豫剧团在全省永远是重点剧团，在观众中永远是最受欢迎的剧团。

市委领导同志的希望与寄托对兰田触动很大，她想到自己能有今天，就是因为从小受到了师傅的培养，要想让安阳剧团后继有人必须早下手，从小抓起。于是，经市政府批准，剧团于1955年至1957年先后共招收了22名学员组成学生队，随团学艺。

一年之后，学生队和剧团分开，边学习边演出，学习与演出实践相结合，对外称"安阳市豫剧二团"。主要演员有辛玉兰、崔兰玉、马娟英、宋保筠、魏进福、何永安、王宏林、支国才、高桂芳等，主要学员有魏玉枝、董长安、

崔兰田，1952年摄

张宝英、刘海水、贾武臣等。主要演出剧目有《桃花庵》《对花枪》《穆桂英挂帅》《同根异果》《秦香莲》《陈三两爬堂》《王金豆借粮》《五姑娘》《孟姜女》《白蛇传》《刺巴杰》。

学生队是个团结的集体。大家既演主角也演配角，学生给老师配戏，老师也给学生配戏，不仅锻炼了老师，也培养出一批学生。在河南各地市演出很受欢迎，巡回演出到河北石家庄、山西太原等地也受到好评。他们演出的传统戏《三滴血》《打金枝》《张羽煮海》《梁山伯与祝英台》《小二姐做梦》《洛阳桥》《五姑娘》，清装戏《三县并审》，现代戏《把一切献给党》《突破》《四川白毛女》等，都是很受欢迎的好戏。

创办学生队、成立豫剧二团，促进了安阳豫剧的发展，给各类演员提供了大量的舞台实践机会，也使一批优秀的青年演员茁壮成长起来了。

1956年6月，安阳市人民豫剧团改为国营安阳市豫剧团，崔兰田任团长。从兰光剧社成立到发展成为国营剧团，短短6年时间，他们在社会主义建设的道路上自觉完成了改造，为安阳市豫剧团的发展壮大奠定了基础。

那个年代，戏曲艺人一个翻天覆地的变化是身份的变化。全国范围掀起了农业合作化，手工业、私营工商业社会主义改造高潮。大大小小的商店、药铺、饭馆以及像样和不怎么像样的作坊，都挂上了"国营"或"公私合营"的招牌。所有的店员、伙计、跑堂的，戏班里的丫鬟、宫女、龙套把子都有了工资。国营剧团那是他们最羡慕的归属，最可炫耀的身份。在这种形势下，剧团改为国营，也是在社会主义道路上往前迈进了一大步，大家都感到很光荣。崔兰田也感到非常兴奋，虽然由死分活值的分账制改为固定工资制后她的经济收入有所下降，但她觉得自己的政治地位提高了。在旧社会她是被人看不起的"戏子""下九流"，现在被称为文艺工作者；由民营剧团改为国营后，他们成了国家剧团的人。她这个团长最早是自封的，后来是大家选举，现在是政府任命，一种自豪感和责任心激励着她，她自然更尽心尽职了。演职员主人翁意识增强了，排戏演戏劲头也更大了。

1959 年，安阳市豫剧院成立，崔兰田任院长，程三群任党总支书记，王加进任副书记。

十五、参加全省首届戏曲观摩演出大会

　　1956 年 12 月 18 日，河南省首届戏曲观摩演出大会在省会郑州河南人民剧院开幕。全省各地市、专区的各个剧种的名角聚集一堂，参加会演的有 17 个演出代表团，1116 名演职员，代表着河南全省 223 个剧团和 1.5 万多名戏剧工作者。这一天上午，这座河南最大的剧场里楼上楼下坐满了观众。这是河南省戏曲界最大的一次盛会，也是新中国成立以后全省戏剧工作者的第一次大会师。16 个省、市和解放军派出的共 150 多名观摩代表出席大会。当时安阳市就这一个豫剧团，因此安阳市代表团也就是安阳市豫剧团。

　　安阳市代表团参加演出的有两出大戏和一出小戏《下神》。两出大戏《秦香莲》和《三上轿》都是由崔兰田主演，这两出戏都是她一二十年来演出过上千场的剧目，可以说唱得滚瓜烂熟。可是要去参加会演，就需要精益求精，再进一步加工排练，提高演出质量。第一次参加全省会演，全团上下一条心一定要演出高水平，拿大奖。所以，主演、配角、琴师、龙套把子排戏都非常认真，人人都想着把自己的本领亮出来，谁也不示弱。

崔兰田，1956年于安阳

《三上轿》是前辈艺人们根据河北磁县的一桩真人真事编写的。20世纪30年代传到陈素真手里，她把这出戏唱红了。陈素真在这出戏中设计了很多新唱腔，很受群众欢迎。40年代中期，兰田从陈素真那里学来这出戏后，经过几年的磨炼，也成为她经常演出的一出看家戏。新中国成立前在西安演出很受欢迎，新中国成立后来到河南演出，仍然很受欢迎。她在台上唱，好多观众在台下掉泪。不少戏迷谈起崔兰田来，少不了首先要议论她唱的《三上轿》，中国唱片社给她灌制的第一张唱片就是这出戏的唱腔，电台经常播放。这出戏的唱腔在群众中广泛流传，许多戏剧爱好者都会唱。

1954年以后这出戏演得越来越少，主要原因是觉得它在内容上或多或少地掺杂着一些封建糟粕，有点不合时宜。那几年新排了《张羽煮海》《劈山救母》《白蛇传》《梁山伯与祝英台》等内容健康的新编剧目，因此这样有点瑕疵的戏便很少演出了。

这次参加观摩演出大会，他们考虑到这出戏在群众中影响大，又有很多优美的唱腔，虽说该剧唱词中有不健康的成分，但主题是好的，是一出人民性很强的反霸戏。经过修改剧本，加工排练，会成为一出思想性、艺术性很好的戏。于是，崔兰田和高连山合作对剧本进行了修改整理。

这出戏说的是明朝丞相张居正之子张炳仁，见同窗李同之妻崔氏貌美，于是设计毒死李同，欲霸占崔氏。知府畏势渎法将崔氏判归张家。崔氏无奈索银三千两以养老育子，并约事三件。崔氏欲上轿，又不忍离公婆幼子，故三次上而复下，最后诀别而去。崔氏入洞房杀张炳仁后自刎。这是一出唱工戏，也是一出悲剧。演员只要有副好嗓子，唱得越美、哭得越恸，越受观众欢迎。多少年来，兰田一直是不惜力气地唱，很少对剧情和崔氏的性格做认真的分析研究。这次整理剧本，兰田发现有很多不妥的地方。比如在崔金定与公婆和幼子生死离别的当儿，她的唱词中还有"没有你的儿子可是留不住我，留来留去两耽搁。常言道壶内无酒难留客，那沙滩无有水怎样养鹅"等模糊崔氏性格的词句。为了迎合观众爱听唱的习惯，在剧情达到高潮时，还有大段比古的唱词，内容都是举古人为美人而失败的例子。这样不仅冲淡了戏剧冲突，而且把恶霸行凶的罪恶归咎于受害者长得太美了，这就损害了崔氏的形象，削弱了主题的思想性。经过整理，崔兰田和高连山把许多错误的和含义不明重复拉杂的唱词删去，保

留了原来生动感人、内容健康的唱词。在保持原剧面貌、深入挖掘人物性格的前提下，为丰富人物形象，对不合理、不健康的唱词作了修改重写。如崔氏"留来留去"怨恨自己的那段唱词，改成了：

《三上轿》剧照，崔兰田扮演崔金定，1956年于郑州

> 儿媳我迟早得上轿走，
> 恁二老也不必再来留我。
> 恁要是把儿媳我强来留住，
> 日后难免起风波。
> 自古常言道，
> 那寡妇门前是非多。

唱词按照原来的韵辙写，保留了原来

唱腔那优美的旋律。

三次上轿是全剧的戏眼，过去演时，光说上轿就是不上。唱两段公婆、孩子哭一声，便又接着唱下边的戏，观众反映：孩子又不懂事，怎么那么巧，早不哭晚不哭，刚上轿孩子就知道哭了？经过认真研究，对三次上轿的情节做了较大的改动。

第一次上轿，是在崔氏叙述罢往事下定决心过府刺杀张炳仁时。崔氏一只手被媒婆强行拉扯着，另一只手由婆母依依不舍地拉着。"叫媒婆你搀我去把轿坐"唱声未落，媒婆便连拉带扯地将她拉上轿去，盖上轿帘。这时堂内公婆惨痛哭叫，崔氏闻声心如刀割，急忙跑下轿来。进屋见二老在亡夫灵堂哭泣，顿时心情沉重，眼泪夺眶而出，激动地唱道"二公婆哭一声我心如刀割"，再次对公婆进行劝慰。第二次上轿，公婆由于过分悲痛，刺激了怀中的孙儿，孩子哇哇号叫。崔氏闻亲生幼子的哭声，难过得五内俱焚，她冲出轿子，抱住娇儿，半晌才用极度悲怆的声音唱出"小娇儿哭一声把我的心揪"，"常言道儿是娘的连心肉，上轿去又怎能把儿舍丢，用衣襟与娇儿擦干眼泪"。第三次上轿，崔氏再三嘱咐公婆好生抚养孙儿，忍痛而别，怀揣钢刀上轿而去。

《三上轿》在观摩大会上获得了演出二等奖、剧本三等奖和导演三等奖。

《秦香莲》是崔兰田从科班学戏开始一直演了20年的一出传统戏，这次参加会演，他们仍然像排新戏一样进行了认真的加工排练。这出戏获得了演出一等奖、导演二等奖、音乐一等奖和舞台美术二等奖。

在这次观摩大会演出中，崔兰田和渠永杰获得演员一等奖，辛玉兰、宋保筠、王香芳、魏进福获得演员二等奖，武云龙、沈宝爱、卢士元、崔少奎获得演员三等奖。鼓师孙得胜获得伴奏一等奖，鼓师张天林、琴师杜天照获得伴奏二等奖，琴师张运通获得伴奏三等奖。

河南省文教部部长张柏园在观摩大会上就有关戏曲艺术的方针政策作报告时，首次提出："以擅演悲剧为特色的崔兰田在豫剧界也可以算作一派。"从此以后，崔兰田的演唱艺术和她率领的安阳市豫剧团被称为"崔派艺术""崔派剧团"，以擅演悲剧为人称道。

中国戏剧家协会主办的《戏剧报》在1957年第5期上发表署名文章《河南省戏曲会演巡礼》，称"豫剧著名的悲剧演员崔兰田的《秦香莲》与《三上轿》的演出，均有鲜明的独到之处"。

在这次观摩大会上有人提出：旧社会穷苦百姓被三座大山压迫，人生必然是悲剧的结局；现在解放了，是共产党领导的新社会了，我们还需要悲剧吗？中国戏剧家协会主席、文化部艺术局局长田汉在闭幕式上就大家议论纷纷的话题这样说道："这次看了好几个悲剧，如《三上轿》等，都有很好的表演。今天我们为啥还要演悲剧？"他借用苏联剧作家西蒙诺夫1951年访问中国戏剧家协会时说的话回答道："苏联老大哥西蒙诺夫说，这是为了使我们认识到今天的幸福来之不易，而要更加珍惜和保卫今天的幸福生活。"

观摩大会期间，大会业务研究处专门组织了生、旦、净、丑各行当的表演唱腔报告会。在旦角报告会上，由中国京剧院的演员王咏秋和崔兰田作了发言。王咏秋谈了旦角身段表演，崔兰田结合这两出戏讲了发音吐字和创造设计唱腔方面的技巧和经验：

"唱"是"唱念做打"四功中的第一"功"。常言说，唱戏的靠嗓子，挑担的靠膀子。作为一个戏曲演员，首先要有一副好嗓子，这是唱好戏的本钱。好嗓子既要靠先天的条件又要靠苦练。吐字要清楚，发音要准确，行腔运气要自然流畅，也就是人们常说的字正腔圆。在设计唱腔上我主张以字按腔，反对以腔套字。我自幼学的是豫西调用真嗓唱，豫西调的唱腔音域属下五音，低回婉转缠绵，善于刻画悲剧人物性格。因此，我演的戏大多是悲剧，唱腔以豫西调为主体，同时也兼用豫东调，有时还融合吸收河南曲子和河北梆子等剧种的音调旋律，丰富自己的唱腔。如在"铡美"一场的高潮中，包公将三百两银子送给秦香莲，香莲难过地唱道"三百两纹银我不要，屈死俺也不喊冤"，这两句"飞板"我唱的音调十分低沉，同时融进了河北梆子的旋律，以表达香莲此时极度悲哀和无奈的心情。这样低调处理，比呼天抢地大喊大叫的效果强烈感人，能充分表达出香莲此刻告天不应、告地不灵的绝望心情。《三上轿》原本是豫东调的戏码，唱腔也是典型的豫东调。我演这出戏在唱腔上融进了豫西调的韵味，使它较多地突出了豫西调的唱腔风格。

这次全省戏曲观摩演出大会也引发了崔兰田许多感想，她说：

回想这短短的 20 多天中，我们听到的、见到的、学到的东西真是说也说不尽，我更加深刻体会到生活在社会主义时代的演员无比幸福，我们应该感谢党和政府对于我们艺人无微不至的关怀。在"百花齐放、百家争鸣"的方针指导下，各个兄弟剧种的花朵灿烂地开放了，真是万紫千红，争奇斗艳。这么丰富的节目，要不是这次会演，我是一生一世也不可能完全看到的。这些节目深深地感动了我，使我更加明确了只有在自己剧种的基础上去求发展才会收到良好的效果，任何脱离自己特点的做法都是错误的。

关于流派的问题，她说：

一些有成就的演员都有他们表演唱腔上的特色，这些都是应该发挥的。我认为这派和那派之间还应当互相学习、取长补短，这样不但不会消灭流派，反而会使各流派都能发展和进步。张部长在报告中提到我也可以算一派，我感到十分惭愧，因为拿我艺术上的成就和对于豫剧的贡献来说实在是不够的，我还是一个正在学习的演员，假定就说我唱得比较好些，但我在表演艺术方面还差，我就要在表演方面虚心向一些表演艺术有成就的同志学习。我过去比较好演苦戏，这样我的戏路子就窄了，有人说崔兰田一唱就哭，固然演悲剧也是需要的，而且今后我要更加深刻地努力创造悲剧性格的角色。但光唱苦戏太单调了，今后我们要从豫剧传统剧目中深入地挖掘整理出几个戏剧性强的剧目。大会上许多兄弟剧种的优秀剧目，我们也计划学一些，我们长期苦闷的剧本和表演艺术上的问题，在这次大会上解决了不少。

我这次参加会演大会的收获，三天三夜也说不完，比如田汉局长、张部长、崔嵬同志等许多报告，使我们在艺术的方针政策上、艺术理论上都提高了不少。这一次艺术交流的成功我体会到还有一点是，加强了剧种、剧团演员之间的团结，这给我们河南戏曲艺术事业的发展打下了很好的基础。今后我建议省领导组织加强我省戏曲工作者的联系，也希望我省各个艺术团体之间主动加强联系，把我们的上演剧目搞得更多更好，把我们的表演艺术水平提得更高，为社会主义建设服务。

在这次观摩演出大会上正式成立了中国戏剧家协会河南分会，冯纪汉当选为主席，常香玉、陈素真当选为副主席，崔兰田、马金凤等人当选为理事。

这次大会历时28天，有23个剧种演出了93个剧目，称得上是"百花齐放、百家争鸣"。各剧种的老艺人、名演员和许多青年演员演出了许多优秀的剧目，有传统戏、新编古装戏和现代戏。陈素真的《宇宙锋》《洛阳桥》，常香玉的《大祭桩》《拷红》，马金凤的《穆桂英挂帅》，阎立品的《藏舟》，河南豫剧院三团的《刘胡兰》，开封王秀兰、王敬先、王素君的《王金豆借粮》，桑振君的《白莲花》，曲剧张新芳的《陈三两爬堂》，越调申凤梅的《收姜维》，等等，演得都很出色，给大家留下了很深的印象。

河南豫剧院三团的《刘胡兰》在会演中争论得很厉害。有些保守思想严重的人认为这出戏不像豫剧，唱腔音乐改革得太多。崔兰田倒觉得这出戏很好看，她说：

　　我虽然是一直演古装戏，但解放后这几年演了几出现代戏，对现代戏还是很感兴趣的。在演现代戏中也遇到一些困难和问题，最突出的是男声唱腔问题。1952 年，我们排《小女婿》时就是因为解决不好男声唱腔，才由我扮演男青年田喜。三团的同志们在现代戏的唱腔音乐创作上花费了很大工夫，进行了大胆的创新尝试，取得了很大成绩。有缺点可以慢慢改进，随便给人泼冷水，我觉得这太不公平，这不是搞艺术研究的态度。任何新事物一开始总是不会尽善尽美，我们演的许多传统戏，都是一代一代艺人们经过无数次的演出修改，逐步改进提高，才成为现在这个样子。你说三团演得不好，你可以不学嘛。有些人一面攻击三团的风格不成熟，一面学人家的这种风格，抄袭人家的这种风格，甚至有的剧团和演员都是照搬照抄三团的戏。这说明河南豫剧院三团在豫剧的发展进程中，给人们带来了许多启迪。柳兰芳演的刘胡兰很有英雄气概，她嗓子亮，唱得很甜。马琳，一个 20 岁出头的姑娘扮演一个 60 多岁的老奶奶，动作念白生动形象，真是出乎我的意料。想起小马跟我学习时那天真活泼的样子，我怎么也不敢相信这位老奶奶是她演的。她的唱腔有很大提高，节奏掌握得很好，很有韵味。这台戏的成功，首先应归功于杨兰春导得好，王基笑的唱腔音乐设计得好。今后我们要好好向三团学习，也要多演现代戏，有机会还要请杨导演来给我们排戏。

　　观摩几位前辈老师傅的精彩演出，是兰田参加这次戏曲观摩演出大会的一个意外收获。高保泰（男旦，艺名玻璃脆）的《小二姐做梦》，周海水、燕长庚的《清风亭》，许树云的《背靴》，马双枝、曹子道的《花打朝》，张子林的《祭灯》，李金波的曲剧《祭江》，都是河南戏曲宝库中的珍宝。他们大都是年过半百的老艺人，其中有几位，崔兰田年轻时看过他们的戏，或与他们合作过，有几位她也是第一次看他们的演出。这些名老艺人虽然上了年纪，但演得很精彩，有道是姜还是老的辣。

大会还组织崔兰田和马双枝、许树云两位老师傅合演了传统戏《桃花庵》。崔兰田扮演窦氏，桑振君扮演陈妙善，许树云扮演苏昆，马双枝扮演苏太太，魏进福扮演小郎，沈宝爱扮演王桑氏，徐凤云扮演苏宝玉。

桑振君的嗓音不太宽，但音色很美，她唱的是祥符调，用假嗓唱，唱腔委婉细腻，偷字闪字非常巧妙，旋律中自然地吸收了河南坠子的音调，听来别有韵味，在豫剧界自成一派。兰田以前没有跟她合作过，这次合演《桃花庵》配合十分默契。《搜庵》中"送茶"细腻的表演，《盘姑》中"哭夫"的对唱，她俩都配合得恰到好处。桑振君比兰田小 3 岁，当时是许昌专区豫剧团领衔主演，从来都是挂头牌演一号主角。这次合作中她屈居二号角色，为兰田配戏，这种谦逊的台风，在同行中传为美谈。

马双枝比兰田年长 15 岁，是老一辈豫剧表演艺术家。20 世纪 30 年代在开封唱红，是豫剧界早期著名坤角。她戏路宽，小旦、青衣、彩旦演得都很出色。马金凤、阎立品、汤兰香早年都求教于她。她扮演的苏太太，在《桃花庵》中虽然是只有两场戏的一个配角，但是她演得非常出色。苏太太带领状元苏宝玉到张府拜客，上场那行云流水似的身段台步，比作"水上漂"毫不夸张。唱腔自然流畅，嘴巧字清，四句"流水"能博得一片掌声。常看戏的观众都知道《桃花庵》中窦氏、妙善的戏最多，苏太太、苏昆的戏不多而且不好演。因为他俩的戏在最后两场，前边两位主演唱足演够了，这两位配角最后才登台，若没有高超的演技，很难把观众镇住。所以，好多剧团演这出戏，扮演苏太太和苏昆的都是头套彩旦和头套须生。

兰田在西安演《桃花庵》时就是许树云演苏昆，这些年在安阳演这出戏是

1956年，在河南省首届戏曲观摩会演中，崔兰田（左一）与常香玉（左二）、陈素真（右二）、马金凤（右一）在后台相聚

渠永杰扮苏昆。

马双枝当时是西安民众剧社的领衔主演，这次应邀回河南，在会演中展览演出她的拿手戏《花打朝》，她扮演程七奶奶，曹子道扮演程咬金。她裹过脚，一双小脚在台上表演，身段台步干净利落，进罗府赴宴"吃鱼"的表演和金殿上打皇帝的表演既生动又夸张，加上她那优美的唱腔和伶俐的道白，把程七奶奶心直口快、仗义执言的性格刻画得栩栩如生。

这样的演出阵容很少见，按戏的分量应该兰田是主演，但依她看，马双枝老师才是真正的主演，她最后上场，表演又那么精湛，可以说自己和桑振君都在为她唱垫戏。这场名角荟萃的精彩演出，使与会的 1000 多位内行大饱眼福。崔兰田也从马老师身上学到很多东西，尤其是她甘当配角，为后辈配戏的高尚戏德，令崔兰田十分敬佩。

十六、四次进京演出

1957年5月，崔兰田率领安阳市豫剧团第一次来到北京演出。

对外公演前，先在全国政协礼堂进行了一场招待演出。首都文艺界、新闻界好多朋友都应邀前来看戏。中国戏剧家协会主席田汉特意邀请周总理来看他们演出。大家听到这个振奋人心的消息后，人人心里又高兴又紧张。演员们都比往常化装早，而且特别认真。兰田尽管第三场才上场，也是很早就化好装，坐在后台一遍又一遍地温习台词。乐队也都提前定好弦，各就各位，等待大幕拉开后，全神贯注地为敬爱的总理演出。

离开演还有20分钟时，田汉到后台低声对兰田说："周总理有外事活动，不能在开演前到剧场来，让我们不要等了，准时开演。"

这天演出的剧目是《对花枪》：一头白发、两鬓如霜的老妪姜桂枝，带着孙男嫡女几十口人，兴高采烈地来到瓦岗寨，投奔失散40年的丈夫老罗艺。

谁承想这老头儿早已娶了新夫人并生下俊公子罗成。年轻气盛、武艺高强的罗成根本就没把姜家集来的这一帮人放在眼里。来到南营门口，不管三七二十一见谁打谁，不料却栽在小侄儿罗焕的手里。在南营大帐，姜老太婆把罗成数落得鼻子不是鼻子脸不是脸，罗成只好承认是受了父亲罗艺的唆使。这一下可戳了马蜂窝，恼得姜桂枝年过花甲又重新披挂，点名要罗艺出来单挑。罗艺被逼无奈，只好提枪拍马迎战。姜老太太上前三枪打得老罗艺招架不住，情急之中罗艺使出姜家绝技"回马三枪"。不料姜老太太早有提防，找准破绽，一枪把罗艺打下马来，摔得他满身尘土一脸泥，一点也没了脾气。姜老太太命丫鬟脱下绣花鞋，当着一家老小要用鞋底扇罗艺的老脸，教训这个忘恩负义的老东西。幸亏瓦岗寨的山大王程咬金率领众家弟兄赶到，才算给罗老爷子解了围。

诙谐、幽默的剧情故事，充满了喜剧色彩。台下观众不时爆发出阵阵笑声。可是，坐在最后一排的田汉却心神不宁地不时看一下腕上的手表，又不停地往剧场门口张望，他在等待着周恩来总理的到来。

上午，田汉给总理办公室打电话，说一位来自河南的好演员名叫崔兰田，她率领安阳市豫剧团今晚将在全国政协礼堂演出《对花枪》。如果总理有时间的话，想请总理来看戏。办公室的同志请示总理后答复田汉：周总理晚上安排有一个外事活动，如果能挤出时间，总理表示一定去看。

首场演出都快接近尾声了，还不见周总理的身影，田汉不由得有点担心。他估计总理工作太忙了，可能今晚来不了。他

《对花枪》剧照，1957 年于北京

正要起身准备去后台，这时门口的幕帘被人撩开了，一个熟悉的身影映入他的眼帘，他急忙迎上前去。周总理贴近田汉的耳边说："我来迟了，我们就坐在后边看吧。"田汉伸手示意请周总理到前排去坐，总理低声说道："如果我到前边去，大家都会朝我看，这样一定会影响演员演出。"说着便拉田汉静悄悄地坐在了剧场最后一排。

《对花枪》剧终后，专门为总理加演了两折戏。为便于崔兰田改装，渠永杰先垫了《司马茅告状》中的一段"背头"，随后崔兰田加演了《桃花庵》中"收子"一折。这折戏说的是家境殷实的年轻妇女窦氏，清晨起来，脸懒得洗，头也懒得梳，站在过街楼上，心中充满了惆怅和凄凉。望着大街上熙熙攘攘的人群，想起自己出门在外整整 12 年未归的丈夫，止不住地簌簌掉眼泪。又是一个九尽春回杏花怒放的时节，鸿雁成群地飞去，紫燕又双双对对地嬉闹在房檐上。她孤身一人，像失去凤凰的梧桐树，又像被拆开的鸳鸯侣。连她从心底呼出的叹息都像孤山上的鸾鸣，犹如充满了悲哀的哭声。邻居的小孩来家中玩耍，她看着喜欢，执意要认作干儿子，以慰思夫之情。

散戏后，在夏衍、田汉的陪同下，周恩来总理健步走上了舞台，与台上的演员一一握手。然后，他又两手抱着臂膀，与崔兰田拉起了家常。

"你唱了多少年戏了？"周总理亲切地问站在身边的崔兰田。

"20 年了。"

"你祖籍是哪里呀？"

"山东曹县。"

"你是山东人怎么唱河南梆子啊？"

"我从小随父母逃荒到河南郑州，就学了河南梆子。"

"山东人唱河南戏唱得很好哇！吐字非常清楚，调门也好听。你唱了 20 年戏了，一定会很多戏，要把你的艺术传给下一代。"

周总理非常关心地问剧团有多少学员。

副团长王士杰回答："有 26 名学员，随团学艺。"

总理还关切地询问了学员的生活待遇和学习情况，勉励学员和青年演员们："要刻苦学艺，生活上要艰苦朴素，既要学艺术又要学文化，要接好老师的班。"

崔兰田向总理介绍卸了装的渠永杰，周总理高兴地同他握手。渠永杰双手紧握总理的手，同时躬身向总理致敬。这位在旧社会饱受艰辛的老艺人，激动得说不出一句话。

总理问学生模样的高连山："你在剧团干什么工作？"

"做导演工作。"高连山恭敬地回答。

总理听他一口京腔，就直爽而风趣地说："你导演豫剧，会唱豫剧吗？"一句话把大家都说笑了。

共和国的第一位总理，就是这样平易近人，没有一点架子。他的身边除了这些穷苦出身的艺人，没有戒备森严的警卫安保，也没有层层交代的注意事项、严格律条。他站在这一群艺人中间，像一位久别重逢的亲人。他的一举一动，都感染着这一群来自河南的戏曲艺人；他的每一句话语，听起来稀松平常，却凝聚着无尽的力量，温暖着这些普通百姓的心房。

一个穷苦出身的戏曲艺人，能把河南豫剧中的哭戏在北京唱响，而且能唱给国家总理听，你说，这仅仅是一种荣耀吗？这是党和国家对戏曲艺人辛勤劳动的赞赏！是政府和人民对这一种悲剧艺术风格的肯定啊！

总理对大家的鼓励和期望，使大家终生难忘。他那语重心长的话语永远温暖着大家，激励着大家，给大家增添了无穷无尽的力量。

这次进京演出，"打炮"剧目是《对花枪》，演出场次最多的也是《对花枪》，在观众中反响强烈、评价最高的还是《对花枪》。从此以后 7 年间，他们在十几个省巡回演出中一直以这出戏作为主要演出剧目。因此，全国各地的观众都知道《对花枪》是崔兰田最拿手的戏。这出戏是沙河调、豫东调的传统戏，是一出传奇色彩很浓的喜剧。

那时为什么要排这出戏呢？

熟悉崔兰田的人都知道她自幼学的是豫西调，演悲剧是她的优势。许多观众夸她哭得好，喜欢听她唱的那些悲悲切切的唱腔。但是也有不少观众说："得得劲劲的王宝钏，哭哭啼啼的秦香莲。"看了崔兰田的戏，几天心里都不好受。听到这些反映后，崔兰田也认为：悲剧固然有一定的教育意义和艺术价值，好多观众确实也从中得到了艺术享受，但是如果只唱悲剧，老是让观众难过也不合适，应该换换口味演些喜剧，让观众看了我的戏后，能高高兴兴、喜笑颜开地走出剧场，岂不是两全其美。于是，1956年参加全省戏曲观摩演出大会回来之后，她便和团里几位负责同志商量这件事。当时他们选择剧目的原则有三

《对花枪》剧照，崔兰田（中）扮演姜桂枝，1959年于北京

豫剧大师崔兰田

条：第一，戏的内容要健康；第二，适合兰田演出；第三，适合他们的演员阵容。

《对花枪》中女主角姜桂枝是老旦应工，豫剧的老旦唱腔和青衣唱腔没有多大区别，适合兰田扮演。剧中其他角色行当很齐全。罗成是武生，罗焕是武娃娃生，罗艺、罗松是须生，秦琼是红脸，史大奈是三花脸，尤通是小丑，程咬金是大花脸。这众多的角色，分量有轻有重，他们的唱词虽然不多，但是各有各的彩头，唱做念打都能发挥演员的才能，是一出亦文亦武的喜剧，正好可以让观众换换口味。

《秦香莲》《三上轿》《桃花庵》等戏，是兰田演了一二十年的熟戏，唱腔表演可以说是经过千锤百炼，凝聚了她艺术上的精华。但是，这些戏不如《对花枪》更为新鲜。第一次进京演出，他们觉得北京是首都，又是一座文化古城，几百年来许多京剧、昆曲名家都活跃在北京，北京观众的欣赏水平高。他们是地方剧团，又是第一次去北京演出，观众对豫剧是否喜欢，对崔兰田是否熟悉，他们心里没底。在河南、河北、山东、陕西，兰田演什么戏观众都认，很受欢迎，到北京能不能打响，他们心里捏着一把汗。经过慎重研究，最后决定拿《对花枪》打头炮，其他戏也带去适当演出。

《对花枪》的剧本是副团长卢士元口述的。他当时只有20多岁，会很多戏，能够口述100多出戏。

为了把这出戏整理得更好，兰田专门请来了当时河南省戏曲改进委员会副主任王镇南。高连山和在北京北方昆曲剧院工作的河南籍剧作家时娱也参与研究。王镇南当时已经60来岁，是豫剧界一位老剧作家，20世纪30年代曾为常香玉编写《六部西厢》。这次他执笔修改《对花枪》，浓墨重彩地刻画了各个人物的性格，从故事情节到唱词，通俗风趣，具有浓郁的河南乡土气息。

1957年，戏剧评论家张立云在《天津日报》撰文《看豫剧〈对花枪〉》评价道："河南安阳市豫剧团演出的《对花枪》，不论在思想上、艺术上都

153

有不少值得称道的地方。戏的戏剧性很强，也颇有点传奇意味。姜桂枝这个形象刻画得很完整，其他几个人物如罗焕、罗松、罗成、秦琼、程咬金、罗艺也都刻画得很有特色，和我们平常对这些人物形象的理解能够吻合。这出戏看起来像个悲剧，却充满喜剧色彩，许多地方不由得使你心里发笑；说是喜剧，又充满令人心酸的悲苦，有时又令你笑中含泪。看这样流传了数百年的戏，从形式到内容都很容易使你信服。"

中央文史馆馆员、收藏鉴赏家、书画家张伯驹观剧后，赋词赞道："桃花庵与对花枪，无独亦无双。喜闻千里乡亲到，是安阳、不是钱塘。正在百花齐放，好须歌舞逢场。"

20世纪50年代至60年代，河南的剧团能够参加中央规划演出的，除常香玉领衔的河南豫剧院一团，吴碧波、唐喜成领衔的河南豫剧院二团，高洁、马琳、魏云、王善朴、柳兰芳等领衔的河南豫剧院三团，张新芳、王秀玲任主演的省曲剧团，吴韵芳任主演的省京剧团和省话剧团6个省团以外，还有6个地市团，如马金凤领衔的洛阳市豫剧团，王秀兰、王敬先、王素君为主演的开封市豫剧团，申凤梅领衔的周口地区越调剧团，华翰磊为主演的郑州市豫剧团，桑振君为主演的许昌地区豫剧团和崔兰田为主演的安阳市豫剧团。

而有幸进京演出的豫剧表演团体，最早的是罗兰梅为主演的新乡市新华豫剧团，之后依次是常香玉、陈素真、马金凤和崔兰田、河北邯郸东风戏校的孩子们和以姚淑芳为主演的邢台豫剧团，以及河南豫剧院三团、商丘豫剧团。

当黄河水融化了覆盖在河床上的冰凌，二月的春风吹遍中原大地的时候，中共中央政治局在郑州召开了第二次扩大会议。会议期间，中央办公厅、河南省委在河南饭店和黄河迎宾馆两个剧场分别为毛泽东、刘少奇等中央领导举行戏曲晚会，参加演出的常香玉、崔兰田、马金凤、申凤梅等演员都是两边串场。

崔兰田为毛主席演出了《对花枪》中"南营"一折。

　　1959 年 4 月，春暖花开之际，崔兰田率团第二次进京，演出新排演的《陈三两爬堂》。按照惯例，在正式营业演出前，先内部招待文艺界和新闻界的专家、朋友。陈毅副总理在赴上海出席八届七中全会前，观看了这场由崔兰田主演的《陈三两爬堂》和渠永杰、崔兰玉主演的垫戏《见皇姑》。

　　演出结束后，演职员们整齐有序地站成一排等候着陈老总上台接见。五六名摄影记者早已跑上舞台抢占最佳位置，举起相机调准了焦距等候着陈老总出现。

　　兰田站在演职员的中间，渠永杰和崔兰玉穿着包公和皇姑的戏装站在她的身旁。突然，不知谁先发出了鼓掌的声音，大家一面使劲鼓掌一面伸头往外看，只见陈老总身穿笔挺的深灰色毛料中山服，满面笑容地走上舞台，与演员一一握手。陈老总走到兰田面前，兰田激动得心都快要跳出喉咙了，她急忙伸出双手迎上前。陈老总亲切地握着她的手，伸出左手拇指，用浓重的四川话说："演得好，唱得也好哇！"兰田一时不知该怎么回答，口吃地说："谢谢，谢谢陈老总夸奖……"此时，镁光灯闪个不停，咔嚓咔嚓的按快门声响成一片，台下千余名观众站立一齐鼓掌，陈老总高兴地向观众鼓掌致意。

　　中国剧协资料室主任曹孟浪眼疾腿快，一跃从舞台上跳下去，举起相机拍下这一激动人心的场面。

　　陈老总是举世闻名的元帅、诗人

《陈三两爬堂》剧照，1959 年于北京

和外交家，对文艺工作也非常关心。当大家将他送到后台门口时，他挥手高声对大家说："再次感谢你们让我看了一场好戏。明天我陪毛主席一块儿去上海开会，从上海回来后，我请主席来看你们演出。"

目送陈老总的汽车远去之后，大家激动的心情开始沸腾起来。这个说"我第一个看见陈老总的"，那个说"陈老总第一个跟我握的手"。那天夜里，崔兰田也是辗转反侧，兴奋得怎么也睡不着觉。她在想：党和国家的领导人这么重视豫剧，我这个豫剧演员，应该把豫剧艺术传播到大江南北、长城内外。

这次在京演出期间，正值第二届全国人民代表大会和政协第二届全国委员会会议在京召开。两会代表在北京工人俱乐部观看了两场《对花枪》，这出河南地方风味浓郁的传奇故事戏，使来自全国各省市、各民族的代表和委员们看得特别开心。当演到最后一场，姜桂枝用姜家花枪绝技将罗艺打下马来，一气之下欲用绣花鞋责打罗艺时，坐在台下的许多银发白须的老人笑得前仰后合，拍手称快。事后，河南的代表对兰田说："两会代表、委员们看了你演的《对花枪》，回到饭店后仍然兴致勃勃，都在议论咱们河南戏演得好，通俗易懂，雅俗共赏。有的老同志互相开玩笑，'你看看台上的老罗艺多像你，你要小心点，说不定哪一天，你的原配夫人找到北京来用绣鞋打你呢。'"

陈老总和全国人大代表、政协委员观看他们的演出，给全团演职员精神上带来的兴奋还未消散，更加振奋人心的消息又传到了团里。北京市演出公司通知：到中南海怀仁堂演出。

中南海是党中央和国务院所在地。进京演出的剧团能在中南海怀仁堂演出，历来被视为是最高荣誉。这场戏是为全国省委书记会议演出，观众是中央首长和全国各省的省委书记。演出剧目是新排的《陈三两爬堂》，垫戏《嘉兴府》。

这天下午，挂着雪白窗帘的两辆漂亮的大轿车，满载着剧团的全体演职员，经过西长安街，进入了中南海西大门。当车辆从门口的警卫身边通过时，警卫战士啪地一个立正敬礼，把车里的演员都惊呆了。

崔兰田在怀仁堂的舞台上，为参加全国省委书记会议的观众演绎了一个出身烟花街巷的女子陈三两面对强权不甘屈服的故事。

这场演出大家特别卖劲，剧场效果也格外的好。崔兰田扮演的陈三两，唱腔满宫满调，嗓音响亮，字正腔圆，韵味醇厚。演出中，她自己跪在舞台上都能感觉到她的声腔震动得台板在颤动。

辛玉祥的《嘉兴府》筋斗翻得又冲又漂亮，五个虎跳前扑翻得又高又稳，脚底下一点响声也没有，落地的亮相优美稳健。其他几位武行演员的表演也很出色，个个筋斗把子功夫都很过硬，各人有各人的绝活。

剧终后，观看演出的各位省委书记长时间起立鼓掌。李先念副总理率先从观众席走出来，高兴地走上舞台与演职员们握手，祝贺大家演出成功。

崔兰田的"哭声"穿越了中南海的红墙。她使全国各省、自治区、直辖市的领导同志，都知道了河南有一个很出色的安阳市豫剧团，有一个唱得好听、哭得动人的崔兰田。

崔兰田演出的《陈三两爬堂》在北京获得巨大的成功，戏剧界的专家对她创造的这一新的人物形象进行了系统的理论研究并给予很高的评价。1959 年9 月，中国戏剧出版社将崔兰田演出本、曲谱和曲六乙、鲁煤的评论文章结集，出版了《陈三两爬堂》一书。

曲六乙在《崔兰田谈陈三两的人物创造》中写道："河南安阳豫剧院演出的《陈三两爬堂》，那真是一出别开生面的戏，它在描写手法上，不同于一般的传统剧，倒是很像小说常用的倒叙手笔,通过被告妓女陈三两同她的弟弟——贪赃的州官李凤鸣的冲突，描绘出一幅暴露封建社会罪恶的图画。崔兰田的陈三两，既能充分表达情感，又善于控制情感，达到了上乘的艺术境界，这是难能可贵的。她的艺术实践，对豫剧的继承和发展做出了一定的贡献，其中许多宝贵的经验，值得我们深入研究和探讨。"

艺人是最讲究体面的。体面关乎的是自己在他人眼中的形象，是一种通过他人的肯定方可获得的自我评价。体面注重的是环境反应，注重的是社会眼光，所以，体面的里面包藏着自尊。

崔兰田在长安大戏院的演出，可以说是体面到家了。

那天上午9点，北京风和日丽，长安街上车水马龙。地处西单路口的长安大戏院门前，停泊了一溜锃光瓦亮的小卧车。从车上走出来的每一个人，都让街上的行人惊喜地停住了脚步。儒雅的梅兰芳，潇洒的马连良，端庄的张君秋，个个都是红遍全国的名家名角，他们不约而同地迈进了长安大戏院。见多识广的北京人，看到这场面马上意识到，这崔兰田肯定也是一个相当了不得的好角，要不然不会有这么多名家来捧场。

梅兰芳两次到苏联、三度到日本演出，已经饮誉世界。美国波摩拿学院、南加州大学分别授予他文学荣誉博士学位，所以人们都称他"梅博士"。

马连良气宇轩昂，穿戴讲究。他做行头的绸缎，都是趁故宫拍卖库存时，花大价钱购买的大内料子。连他剧团里的职员都是冬天穿黑色长袍，夏季着浅灰色大褂，秋天换成蓝色的，春天换成紫色的，一律露出白色袖口。无论主角还是龙套，这样的装扮，可谓派头十足。

越有派头的名角越讲究礼数，见到老师、长辈，那照样是毕恭毕敬。这才叫有面子。能给得起别人面子，自己才有面子。

当身着长衫、留着白胡子的萧长华被人搀扶着走进戏院时，梅兰芳、马连良、侯喜瑞、张君秋等已经先到的名家纷纷起立，离开座位，给这位"富连成"的总教习让路，恭请老先生在中间就座。这种对恩师的尊敬场面，真的叫人感觉着"体面"，有派儿，有尊严。这么多北京京剧界的名家齐聚长安，给一个地方戏演员捧场，更显得今天台上的主角"倍儿有面子"。

戏开演了。姜桂枝在帘内一声叫板："孙女，搀我来——"甩腔余音未罢，台下就响起了"碰头彩"。北京观众懂戏，知道在哪里叫好，而且那"好"叫得肯定在节骨眼上。这不仅仅是捧角，也是捧自己——懂戏。戏到中间。姜桂枝那长达100多句的"二八板"唱腔，崔兰田唱得情绪饱满，舒展自如。观众听着这独具特色的豫西调，如饮甘露，沁人心脾。

戏到高潮。那低沉哀婉的声腔，叙述与罗艺分别40年的凄苦，使人鼻腔酸楚。

戏到尾声。鹤发童颜的姜桂枝要用绣花鞋底教训忘恩负义的老罗艺，幽默风趣，令观众忍俊不禁。几位老先生交头接耳地赞叹：这么一出喜剧，都能把人唱得掉泪。果然是一个好角，玩意儿不俗，别具一格。

散戏后，老先生们还没上台呢，他们送的花篮就摆满了舞台前沿。萧长华、梅兰芳、马连良、侯喜瑞、张君秋等京剧名家走上舞台，热情地跟崔兰田握手，不断地夸奖："唱得倍儿棒！""盖了帽了！"这一句句地道的京腔京韵，成了北京戏曲界对崔兰田的真实评价。

几天之后，北京戏曲界在长安大戏院举行答谢联欢晚会，为安阳市豫剧团、济南吕剧团、浙江婺剧团等在京演出的外地剧团举办了一场京、

崔兰田演出《对花枪》后，梅兰芳（左）上台祝贺演出成功，1959年于北京

评、河北梆子名角荟萃的精彩演出。著名河北梆子表演艺术家李桂云主演了《蝴蝶杯·投衙》，著名评剧表演艺术家喜彩莲主演了《小借年》，著名京剧表演艺术家谭富英主演了《定军山》，最后的《贵妃醉酒》由京剧表演大师梅兰芳先生主演。在短短两个多小时里，他们欣赏了三个剧种四个流派的拿手戏，真是大开眼界，受益匪浅。

此外，北京戏曲界还同三个外地剧团的主要演员在一起举行了大型茶话会。梅兰芳、萧长华、马少波、老舍、荀慧生、马连良、侯喜瑞、姜妙香、张君秋、赵燕侠、李桂云、喜彩莲等首都文艺界著名演员、著名专家都参加了座谈会，对安阳市豫剧团的艺术水平、表演风格大加赞赏。

为了落实首都戏曲界专家、名流对安阳市豫剧团的建议和指导意见，切实得到专家的帮助指导，他们专程邀请中国京剧院副院长、著名戏曲作家、理论家马少波先生来团加工排练《对花枪》。

马少波带着著名京剧武生阎世善连续几天来到中山公园音乐堂，为他们加工排戏。在排练中，马少波传达了梅兰芳先生对姜桂枝这一人物的化装和服装方面的意见。

梅先生认为：《对花枪》是一出很好看的喜剧。姜桂枝这个人物形象很可爱。她那一百多句唱词写得十分风趣生动，唱腔也很优美动听，把姜桂枝这个武艺高超、热爱生活、忠于爱情的六旬老妪的性格刻画得栩栩如生，浪漫主义色彩很浓。在化装方面，她和一般的老旦不同，浓妆艳抹的俊扮，观众不但接受而且看得很舒服。如果在她那一头白发的鬓角上再插一朵红花，那就更美了。这不仅能突出姜桂枝的性格，也符合这出喜剧的风格。姜桂枝与老罗艺对枪时穿的女靠应是大红色，不应该是古铜色。

梅先生说：姜桂枝不可能为了与罗艺对阵，马上再去做一身古铜色的新装。在"训罗艺"一场中姜桂枝有这样一句唱词："叫儿媳，找出我当年的旧铁衣"，当年的姜桂枝是妙龄少女，理应穿红色，而不应是古铜色。

1957年第一次进京演出《对花枪》时，姜桂枝与罗艺对阵时并不穿靠，而是按照前辈艺人的装扮，身穿女对帔，腰间系一条绸带。兰田的一位朋友认为姜桂枝这种装扮太小气，不如穿女靠、扎靠旗。他们就采纳了这个建议。在选用颜色上只考虑到姜桂枝是花甲老人，以颜色不太鲜艳为宜，没有考虑到剧情的要求。经梅先生这一指点，大家一致认为还是梅先生考虑得细致、周到。这才叫从剧情出发，在独特的环境中塑造典型的人物形象。于是，便按照梅先生的意见，让姜桂枝戴红花，穿红靠，一直沿用至今。

剧中罗成与罗焕对枪、姜桂枝与罗艺对枪的"把子"，经过马少波、阎世善重新设计并亲自排练了一遍，使这出戏的武打更加精彩。

第二次进京演出，崔兰田大获成功。她想得到的、没想得到的她都得到了。离京之前，在公安部礼堂举行告别演出，以《对花枪》招待北京市党政领导和机关干部。中央政治局委员、中央书记处书记、北京市委书记兼市长彭真提前来到剧场观看演出。中间休息时，彭真和有关领导被请到贵宾室休息。他提议到后台去看望一下演职员，负责接待的领导告诉他，这会儿演员正在化装，我们去了可能会影响下半场演出，不如请崔兰田同志到休息室来见个面。于是，彭真与崔兰田、剧团党支部书记程三群在贵宾室攀谈起来。

崔兰田告诉彭真，这次进京演出收获很大，得到了北京市委、市政府的大力支持。不仅见到了陈毅元帅、李先念副总理，还为出席全国政协和全国人大会议的委员、代表演出了《对花枪》，感到非常高兴，也非常荣幸。

彭真说，自己身为全国人大常委会副委员长兼秘书长那几天净忙着开会了，也没顾得上去看戏，今天是专门来补课的。当他得知今天是安阳市豫剧团在京的最后一场演出，明天剧团就要回河南了，当即委托王昆仑副市长代表北京市委、市政府,当晚在北京饭店设宴招待安阳市豫剧团全体演职员,为崔兰田饯行。

在江湖上跑码头讨生活几十年的老艺人,走南闯北,赶庙会,睡地铺,吃百家饭,风餐露宿,辛苦一生,啥罪都受过,就是没享过福。当他们猛地一脚踏上北京饭店的大理石地面,站在金碧辉煌的大厅时,真的有点蒙了,差点儿滑倒出了洋相。这一瞬间的窘境,成了老少几代人嘴边的笑料。那天的茅台酒也叫他们念想了几十年。

当晚,王昆仑副市长代表北京市党政领导向大家敬酒致谢。他向小生演员王香芳敬酒时,王香芳说:"谢谢市长,我不会喝酒。"王昆仑风趣地说:"你的本事那么大,能把常胜将军罗成打翻在地,怎么就不敢喝下这杯酒?"王香芳在王市长的激励下仰脖喝下了这杯酒,王市长高兴地又向其他青年演员敬酒。

有位小伙子看到王市长来到面前,急忙站立起来,举杯跟王市长碰杯。王市长发现他只碰杯却不喝酒,就幽默地说:"小伙子你跟我碰杯,是演戏哪?""不是不是,我们不敢喝。"说完他又对王市长说道:"我们王团长定的制度,25岁以下的年轻人不许吸烟、喝酒。"

王市长听了这句出乎意料的答话,转身对站在身边的王士杰说:"你这位团长同志有办法,怪不得你们的戏演得那么好。不过,今天咱们是不是来他个特殊情况例外。不然的话,大家都不喝,难道这么贵重的茅台酒让我一个人喝完啊?"听王市长这么一说,大家情不自禁地鼓起掌来。"禁酒令"一撤,喝酒的就开怀畅饮,不善饮酒的也脸膛通红,大家都沉浸在这光荣而亢奋的气氛中。

1962年国庆节前夕,崔兰田率领安阳市豫剧院一团第三次进京演出。

同前两次在京演出的规矩一样,在对外公演前,由中国戏剧家协会出面组织招待演出,邀请首都新闻界和文艺界观看他们新排的传统喜剧《花打朝》。

这出戏说的是唐朝开国老将程咬金和他的夫人程七奶奶怒打昏君的故事。

前辈艺人在这出戏中创造了许多精彩的表演身段和动作，是一出很受群众欢迎的传统戏。主要人物程七奶奶（花旦）和程咬金（净角）分别由王秀真和渠永杰扮演。王秀真是一位既演青衣又演花旦的优秀演员，在剧中她既有让人听得过瘾的唱腔，又有令人捧腹大笑的表演，剧场效果十分强烈。

中共中央书记处书记、国务院副总理罗瑞卿和夫人郝治平观看演出后，走上舞台接见演员。罗副总理满面笑容地祝贺他们演出成功。郝治平激动地对演员们说："同志们，我是你们的老乡啊！年轻时我在安阳11中上学，我的家乡临漳县就属彰德府（今安阳市）管辖。今天见到老乡，我很高兴。欢迎你们来首都演出，感谢你们给首都人民带来这么好的戏。"

郝治平拉着崔兰田的手说："今天没看到你的戏，真是有点遗憾。"

崔兰田用手挡在嘴前，有些不好意思地解释："我刚拔了一颗牙，这出戏没有参加演出。改天我演出时，一定请您和罗副总理再来看戏。"

郝治平高兴地说："好，好，过几天你演出时，我和老罗一定再来看戏。"

罗瑞卿喜欢戏剧。1934年中央苏区举行文艺演出时，他曾在李卓然创作的《庐山之雪》中扮演蒋介石，与他演对手戏的是林彪（扮演红军将领）。他俩即兴添加的台词，让台下观众笑得前俯后仰。从那以后，罗瑞卿作为"演员"在中央苏区声名大振。新中国成立后，尽管他政务繁忙，但喜欢戏剧的热情不减当年。

几天之后，罗瑞卿夫妇让秘书买了两张票，在长安大戏院观看了崔兰田和张宝英师徒合演的《桃花庵》，兰田饰窦氏，宝英饰妙善。罗瑞卿、郝治平非常喜欢崔兰田的戏。

郝治平与崔兰田一见如故，非常投缘，从此两人建立了很深的情谊。

国庆节过后，中国戏剧家协会为安阳市豫剧团演出的《花打朝》举行座谈会。由中国剧协秘书长李超主持，著名剧作家翁偶虹、著名昆曲表演艺术家白云生等专家、学者对《花打朝》的演出给予高度评价。

翁老特别推崇渠永杰的表演，他问渠永杰："请问这位老先生，是否在京剧班学过艺？"

渠永杰急忙站起来说："不敢当，学生自幼在开封豫剧科班学艺。"

翁老直爽地说："以前我一向认为河南戏表演粗糙。今天看了渠先生的表演，改变了我的看法。你的身段、眼神、功架、念白都很有功夫，在河南地方戏演员中，确实是不多见的好演员。尤其是你画的程咬金的脸谱，别具一格。京剧和其他地方戏中都有程咬金的戏，我见过许多程咬金的脸谱，都不如你画得漂亮，很值得学习、研究。"

白云生是对戏曲表演颇有研究的一位昆曲表演艺术家。解放初期，北方昆曲剧院尚未建院前，他曾任北京人民艺术剧院技导和中央实验歌剧院教师。1957年崔兰田在北京曾拜白云生为师，请他指点戏曲表演的深层内涵。

座谈会上，白老对坐在他身边的崔兰田说："以前看了你演的《对花枪》，我就觉得你们河南戏很了不起，既有浓郁的生活气息，又有很细腻的程式表演。今天看了《花打朝》，又提高了我对河南戏的认识。扮演程七奶奶和程咬金的两位演员很会演戏。'吃席'和'回朝'两场中的表演太精彩了。'打朝'一场中程七奶奶一屁股坐在龙案上，这么夸张大胆的表演，很有感染力。每个剧种都有自己的特色。现在好多地方戏都学京剧、昆曲的表演身段，但是一定要注意保持自己的特色。这一点你们安阳剧团做得很好。"

借这次在京演出的难得机会和与白云生这一特殊关系，兰田派了几位表演功底比较扎实的青年演员去北昆学习折子戏。他们还请白先生到团里来给全体演员讲课。白老是艺术造诣很高的昆曲小生演员，经常和梅兰芳、韩世昌等京昆名旦配戏，有很高的理论水平。他深入浅出地讲述身段表演技巧，边讲解边示范。那潇洒的身段、优美的动作、规范化的程式表演，美轮美奂，使他们大开眼界。

崔兰田、渠永杰、王秀真等主要演员都像小学生一样规规矩矩地坐在台下聆听白老讲课，目不转睛地盯着他的一招一式，生怕漏掉一个动作。

田汉对《对花枪》很感兴趣，他趁访问朝鲜之际，在飞机上还为兰田改编剧本。由于身体状况，他住进了首都医院。为了让田汉更多地了解豫剧《对花枪》的特点，崔兰田在首都医院小礼堂为田汉演出了《三哭殿》的"哭殿"一折和《对花枪》的"南营"一折。同在首都医院住院的粟裕大将也和田汉一起观看演出。田汉看戏后抱病在《人民日报》撰文《谈豫剧〈三哭殿〉和〈对花枪〉》评论他们的演出："最近，看了崔兰田同志领导的安阳市豫剧院一团在北京演出的《三哭殿》和《对花枪》，得到极大的艺术享受！特别是演银瓶公主的张宝英，表现了优秀的才能。"

1980年春天，崔兰田率领安阳市豫剧一团第四次进京演出。

崔兰田一行到田汉家做客。前排左起：王秀真、王香芳、田汉、崔兰田、崔兰玉，后排左起：曹孟浪、卢士元、魏进福、渠永杰、王士杰、高连山。1957年于北京

当时，举国上下贯彻执行国民经济"调整、改革、整顿、提高"的方针，取得了新的成果。文学艺术创作也呈现出从未有过的繁荣景象。

河南省豫剧流派会演刚刚结束，应北京市演出公司邀请，崔兰田率领安阳市豫剧一团，于"五一"国际劳动节前夕来到首都北京演出。这是粉碎"四人帮"之后第一个进京演出的地方戏剧团。崔兰田再次进京演出，文艺界许多领导和艺术家给予了极大的关心。到剧场看戏的有：文化部顾问徐迈进，艺术局副局长赵启扬、吴雪，中国戏剧家协会副主席马彦祥、赵寻，中国艺术研究院副院长张庚、郭汉城，北京市文化局局长赵鼎新、副局长张国础，著名电影导演谢添等。6月21日，新华社记者这样报道了他们在京演出的盛况："近两个月来，首都城区和郊区的数万名观众，兴致盎然地欣赏了豫剧著名演员崔兰田和她率领的安阳市豫剧一团演出的传统剧目《三哭殿》《桃花庵》《对花枪》和《陈三两爬堂》等。行家们高兴地说，豫剧名家流派争艳竞芳，是戏曲艺术兴旺发达的一种好兆头。"

"崔兰田是同常香玉、陈素真、马金凤、阎立品齐名的豫剧著名旦角演员。她早年工须生，以扮相清秀、嗓音洪亮出名。后来改工旦角，师承豫西调前辈艺人的技艺精华，又有创新和发展，形成自己独具的崔派艺术风格，是豫剧旦角艺术中的主要流派之一。在豫西、关中、冀南、鲁西南等地拥有很多观众。在豫西，群众中有'三天不吃盐，也要看看崔兰田'的说法。

"崔兰田擅长演悲剧，唱腔哀怨深沉，感人肺腑。戏剧家们评论崔兰田表演艺术的特点是：戏路宽广，嗓音洪亮圆润、韵味醇厚。表演质朴真实，含蓄细腻。这次在首都上演的《桃花庵》，是崔派的代表剧目。在这出戏中，崔兰田和崔兰玉分别饰演窦氏和尼姑妙善。有人称道'盘姑'一折尤为绝唱：一出盘姑声与泪，余音未罢心已酸。喜剧《对花枪》《三哭殿》剧情曲折细腻，语言诙谐风趣，有浓郁的河南乡土生活气息。每次演出，观众席上笑声不绝。《对花枪》中塑造的老旦姜桂枝，性格刚强豪迈，别具一格，特别受到观众的赞扬。

"崔兰田同台演出的有主要演员崔兰玉、崔少奎、王香芳，以及崔派后起之秀张宝英、魏玉枝等。这表明这个剧团阵容整齐，崔派艺术后继有人。"

从5月26日至7月3日，安阳市豫剧一团先后在长安大戏院、吉祥戏院、广和戏院、中和剧院、圆恩寺剧场、物资部礼堂、中山公园音乐堂和怀柔县剧院等处演出两个月，上演了《桃花庵》《对花枪》《三哭殿》《陈三两爬堂》四出大戏和《断桥》《投衙》两个折子戏。

这次在北京演出，虽然仍是崔兰田挂头牌，但是她的学生张宝英独当一面给首都观众留下很深的印象，很多文艺界朋友赞扬她培养了一个好徒弟。北京曲剧表演艺术家魏喜奎在《北京晚报》撰文评论道："张宝英同志全面地继承了崔派艺术，在观众中有较深的影响。"北京昆曲剧院的老剧作家时殁在文章中评价："青年演员张宝英在崔兰田的长期指导下，已吸收了崔派的精华，成为令人瞩目的一位好演员。"

1980年进京演出《对花枪》，崔兰田扮演姜桂枝，卢士元扮演罗艺

崔派艺术后继有人，张宝英的演出受到首都观众的欢迎，得到专家们的认可，这使兰田感到由衷的高兴。

《桃花庵》的成功整理改编，成了安阳市豫剧一团在挖掘整理传统戏方面的一个强项和特色。这次进京演出，受到了文艺界的高度评价。

《北京日报》在《要化腐朽为神奇》的署名文章中写道："听说著名豫剧演员崔兰田要来京上演《桃花庵》时，不由得心里有点打鼓。因为不久以前，在北京舞台上曾有一个剧团演出过评剧《桃花庵》，不少看过这出评剧的人，觉得这出戏存在着一些问题，如思想情调不高，内容比较陈旧。在表演上还有低级趣味的东西。现在，豫剧也要上演同一剧目，观众会有什么反应呢？这不能不让人担心。然而，事实却出人意料之外。豫剧《桃花庵》以崭新面目出现从而使首都观众耳目一新。低级趣味、争风吃醋的东西没有了，延宗续嗣的封建伦理观念大大减弱了。我们看到的是聪慧、干练、善良的古代妇女形象，对被欺骗损害的女性寄以深深的同情，而对喜新厌旧、玩弄女性的浪荡子弟给以鞭挞和谴责，做到了是非分明、褒贬恰当，看后使人受到教益。在剧本的结构上，则根据剧情的发展和刻画人物的需要，敢于大刀阔斧地增删，剔除糟粕，保留精华，甚至反其意而用之，但又不失原剧的长处。主要人物和基本情节又是原来的，再加上演员真切动人的表演和深沉优美的唱腔，给人以很大的艺术享受。"

剧作家时弢观看《桃花庵》后说："《桃花庵》是咱们河南梆子的看家戏，陈素真、陈素花、常香玉的我都看过。崔兰田1957年在北京演的这出戏我也看了，那时虽然改了些，但没有这次改得好。"他以《喜看桃枝绽新花》为题在《北京晚报》撰文写道："《桃花庵》的推陈出新，是一个长期未能解决的问题。原剧宣扬的是一套封建道德观念。那个丢掉妻子、勾引欺骗桃花庵小尼姑的张才，没有得到批判。而受害最深的小尼姑陈妙善却被作为讽刺的对象。安阳市豫剧一团在崔兰田、高连山以及全团同志的共同努力下，从主题着手，拭去表面的尘土，加以改革，突出了'死张才害煞咱两个活人'的主题，加强了思想性。这样不但给陈妙善平了反，也改造了窦氏。

"这样的改法，是和崔兰田的艺术修养和艺术风格分不开的。她是位善于刻画人物内心，表现人物内在美的演员。她演窦氏，以深沉、朴实、含蓄的表演谴责张才，批判封建社会的黑暗。在形体动作上（包括唱念），牢牢把握住人物性格。'搜庵'中献茶一段戏，原来无论唱词还是表演都很庸俗，尤其窦氏十分轻佻，完全脱离了窦氏前来搜庵的具体情感。现在扬弃了那庸俗的表演，紧紧抓住窦、陈二人此时此地各怀疑问的心理活动，把冲突处理得比较含蓄，唱词也写得文雅流畅。兰田同志处理这段唱简直像平常说话一样，在低沉平直的唱腔中表现出人物十分沉重的心情，特别是'道姑装虽清素不减人品，白衣袖遮不住满面红云'两句唱，更显出了判断的自信力。接着将手里的茶杯有意无意地重重放在妙善手中的托盘上，好像是失手，妙善心中一惊，窦氏则冷眼察言观色，看她是否心虚。又如'盘姑'中，'小妹妹只哭得两眼红肿'那一大段唱，可以说是这个戏的主题音乐。而崔兰田仍以平易无奇的唱腔来处理，以真实、饱满的感情唱出人物那自悲命苦，又体贴同命之人的感情，感染了观众，达到了控诉封建

《桃花庵》中"搜庵"一场，崔兰田（右）扮演窦氏，张宝英扮演陈妙善，1962年于天津

社会制度的目的。这两段如同说话的唱，表面听像是没什么技巧，但是如果在运用呼吸、掌握声音、安排'断连'以及发声、吐字、归韵、收声上没有深厚的功力，是达不到这样的效果的。崔兰田的表演毫无雕琢之痕，达到了'文到无心妙见奇'的境地。"

罗瑞卿夫人郝治平看罢兰田的演出，第二天又到总参四所看望兰田，经过十年浩劫的磨难，两位容颜改、鬓发衰的老人一见面就抱头痛哭。她们两人有着深厚的感情，促膝谈心，谈及"文革"中罗瑞卿惨遭迫害致残的情景，郝治平泣不成声。兰田说到"十次遭毒打，十次承认是特务，又十次推翻"的折磨，两人对祸国殃民的"四人帮"深恶痛绝，在几番痛哭痛诉后，两人又庆幸劫后重生。

十七、患难见真情

1958 年，中国共产党第八次全国代表大会第二次会议根据毛泽东同志的倡议提出了"鼓足干劲，力争上游，多快好省地建设社会主义"的总路线，号召全党、全国人民破除迷信，解放思想，发扬敢想敢说敢做的创造精神。会后，在全国各条战线上迅速掀起了"大跃进"的高潮。

这一年，安阳市豫剧一团、二团为配合中心工作以最快的速度赶排新戏，一年里共排中、小型新戏 60 个，三分之二是现代戏。要说最具有"跃进"速度的是《刘介梅》一戏，一天一夜就排出来了。

现代戏不能没有布景，为了抢时间，为了"大跃进"，许多演员赤膊上阵帮助涂底色，钉布景片，画师、木工等苦战一夜，一个大戏的布景就宣告完成了。

《刘介梅》讲述的是翻身农民刘介梅在旧社会三代讨饭，土改时冲锋陷阵，入了党，日子过得一天比一天好。没料到他们夫妻俩贪心不足，竟瞒着父亲刘老汉向外卖青苗，收利钱。政府颁布了统购统销政策，刘介梅夫妻又因多报余粮，与父亲争吵。村里成立了农业合作社，刘老汉首先提出入社要求。刘介梅认为组织合作社的条件不成熟，并在区干部扩大会议上宣传统购统销逼得人没有办法过活，农民愈来愈穷困。群众批评了他的错误思想，认为他忘本。刘老汉用以前讨饭的破衣物，引导儿子回忆过去的苦。区委苏部长也对刘介梅进行个别帮助，终于使他认识了错误，转变过来。"

"大跃进"的年代，看戏是向职工进行阶级教育的重要方式。各单位争先恐后地纷纷包场看戏，通过高台教化，促进人的思想进步、作风转变。

"大跃进"的年代，演职员们更是鼓足了干劲，力争上游，不甘落后。一天演三场现代戏，连续十几天连轴转，仅在安阳、新乡、许昌三市就演了42场。

在新乡最多一天演4场戏。新乡邮电局的干部职工凌晨4点来看戏，看完了戏不误上午8点上班。演员都是半夜3点起来化装，一直演到夜里12点。这么大的工作量，没有一分钱补助，更没有一分钱的奖金。但每个人都是热情高涨，无怨无悔，干劲冲天。

在漯河市演出时正赶上麦收时节。晚上12点煞了戏，演职员们又赶到郊区生产大队，帮助农民割麦子，谁也不甘心落后。因为这是改造思想、接近群众、体验生活的好机会。那个时代是一切突出政治，做任何事情都是政治挂帅，又红又专。光专不红是白专道路，是被人瞧不起的。

崔兰田演了一晚上戏已经感到很累了，她也不愿也不敢放弃这个深入群众、深入生活、改造思想、劳动锻炼的机会。她没有干过农活，不会割麦子。虽说是"庄稼活不用学，人家咋着咱咋着"，可是她手拿镰刀弯腰割麦时，就显得笨手笨脚。

生产队干部听说崔兰田也来到田间地头参加割麦劳动了，便跑到她的身旁劝阻："兰田同志，你亲自下地，我们非常欢迎。你来了，对社员们就是最大的鼓舞。你就不用动手割麦了，给大家唱两段吧，大家都爱听你唱。"说着就抢过她手中的镰刀。

兰田急忙说："我是来参加劳动的，还是让我割麦吧！"

"大家一听你唱，就不觉得累了，这块地一会儿就割完了。"大队干部这么一说，地里的社员们都热情鼓掌欢迎崔兰田唱一段。好在剧团事先也有准备，于是，乐队的琴师放下镰刀，操起板胡，蹲在地里演奏起来。崔兰田放开嗓子唱了一段又一段，唱罢《朝阳沟》唱《秦香莲》，一直唱到东方发亮，他们才回剧场睡觉。

以前，剧团一直是沿铁路线在城市演出，很少到县城和集镇演出。安阳剧团就连附近的几个县也没有去过。按照党的"上山下乡"的号召，剧团第一站来到汤阴县演出。当地群众听说崔兰田带着剧团来了，万人空巷，拥到剧场来看戏。演出结束后，观众站起来长时间鼓掌，演员再三谢幕，观众仍不退场。崔兰田和其他主要演员一个接一个地清唱，唱完了观众仍纹丝不动，拼命地鼓掌喝彩，直到主要演员随着乐队敲锣打鼓地将观众送出剧场，热情的观众才恋恋不舍地一边鼓掌一边扭头看演员，一边缓慢地移动着脚步迈出剧场。乐队抬着堂鼓站在剧场门口起劲地敲打，演员们站在剧场门口热烈鼓掌欢送，观众热血沸腾地面对面肩贴肩地与演员们会合在一起，大家难舍难分。

一位老大娘拉住兰田的手说："我在小喇叭里经常听你唱《三只鸡》，听多少遍也听不烦。"一位干部打扮的女同志握住兰田的手说："欢迎你以后多来我们县演出，老乡们都爱听你唱。"望着这激动人心的场面，崔兰田下乡演出的热情也十分高涨。

一个演员最幸福的时刻就是受观众欢迎，离开观众你唱得再好也没有一点价值。

几十年来，无论是在大城市剧场演出，还是在县城乡镇和农村的野台子上演出，谢幕后，只要观众鼓掌要求清唱，崔兰田总是毫不推辞地走上前台为观众清唱。有些演员不理解观众的心情，耍派头、耍娇气，埋怨观众"看不够"。而崔兰田认为观众要求你清唱，说明你的演唱受欢迎，这是观众对演员特别高看的表示。演员最大的幸福莫过于观众的认可和爱戴。

　　下乡演出的第二站是滑县道口，从汤阴往道口转场时下起了大雨，瓢泼似的大雨很快就把晴天尘土飞扬的道路变成了水洼塘。汽车停运了，行人踏上这泥泞的道路脚下一闪一滑的，这时有些同志嚷嚷："路又不好走，咱干脆坐火车回安阳算了，等天晴通车后再去道口吧。"兰田心想："剧团来安阳七八年了，第一次到道口演出。那里的干部群众知道我们要去，头几天的戏票早卖出去了。因为下雨不通车就打道回府，叫观众失望，太对不起群众了，说什么也要克服困难按时去道口演出。"

　　崔兰田把大家集合起来，说："以前我们一直在城市演出，现在下到县城，才演出一个台口便回安阳，怎么向道口的群众交代？怎么向市里领导交代？人家县剧团终年都在下边演，下点雨算啥大困难啊。小时候我在科班演出时，在豫西农村跑高台，哪里有汽车坐，不都是步行嘛。我建议咱们把戏装打成软包，大家分开背，步行去道口。就是清唱，也要按时赶到道口演出，谁不愿意步行去，可以坐火车回家。"

　　大伙儿听兰田这么一动员，都表示愿意步行赶场。年轻力壮的男同志背着戏装，女同志和年纪大点的背着自己的行李，冒着雨，踩着稀泥路，精神抖擞地朝道口进发。走到天黑只走了一多半的路程，他们只好住在就近的老乡家里。老乡们听说是安阳剧团冒雨往道口赶场晚上要借宿在这儿，就热情地把他们迎进家里，又是做热汤给他喝，又是腾床给他们睡，那热情劲就像待亲戚一样。有个别女同志嫌老乡家的被子脏，不愿意盖。兰田张了张口想批评她们，她转念一想，一句话没说就第一个带头上床去睡了。大家看兰田这样，也都不声不响地钻进被窝睡下了。

在"大跃进"的年代，剧团到外地巡回演出，一律不托运行李，不论是主要演员还是一般演员，人人背着行李，手提用网兜装着的脸盆等生活用具上下火车，步行去剧场。当时剧团上座情况好，演出收入也多，经费充足。这样做不是为了节约开支，主要是为了劳动锻炼，改造思想。

剧团领导和行政干部除了做好自己的本职工作，也按照自己的能力，参加舞台演出，这叫作"干部上舞台"。这是一项很具有革命性的任务。党支部书记程三群带头参加，他不会唱戏、不会拉弦，但会打梆子，而且对各种板式的节奏板眼都很精通。手握梆子还很内行，打出来的音色也纯正，不论是"二八""流水"，还是慢板、飞板，他打得都很准确，从不掉板。副团长王士杰平时不苟言笑，不爱唱歌，更不参加文娱活动。他在古装戏《嘉兴府》中演了一个县官，大家都说像那么回事。他受到鼓舞后就在现代戏《红色的种子》里扮演游击队政委雷明，费了很大劲学会了一大段唱腔，可是一上场，两句道白吓得他出了一身汗。雷明的台词是："敌人有炮，我们也有炮。"他上场后张嘴就成了"敌人有'票'，我们也有'票'"，惹得台上的演员脸憋得通红谁也不敢笑场。他发现自己说走嘴了，惊慌得出了一身汗。秘书毕定良会拉京胡、二胡，常参加乐队伴奏，他在现代戏《星星之火》中扮演一个报社记者。要说这几个干部演得有水平的得数会计傅学悦。他年轻时是安阳小有名气的京剧票友，曾在《玉堂春》中扮演苏三，在《贺后骂殿》中扮演贺后。他在《红色的种子》中扮演老秀才陈福贵，唱做都很到家。他的二胡、三弦也都是专业水准。另外，导演高连山、张志英，音乐设计邢宝俊都上过舞台，在现代戏中扮演过群众角色。

崔兰田（左）给徒弟张宝英（中）、郭惠兰（右）上课，
1959年于安阳

那时，演职员要人人写"红专规划"，制定"赶超"目标。女演员以崔兰田、崔兰玉、王秀真、辛玉兰为赶超目标，男演员以渠永杰、辛玉祥为赶超目标。市委要求崔兰田也要搞"试验田"，培养重点接班人。

1959年春，由崔兰田选择，经党支部研究决定，由崔兰田重点辅导培养张宝英、郭惠兰。在全团演职员大会上，党支部书记程三群宣布了组织上交给兰田的这项光荣的政治任务，明确她们是师生关系。崔兰田在大会上表态，保证完成组织上交给的政治任务，搞好"试验田"，争取为国家、为党的戏剧事业培养又红又专的接班人。同时也第一次给"试验田施肥"，对两名学生提出三条要求：一要又红又专，政治上要积极要求进步，艺术上要精益求精；二要尊敬所有的老师，不要以为只有我崔兰田才是你们的老师；三跟我学不要追求像不像我，要根据你们自己的条件，运用我教你们的方法，去实践、去发挥。我希望你们将来能超过我。

1960年，崔兰田被批准加入中国共产党。站在鲜红的党旗前，她庄严宣誓：为共产主义奋斗终身。从此，她把自己的一切都交给了党，一切行动都服从党的安排。从言语到行动她都按照党员的标准要求自己，从不懈怠。

兰田是党员又是主演、院长，不论是排戏、演戏，还是政治学习、义务劳动，她都不愿意落在别人后边，事必躬亲，率先垂范。长期的高强度工作，使她积劳成疾。就在这年冬天，才34岁的她成了高血压病患者。

那是在安阳钢铁厂俱乐部为工人演出《对花枪》。姜桂枝那100多句的"二八板"唱腔，她从来没有感到吃力费劲过。可是，这一天她唱了一半便觉得很累，头也有点晕。唱完最后一句"老身打坐帐篷里"，她急忙转身坐在椅子上，如释重负地松了一口气。接下来是罗成、罗焕对枪，姜桂枝不上场。兰田在后台喝了点水，坐在椅子上闭上眼睛休息了一会儿，感觉好了一些。她以为是白天没有休息好，根本没有想到血压有问题了。别看她是个大主演，可是从来没有那么娇气，即使有病，她也会坚持演到底。就这样，她既没有向任何人讲，更没有提出换人演，好像没有发生任何事情一样，一心想把戏演完。第五场"训罗成"，她咬着牙算是平稳地演下来了，可是演到最后一场，姜桂枝身扎大靠，手执银枪，要与罗艺对阵。她举枪上场与罗艺对打了几下，便觉得头重脚轻，天旋地转。扮演罗艺的卢士元看她精神不对，于是放慢了对打的速度。等到将罗艺打翻在地时，她感到浑身一点力气也没有了。程咬金带领瓦岗寨众将跪在地上给罗艺求情，乐队奏起"二八板"过门，此时她强打精神数落老罗艺，费了很大劲才唱完最后一段戏。当大幕徐徐启动的时候，只见她两腿发软，前摇后晃站立不稳。扮演罗松、罗焕的两位演员急忙上前扶住她。她咬着牙关强打精神向观众鞠躬谢幕。大幕尚未完全合住，她眼前一片漆黑，扑通一下栽倒在舞台上。

演职员们急忙找来一块木板，把她抬进了医院。医生经过紧急抢救诊断后，马上向剧团领导下达了"病危通知书"：病人高压220毫米汞柱，昏迷不醒，牙关紧闭，病情十分危险。市长安华接到消息后，亲自赶到医院和程三群、王士杰商量如何料理兰田的后事。

正当大家为兰田的生命安危心急如焚的时刻，她苏醒过来了。

周光灿见她睁开眼了，又担心又惊喜地趴在兰田的耳边说："你闭着两眼躺在舞台上，可把我们大家吓坏了，咱爸咱妈和孩子们都哭成了泪人。领导都在给你起草悼词了。看来你的命大，到阎王殿转了一圈又跑回来了。"

1963 年，崔兰田在河南浚县演出时，突然接到贾锁师傅病逝的电报，她顿时五内俱焚，泪如雨下。

早在崔兰田自组兰光剧社时，就把孤身一人、年已 70 岁的贾锁师傅接到身边，当作自己的父亲来赡养，并一同落户在安阳。剧团改为国营后，贾师傅也转成国家正式职工。年迈体弱的贾师傅仍像当年在科班一样，每天起早摸黑地辅导青年学生，给他们说戏，辅导他们练功。

兰田与师傅在安阳共同生活了 12 年，一直像对待亲生父母一样侍奉贾师傅。每逢年节都要去看望师傅，给他送些吃的用的。三年困难时期，政府给她发的特供证，她总是买来补贴食品送给师傅。师傅爱吸烟，她便常买些香烟送给他。有时，兰田在外演出，逢到节日不能前去看望师傅，就让孩子去看望"姥爷"，给他送上礼物。

有一天，兰田刚从贾师傅家走后不久，天气就发生了变化，乌云滚滚，电闪雷鸣，瓢泼大雨倾盆而下。贾师傅站在门口，望着眼前大雨，懊悔地跺脚念叨："你看下这么大的雨，兰田也没带雨伞，这可咋办！"这时，同院的一位大娘冒着雨，颠着小脚跑回院里说："雷响得这么厉害，路口上一个妇女摔倒了，会不会是叫雷击了？"贾师傅闻声惊叫："哎呀不好！兰田刚走，会不会是……"说着他冲出家门，冒着大雨一路忐忑不安地寻找到兰田家，见她安然无恙地坐在家里，就抖着一身的雨水，上气不接下气地说："吓死我啦！我听人家说有个女的摔倒了，我还以为是你呢。"兰田听师傅说明原委，担心他感冒受凉，心疼地埋怨他："下这么大雨，您老又这么大年纪了，万一有个闪失，可咋办呢。"她急忙让孩子给"姥爷"更换干衣服，并亲自熬姜汤给师傅喝。

贾锁一生无儿无女，连个家眷亲属都没有。兰田给分散在各地的师兄弟师姐妹发去电报，通知大家来安阳奔丧。她请人连夜赶做了一口上好的柏木棺材，把师傅入殓后，搭起灵棚，以女儿的身份披麻戴孝地跪在灵前给恩师守灵。待师兄弟师姐妹到齐后，大家轮番守灵。出殡时，兰田排在孝子队伍的最前头，给师傅挑幡、抱老盆。街头巷尾，人山人海，几条街道的邻里都会聚在路旁观望着这群特殊的孝子队伍。有人一个一个地数着，想计算出这个没儿没女的老头儿有多少个徒弟，也有人到处打听"十八兰"来了几兰。长长的孝子队伍排满了那条小巷，当看着兰田痛哭流涕、悲痛欲绝地从面前走过时，人们都被他们父女般的师徒情所感动。按照河南的风俗，兰田在灵前给师傅摔了老盆，恭恭敬敬叩了几个响头，把为徒弟操劳了一生的师傅安葬在安阳七里店公墓。

对师傅兰田极尽孝道，对同辈大姐她也是肝胆相照，特别当别人身处逆境时，她更显得用心良苦和赤胆忠诚。

1957 年，兰田到郑州某剧场演出，曲艺表演艺术家赵铮被错划为右派，就住在这个剧场的院里。兰田在大院里碰见赵铮，立时亲热地上前拉住她的手说："姐，你咋不来看我的戏呀？"

"戏我是看了，可是我不敢去后台找你啊，怕给你惹麻烦。你没有看见我现在是右派，都没有人敢理我呀！"赵铮说完挣脱兰田的手，痛苦地钻进小屋里不再露面。

兰田望着赵铮掀起竹帘躲进小屋的背影，眼睛湿润了。她转身来到菜市场买了一条活蹦乱跳的大鱼，提着鱼大摇大摆地来到赵铮家门前，故意扬起嗓门恭敬地大声喊道："赵大姐！赵大姐！我来看你了。"兰田几声响亮的叫喊，震得那些探头探脑的人急忙缩回了脑袋。赵铮咬着嘴唇满脸热泪打开门，一把将兰田拥在怀里，感动地说："田妹呀，我天天都站在门外边看你演戏，我想去后台看看你，可我真的怕给你惹麻烦啊！想不到这种情况下你还敢提着一条大鱼来看我……"

兰田说："来几天了，我都不知道你住在这院里。知道姐住在这儿了，我能不来看看吗？"

"把我感动得呀，几十年都忘不了！"时隔44年后，赵铮对前来采访的笔者谈起这件往事，还满怀深情地竖起大拇指说："兰田的为人，在咱河南文艺界，那是真正的这个！"

在河南省文艺界批判陈素真的座谈会上，很多人发言，无中生有地说陈素真是国民党特务。崔兰田一张口就说："陈大姐是个好人！是她的丈夫影响了她。陈大姐的艺术是非常值得我学习的。"那种对陈素真的尊敬、真诚、厚道，令许多人打心眼里感到敬佩。

1961年，兰田带团到河北邯郸演出。这时陈素真已被错划为右派，在东风戏校当教师。她身处逆境，门可罗雀。兰田带着徒弟张宝英找到陈素真门上，把宝英推到陈素真跟前："这是我的大徒弟，我想请大姐给她说说《宇宙锋》，点化点化她。"

陈素真担心地问兰田："我现在是右派，在这里没有人敢主动找我学东西。你现在是党员，宝英是团员，不怕受连累？"

"我不管啥右派不右派，你是黑是白我心里清楚。我只求你把艺术传授给宝英，在表演上我不如你，所以劳累大姐给她说说这出戏。至于别人说什么我一概不在乎。"

那时，正值三年困难时期，物资匮乏，物价很高。兰田上街买了两条高价鲜鱼让宝英给陈大姐送去。当陈素真看到宝英拿来的这两条鱼，她那消瘦的脸庞上淌下两行热泪。她什么也没说，穿上一件练功服就在那间潮湿、阴暗的小屋里，教起赵艳容的身段水袖。舞动的水袖扇动墙上的纸质宣传画哗哗作响，那幽咽凄婉的"陈腔"滋润着张宝英的心灵。

陈素真教身段表演累了，就坐在床沿给宝英说戏："'修本'与'金殿'两场都要装疯，但这两场装疯并不是表演上的重复，而是感情上不同的发展，表演上要做不同的处理。'修本'一场的装疯，显得忸怩作态，这种疯态是表现女性的娇嗔，整个节奏比较缓慢；而'金殿'上的装疯，则以昂首阔步、旁若无人的姿态出现，借疯态展现她在强权面前也无所畏惧的气势，节奏要十分强烈。正是基于对人物复杂的内心状态的刻画，一个有血有肉、具有'威武不能屈'的美好品德的人物形象，才能在舞台上令人信服地树立起来。如果只是为了突出赵艳容这个人物的反抗性，而忽略人物内心种种复杂矛盾的表现，则形象的刻画也就难免陷于简单化和刻板化，缺乏应有的深度，不能感人。抓花容，脱绣鞋，撕破衣衫，在表演时，不能像生活中的疯人那样做疯狂的动作，而是把提鞋、揪头发、撕衣服这些动作化为极其优美的舞蹈身段，使人们在美的享受中看到人物精神世界，从而对人物的悲剧命运产生怜爱与同情。"

最后，陈素真嘱咐张宝英："你要学点唐诗宋词，因为赵艳容是个知书达理的人，有文化。腹有诗书气自华。"

张宝英回到安阳向领导和观众汇报演出这出戏时，兰田特意嘱咐剧场工作人员在戏报上一定要写上"陈素真亲授"五个大字。自 1957 年陈素真被打成右派后，她的演出戏报上都不写她的名字。兰田让在戏报上写下这五个字，确实冒有一定的政治风险。正是在这危难之际，崔兰田对陈素真的敬重和同情才越发显得珍贵和真诚。

十八、走向全国

从青海塔尔寺到黄浦江畔的夜上海，从北大荒的军垦农场到海南岛的橡胶园，大江南北，长城内外，全国20多个省、自治区、直辖市都留下了崔兰田"对花枪"的身影和"痛说革命家史"的回忆。

在1955年以前，崔兰田和她领导的安阳市豫剧团主要在河南省各市、县和邻近的河北省邯郸、邢台地区演出。1956年改为国营剧团后，开始执行中央演出规划，走出了河南，逐渐走向全国。

1957年，他们第一次赴北京演出，曾先后到石家庄、保定、天津、济南等地巡演，使京津冀鲁的观众领略了豫剧崔派艺术的魅力，使崔派艺术走出了河南，开始在外省市声名鹊起。

1958年，他们第一次跨过长江，来到地处华中、九省通衢的武汉演出。武汉风景秀丽，名胜众多，黄鹤楼名扬天下，位居江南三大名楼之首，"黄鹤楼中吹玉笛，江城五月落梅花"。崔兰田的豫剧崔派艺术，受到了武汉三镇群众的喜爱，秦香莲那独特的悲腔寒韵，姜桂枝那悲喜交加、幽默风趣的咏唱，都随着汉江水流进了千家万户。

这三年间，巡回演出范围较以前扩大了，但是还只局限在与河南毗邻的河北、山东、山西、陕西、湖北五省和北京、天津。1959年第二次赴北京演出后，安阳市豫剧院一团在全国的知名度提高了，影响更大了。在全国演出规划会议上，各省演出公司纷纷邀请他们走出河南，到全国各地去演出。

从1960年至1966年，崔兰田率领剧团先后奔赴华东、东北、中南、西北、华北五个大区20多个省、市、区巡回演出，广泛地进行艺术交流，把这个原来的土梆子戏推广繁衍成全国第一大地方剧种，扩大了豫剧在全国各地的影响，为铸就豫剧的辉煌做出了不可磨灭的贡献。同时，也使她创造的豫剧崔派艺术达到了前所未有的高度，赢得了空前的声誉，在长城内外、大江南北都留下了豫剧崔派艺术的足迹。

1959年冬，安阳市豫剧院一团奉命随河南省慰问团赴青海，为河南支边青年演出家乡戏。

青海属于高原地带，气候十分寒冷，空气稀薄。青海省接待办公室发给慰问团每个成员一套冬装：一件老羊皮大衣、一双老羊皮大头皮棉鞋、一双高靿毡靴、一顶皮帽子、一副皮手套、一副风镜、一个大口罩。青海的冬天比河南冷得多，在宾馆内有暖气不觉得冷，到室外去还真离不了这套冬装。下到农场慰问演出时，这套冬装可起大作用了。老羊皮大衣样式虽然不漂亮，可是穿在身上非常暖和。年轻女演员们从早到晚穿在身上不愿意脱，上场演出时没办法穿了才不得不脱下，一到后台便急忙把它披在身上。

慰问演出的第一个地方叫二十地。这里没有一间房子，更没有办公室俱乐部，支边青年们都住在地窖里。垦荒队为了接待慰问团，特意临时搭了几个帐篷。这种帐篷很简陋，在地上竖一根木棍，木棍顶端支撑起一块很大的白色帆布，像一把大布伞。下边放一张桌子，大家就站在桌子四周吃饭。这里空气稀薄，气压低，大米饭蒸得只有八成熟。

在一个小山坡上竖起四根杆子，挂上幕条幕布，这就是舞台，装行李和戏箱的大卡车停在这个舞台后边作为后台。演员们在汽车里化装扮戏。支边青年们席地而坐，把山坡当作观众席。就在这样一个因陋就简的露天剧场，演员们顶着西北风演唱，支边青年们耐着严寒仰着脸兴致盎然地观看。台上越唱越带劲，台下越听越高兴，掌声一阵高过一阵。这些从河南来到异乡的年轻人，听到自己熟悉的乡音和那魂牵梦萦的旋律音调，激动得热泪盈眶。

演出的主要剧目是由崔兰田和渠永杰、辛玉兰主演的《秦香莲》《穆桂英挂帅》，张宝英、王香芳主演的《红梅记》选场和辛玉祥主演的武戏（嘉兴府）等。

河南省委对这次慰问演出的节目有个要求，要演出那些对支边青年有鼓舞作用、内容健康、主题鲜明的戏，不要演出表现爱情生活和悲剧色彩浓的剧目。《穆桂英挂帅》是一出爱国主义主题突出的戏，这次赴青海演出，就特意排演了这个戏，演出效果很好。同志们都说："唱腔有特色，希望以后在各地巡回演出中能经常演这出戏。"可是，兰田考虑到这出戏是马金凤的拿手戏，她俩都是观众熟悉的名演员，不愿意在这出戏上跟马金凤唱"对台戏"，所以从青海回来后，便再也没演过这出戏。

在二十地演出时，全团人员都住在地窖里，这里冬天太阳落山早，天黑之前必须进入地窖。不然入夜之后，山上的野马跑过来，人在地面上遇到野马会发生冲撞踩踏。地窖和窑洞是冬暖夏凉。住在地窖里，算是真正体会到了这种滋味。在地面上穿着老羊皮大衣还冷，在地窖里连棉衣服也穿不着。支边青年把地窖收拾得很整洁，一间屋里一个土炕。演职员们觉得这里的一切都很新鲜，躺在炕上翻来覆去睡不着，又不能到地面上去，于是只好互相串门闲聊。大家都觉得支边青年的生活条件很艰苦，可是他们开垦边疆、建设祖国的决心很大，吃苦耐劳的精神非常顽强，越是艰难越向前的气概，非常鼓舞人。

江西沟是距青海湖不远的一个垦荒点。这里比二十地条件好些，支边青年们都住在新盖的平房里。在剧团到来的前一天，他们便在野地里搭好了舞台。可是刮了一夜大风，将舞台给刮翻了，第二天早晨只好重搭舞台。下午演出时，风刮得仍然呼呼直响。

支边青年垦荒队请邻近的藏族老乡们来看戏。藏族同胞们抬着两只滴血的山羊和两大桶羊奶，捧着哈达排着队来到舞台下，依次向慰问团的成员敬献哈达。藏民们自幼生长在高原上，习惯了这种恶劣的气候，坐在地上纹丝不动地观看演出。台上的演员和伴奏员们冻得缩成了一团。

乐队个个全副武装上阵，身上穿着老羊皮大衣，头上戴着皮帽子，盖着耳朵，眼上戴着风镜，嘴上戴着口罩，脚穿皮棉鞋。就差没有戴皮手套了，因为戴上皮手套没法拉弦、吹笛、打鼓、打锣。

演员们可比乐队演奏员艰苦多了。乐队的演奏员可以穿着老羊皮大衣打鼓、拉弦，演员可不能披着老羊皮大衣上场，再冷也不许在戏装里边穿棉衣。在后台穿着老羊皮大衣还行，一到前台如同上了战场，听到鼓板响，如

1959年在青海慰问演出，崔兰田（中）与藏族同胞在一起

同听到了冲锋号，不论是主要演员还是龙套把子，人人都跟着锣鼓点表演，随着过门演唱，别的什么也不想了，也顾不得身上冷不冷了。

那天演出的节目是《见皇姑》，渠永杰演包公，兰田扮演秦香莲，辛玉兰扮演皇姑。高原的山坡上，摸不着看不见的山风像是跟舞台上的演员较上了劲，演出越热烈，山风刮得越紧。两个旦角和四个宫女的水裙被大风刮到头上。包公的胡子被大风一刮，飞得满脸都是马尾须，将一个大黑脸全盖住了。风刮得越来越紧，像脱缰的野马，肆虐猖狂。然而舞台上的演唱，越唱越勇，像雄狮吼叫。剧情也进入对决的紧张时刻。皇姑和包公剑拔弩张，一问一答，把矛盾激化到极点，把剧情推向高潮：

——快把秦氏推出斩！

——开封府堂怎容你无法无天，哪一个大胆敢上前！

——你把驸马怎么办？

——正国法，我把他腰断三截滚油煎。

——回宫去我把国母搬。

——慢说你搬来龙国太，宋王爷御驾到我也不容宽！

精彩的演唱博得台下热烈的呼喊，这喝彩声是对这位铁面无私、清正廉明的包青天的敬仰，也是对演员的感激和鼓励。台上惊天动地的讴歌声、锣鼓声和台下雷鸣般的掌声、欢呼声连成一片，比呼呼吼叫的风声更震撼人心。

平时在剧场演出，都是小武戏做垫戏，主演的戏在最后。今天反过来了，《见皇姑》做垫戏，武打戏《嘉兴府》压轴。因为这里搭的舞台面积小，在台上演武戏受影响，因此先演《见皇姑》，把武戏《嘉兴府》挪到空旷的场地上演。观众围成一个圈，演员在中间表演。武行演员很棒，每个人翻打跌扑功夫都很过硬。主演辛玉祥20岁出头年龄，跟斗翻得又高又冲，身段好，扮相也很漂亮，在豫剧界武生行里是数一数二的好角。他扮演的包子安，光着一条胳膊手拿大刀片一出场，就让藏族同胞们大加赞叹："好小子，有种！"一串跟斗前扑，让藏民们看得眼花缭乱，好多人跳起来鼓掌喝彩，吹口哨，向空中扔帽子，以表达他们激动喜悦的心情。演出结束后，热情的藏族同胞围住演员握手、拥抱，执意请演员上家里去喝青稞酒、酥油茶。

演出结束后，垦荒队队长、藏民生产队队长和慰问团领导及主要演员一起吃饭，喝的是藏族生产队送来的青稞酒。藏族同胞酒量很大，饮酒不用酒杯，用精致的大瓷碗喝。慰问团的演职员酒量和人家差得远，藏民们手捧着瓷碗，嘴里唱着祝酒歌给你敬酒，你不喝不行，还必须喝。这是他们藏族的规矩，如果拒绝敬酒，便被认为是看不起他们。演职员差不多都喝醉了，人家藏民喝青稞酒的确海量，就跟我们在家里拿葫芦瓢喝凉水一样。

陪同吃饭的一位藏族妇女队长，人长得又高又胖，黑红的脸膛，好像一尊女神，非常健美。她酒量很大，席间频频敬酒，跟演职员大碗大碗地对饮，都以为她会喝醉，可是散席后，她神志很清，一点没有醉意，一骗腿儿便骑上那匹高头大马，两腿一夹，像风一样驰去。

青海省海南藏族自治州没有铁路，全靠着汽车在山间的公路上跑。这里的公路全是盘山道，坡陡路窄，蜿蜒崎岖，颠簸难行，一边是崇山峻岭，一边是峡谷深渊。翻过一座山，以为到平地上了，其实又开进了另一座山。从早晨6点开车到晚上七八点钟天黑了才能到达目的地，整整一个白天十几个小时在山上转，峰回路转，层峦叠嶂。前不着村，后不着店，人烟稀少。司机目不转睛地驾着车，大家坐在车里不敢大意，圆睁着两眼注视着前方，唯恐汽车出事故。

去贵德县的途中路况特别差，司机聚精会神小心谨慎地开着车，大家一会儿也不敢合眼休息。翻过最后一座山，快到县城时路面稍微好了一点。所谓好路面，也比不上平原地带最差的路面，只是走过了崇山峻岭而已。这时大家才松了一口气，兰田和辛玉兰、王士杰坐一辆吉普车，实在困了，便合上眼睡着了。

正睡得香甜时，突然车跳起来，兰田和玉兰冷不防地从座位上被颠起来，头撞到车门上。玉兰被撞得头破血流，兰田慌忙掏出手帕去给她擦血，士杰急忙将身上穿的秋裤撕下来，捂在玉兰的伤口上。慰问团领导坐的另一辆吉普车和演员们乘坐的两辆大轿车都停下来了，同志们都跑下车来围上前去看望她们。开始大家都忙着招呼玉兰，没有注意兰田。突然间，玉兰惊叫一声："田姐，看你的脸肿成啥样了！"这时，大家才发现兰田也受伤了，半个脸肿得像个发面馍，一只眼成了一条线。20分钟后到达贵德县，吉普车直接将她俩送进了医院。

几个小时后，青海省委办公厅主任和青海省卫生厅厅长来到贵德县看望她俩，对她俩关怀备至。两天之后，安阳市豫剧二团的武功教师朱文奇专程来到贵德县，带来了安阳市委几位领导亲笔签名的慰问信和安阳特产蓼花（点心）等慰问品。

领导的关怀使她俩很受感动，玉兰说："碰破了头，流这么一点血，也不觉得多疼，算不了什么大事，也怨自己不小心。"

王士杰说："你觉得不算大事，可把我吓坏了。两位主演受伤，让我回去怎么向市委交代。也是你命大，出事后车很快开到县城，住进医院止住了血。如果再晚20分钟住院，流血过多，会出大事的，后果不堪设想，恐怕现在大家就不是在医院慰问你们啦！"

不知哪位嘴快的年轻人说："我们是代表河南人民来执行政治任务的，阎王爷不敢要两位团长的命。"一句话说得大家哄堂大笑，玉兰两手按住伤口笑得前仰后合。

两位主演住院不能演出了，《穆桂英挂帅》由崔兰君演。她平时接些小配角，这一下成了大主演，大家开玩笑地说："院长住院不能演了，小花（兰君的小名）成精了。"

《秦香莲》由沈宝爱、张宝英接演，大家帮她们排，陪她们演，她们都很努力，抓住机会，得到了锻炼，也增长了技艺。

在青海慰问演出期间，塔尔寺里诵经的喇嘛，飘扬的幡旗，虔诚的香客，都给大家留下了很深的印象。浩瀚的青海湖云雾弥漫，飞禽掠空，这壮丽的景色令大家流连忘返。

日月山上终年不化的冰雪更使大家大开眼界。演职员们坐在汽车里穿着皮棉鞋外边还套着毡靴，浑身上下里三层外三层捂得像一个大麻包，这样仍然觉得冷飕飕的。汽车行驶到冰地上，车轮光打滑原地转圈，就是无法前进。这时大家都下来推车。人被羊皮袄毡靴裹着本身就行走不便，站在冰雪上，脚下稍一移动，啪嚓一声就仰面摔倒在冰面上。大家站在这空气稀薄、白雪皑皑的日月山上，嘴鼻都呼着白气，极目眺望，不禁感叹，当年红军就是从这里爬过雪山，克服艰难困苦，才换来我们今天的幸福生活啊！

1960 年，崔兰田率团先后在南京、上海、镇江、芜湖、合肥、淮南、蚌埠、徐州等地演出。

"文革"前，每年 11 月份文化部召开全国演出规划会。在此之前省文化局通知各地拿出出省演出路线的意见，由省文化局带到全国演出规划会上与兄弟省签订演出合同。每次研究出省演出路线时，兰田都担心，怕走得太远了，万一上座情况不好，让市政府给寄路费往回拉，那才真丢人哩。行政团长王士杰思想比较开放，他总是信心十足地劝说兰田："放心大胆地到全国各地去演吧！我相信你的戏到哪里都会受欢迎。马金凤在上海能打响，你崔兰田到上海、到广州、到东北也都会有人看。关键是我们要把戏排得棒棒的，有你这个名演员挂帅，再排几出高质量、具有河南地方特色、其他剧种所没有的好剧目，演出肯定受欢迎。"

1960 年，崔兰田在上海延安中路瑞金剧场演出，这是个能容纳 1000 多位观众的现代化剧场。演出之前，上海电台、报纸对安阳豫剧团的演出节目、演员阵容作了详细的宣传。《新民晚报》在头版用大字标题"十八兰之首崔兰田来沪首场演出传统喜剧《对花枪》"进行报道。在沪演出期间，观众非常踊跃，反响也很强烈。著名电影演员张瑞芳、上官云珠、王丹凤、仲星火、周伯勋等都来到剧场看戏。散戏后，他们到后台来看兰田。张瑞芳热情地拉住她的手说："你唱得真好听！有功夫，一口气唱一百多句，真了不起。"

"我们河南戏很土，到上海来演出很担心，怕观众听不惯。"兰田谦虚地说。"不必担心，上海人很喜欢豫剧，你的戏一点也不土气，表演很细，很有特色，我们要好好向你学习。"张瑞芳边说边介绍其他几位电影明星跟兰田认识。老演员周伯勋是崔兰田的老朋友，新中国成立前在西安时他们就认识，他向几位女明星介绍说："兰田同志解放前在西安就很出名，在豫剧界她和常香玉、马金凤都是最受观众欢迎的名演员。"

仲星火用山东话说："看了戏报介绍，才知道兰田同志是山东人。我在山东大学读书时就知道，山东出好汉，也出名演员。"他这几句地道的山东话，逗得大家笑声朗朗。

在上海演出期间，不仅崔兰田主演的《对花枪》受到好评，青年演员张宝英和渠永杰、王香芳主演的《红梅记》也很受欢迎。中国唱片社为张宝英灌制了第一张唱片，这一年她才 20 岁。

在繁忙的演出间隙，兰田特意到上海南京路百货公司给大徒弟张宝英买了一件呢子上衣，给二徒弟郭惠兰做了一件花布褂子，鼓励她俩努力学戏。巡回演出到芜湖，兰田又带着两位身穿新衣服的徒弟，在照相馆里与每人合了一张影，留作纪念。

1962 年，崔兰田率领安阳市豫剧团在天津、沈阳、鞍山、长春、哈尔滨、佳木斯、北大荒（友谊农场、萝北农场等地）、营口、旅大、山海关、秦皇岛、北戴河、唐山等地市演出。她把中原腹地的河南豫剧带出了山海关，唱响在白山黑水的土地上。

3月，在天津演出时，崔兰田的牙疼病犯了，疼得很厉害，若不彻底治疗，将会直接影响演出。于是，演出结束后，她留在天津换牙，剧团先到沈阳演出。

安阳市豫剧团首次在沈阳演出，又是中央规划，沈阳市文化局对他们很重视，把他们安排在沈阳最好的剧场——沈阳评剧院排练场演出。沈阳评剧院拥有韩少云、筱俊亭、花淑兰等著名演员。韩少云在1952年全国第一届戏曲会演中主演《小女婿》荣获演员一等奖，筱俊亭、花淑兰也都是在评剧界自成一派的表演艺术家。

第一次到沈阳演出的剧目是《三哭殿》，由崔兰田的胞弟崔少奎主演唐王李世民，他的演唱使用真假嗓结合的唱法，嗓子很冲，声音洪亮，字正腔圆，做派也很大方，受到观众好评。张宝英扮演银屏公主，那年她22岁，身段表演已经成熟，扮相漂亮，唱、做都很出色，很受观众欢迎。王秀真是挂二牌的主演，扮演詹妃，她的嗓音甜脆明亮，行腔委婉，做工细腻，表演非常压台。扮演长孙后的沈宝爱表演稳健老练，是一位出色的老旦演员。渠永杰的詹太师，王香芳的秦英，郑长明的老家院，虽然戏不多，但表演

1962年，崔兰田（左）率团演出，与爱人周光灿（右）、儿子周童在山海关火车站留影

都很有个性，一台唱做并重的喜剧，被他们演得有声有色。

第一场演出打响了，连演三场，场场爆满。剧场的同志说，你们真不愧是河南的大剧团，领衔主演崔兰田没有登场，演出都这么精彩，崔兰田若登场一定更精彩。第四天，兰田赶到沈阳，由她主演《对花枪》，观众更踊跃，全场戏票售完了，仍不能满足观众要求，只好破例在人行道上加座位。

兰田没演出时，最高票价为一元（在北京演出，兰田出场最高票价为一元，她不出场为八角）。她演出的票价按惯例增加两角，但是她考虑到第一次来东北，观众对她不熟悉，对豫剧也不熟，因此她主张票价不增加。后来沈阳评剧院领导得知这个情况后，马上把票价改为最高票价一元二角。他们说，韩少云演出票价为一元二角，崔兰田是全国著名的豫剧演员，如果票价为一元，那么以后韩少云演出怎么办？沈阳观众和戏剧界很捧兰田的场，他们的宣传工作和组织观众工作做得很好，使安阳市豫剧团在东北有了处处开花的好局面。

后来，沈阳评剧院根据崔兰田演出本，将《对花枪》移植为评剧，由筱俊亭主演。

按照中央演出规划，每年出省演出时间不得超过3个月。可是，由于安阳市豫剧团在各地演出很受欢迎，几乎每个演出点的演出时间都要延长，还有的演出点是规划外临时应邀增加的。

1962年5月剧团在哈尔滨演出结束后，在佳木斯逗留了几天，便直赴北大荒演出。驻守在这里的垦荒部队是新中国成立初期驻守安阳的某部队，他们奉命集体转业从事戍边垦荒。北大荒农垦局黄局长曾任安阳驻地部队的师长，他亲自跑到哈尔滨，要求剧团临时增加一个演出点，无论如何要让剧团到北大荒来看看战士们。相隔10年后，演职员们能在祖国边陲与官兵们相聚，大家都感到非常高兴。在北大荒，他们从著名的友谊农场开始，一个农场接一个农场地演出了一个多月，最后来到了祖国的最北端萝北农场。全团演职员还乘游艇在黑龙江中游玩观光。

北大荒演出结束后，他们乘快车行程 35 个小时，直达营口市演出。

北大荒之行在豫剧演出史上具有特殊意义，因为安阳市豫剧团把豫剧带到了祖国的最北端——黑龙江畔。

1963 年至 1964 年，崔兰田率领安阳市豫剧团先后在武汉、长沙、衡阳、桂林、柳州、南宁、湛江、海南岛全境（包括海口、通什、三亚和各县县城、农场共演出两个月）、广州等地演出。这是崔兰田把豫剧传播到东北之后的又一个壮举，她把豫剧传播到祖国的最南端天涯海角。

赴海南岛演出，又是临时增加的一个演出点。

1963 年冬，他们正在广西演出时，安阳市蔬菜公司一位驻海南岛的采购员来找崔兰田。他说，海南地委书记是河南人，邀请你们到海南岛去演出。对此，崔兰田提出两个问题：第一，豫剧到海南岛会不会受欢迎，当地人能不能听懂河南话？第二，按演出规划，广西演毕到广州演出。如果先去海南岛，势必推迟去广州，广州是否答应？

这位采购员说，解放海南岛时，北方籍的随军南下干部留在岛上工作的人很多，他们听不懂当地的琼剧，对豫剧却很喜欢。常香玉曾经在海口市演出过，很受欢迎，不仅河南、山东、河北、山西、陕西人爱看，就连湖北、湖南和东北人也爱看河南豫剧。他们说不论豫剧、京剧、评剧、黄梅戏，只要是大陆上的戏曲到海南岛上演出，他们这些南下干部和战士都喜欢看。他说："常香玉去海南岛只在海口市演出，下边各县的同志都没有机会看。你们如果去，地委的意见是一定要让你们到各县去演出。上座情况不用顾虑，保证有把握。关于第二个问题，海南地委负责与广州市交涉。"

经过三方协商，1963 年 12 月初，他们从湛江乘海轮来到海口市。清凉舒爽的海风，笔挺高大的椰子树，如画的海景，美妙的沙滩，如同梦境一般，使演职员们很快陶醉其中。在海口市的演出很受欢迎，主要剧目有：崔兰田和渠永杰主演的《秦香莲》《对花枪》，王秀真和渠永杰主演的《花打朝》，张宝英、郭惠兰、王香芳主演的《香囊记》，崔少奎、张宝英、王秀真、沈宝爱主演的《三哭殿》等戏。海口演出结束后，兰田因身体不适，留在海口看病休息。剧团分两个演出队东西两路沿海南岛南下，到各县演出。王秀真、张宝英两位旦角主演各随一个演出队，其他演员和乐队伴奏员按行当分开。演出中人员不够，一个人前后扮演两个甚至三个角色，有的演员下场后轮换到乐队参加打击乐伴奏。

1964 年元旦，两队在海南岛中部保亭县通什镇会合，崔兰田由海口到通什演出了两场。通什演出结束后，兰田仍回海口看病，两个演出队继续兵分两路沿海南下，到海南岛南部各县演出。1 月下旬，全团又集体在海南岛最南端的三亚市演出。这时，兰田又从海口赶到三亚参加演出。在海南岛共演出了两个月，跑遍了海南岛所有的县城和农场、橡胶园。在县城演两场，在农场演一场。在海南岛演出期间，四季如夏，高温多雨，潮湿的天气环境，使这些来自中原的旱鸭子浑身不自在，有的同志身上起了疱疹。大家任劳任怨，从不叫苦喊累。不论干部和群众，也不论主要演员和一般演职员，大家一齐动手抬箱、装台、卸台，齐心协力，克服了许多困难，圆满地完成了演出任务。

1964 年春节前夕，安阳市豫剧团在崔兰田的率领下由海南岛来到广州。

在广州，贺龙元帅和罗瑞卿副总理、中南局第一书记陶铸等党和国家领导人在广东省委礼堂观看了他们演出的《李双双》。那天开演很晚，本来朱德委员长和邓小平总书记也要来看戏，因为欢送日本共产党总书记德田球一回国的宴会很晚才结束，两位领导同志回宾馆休息了，只有贺龙、罗瑞卿两位副总理在陶铸陪同下前来看戏。

几位领导同志观剧后上台与大家一一握手，罗副总理对贺龙元帅说："我来给你们介绍，我和崔兰田同志是老熟人了。前年他们在北京演出时，我和治平一起看过他们演出的《花打朝》和《桃花庵》，他们在北京演出很受欢迎。治平年轻时在安阳上学，这是她家乡的戏。"贺龙元帅高兴地赞扬他们唱得好，勉励他们多演现代戏。

在广州期间，河南豫剧院三团拍摄的戏曲艺术片《朝阳沟》正在广州各电影院放映，很多观众希望观看安阳市豫剧团演出这出戏。为了满足观众要求，他们在广州突击绘制布景，突击排戏。正在广州参加现代戏座谈会的河南豫剧院负责同志马上往郑州打长途电话，通知三团《朝阳沟》中老支书扮演者朱义带着改写后的《朝阳沟》剧本，坐飞机到广州帮助安阳市豫剧团排戏。因为以

《朝阳沟》剧照。卢士元（左一）扮演老支书，崔兰田（左二）扮演拴保娘，崔少奎（右二）扮演拴保，张宝英（右一）扮演银环

前他们演过这出戏，主要角色的扮演者大部分没变动，因此戏排得很快。张宝英扮演银环，崔少奎扮演拴保，崔兰田扮演拴保娘，沈宝爱扮演银环娘，卢士元扮演老支书，周彦君扮演二大娘，渠永杰扮演拴保爹，王香芳扮演巧珍，郑长明扮演老小孩。

春节前夕，他们以广东省春节慰问团的名义，在越秀公园内的中山纪念堂为解放军官兵和军烈属慰问演出。

春节过后，安阳市豫剧团奉调随河南省慰问团由广州赶赴湖南省常德、益阳地区进行慰问演出，感谢1963年河南遭受水灾时湖南省对我省的支援和帮助。

1964年，从南方巡回演出回到安阳后，市委根据毛主席有关文艺工作的指示精神，决定剧团停演一个月，到豫北纱厂与工人搞"三同"。市委对这次下工厂劳动、体验生活非常重视，要求演职员住在工人宿舍，吃在工人食堂，下到车间顶班劳动，与工人打成一片，改造思想，体验生活。

崔兰田和全团演职员一样，抱着向工人阶级学习，改造非无产阶级思想，认真体验工人生活，积极排演现代戏，更好地为工农兵服务的态度，来到豫北纱厂。

出发之前，市委第一书记刘东升和吕锡田、付筱山、安华、魏民等领导同志亲自到剧团为大家送行。市委领导在讲话中肯定了剧团在贯彻党的文艺方针、大演现代戏、为工农兵服务等方面取得了很大成绩，要求他们深入工农兵，进一步改造思想，体验工农兵生活，排演更多思想性、艺术性高度统一的革命现代戏，做一个又红又专的人民演员。

崔兰田代表全团演职员向市委领导表态："一定要放下架子，与工人打成一片，向工人阶级学习，与工人同志同吃同住同劳动，不怕苦不怕累不怕脏，彻底改造世界观，决不辜负市委的期望。"

演职员们到纱厂后，纱厂工会的干部向大家宣布了下车间劳动的具体安排，然后带领大家分头到工人宿舍休息。一位工会负责同志走到兰田的面前说："崔团长，你的行李已经派人送

1964年，崔兰田（右一）在豫北纱厂劳动锻炼

到厂招待所了，听说你身体不好，就不要和大家住在一起了。"兰田诚恳地对工会负责同志说："还是让我住在工人宿舍吧，我是来和工人同志搞'三同'的，不能搞特殊化。"

"我们的车间机器声音很响，你有高血压，到车间肯定受不了，什么事情不能都搞平均主义，你能下到工厂就很不错了，不一定非要到车间劳动。工人们听说你来了都很欢迎你。你是名演员，照顾不好，身体出了问题，我们没法向市委交代。"工会负责人很真诚地劝说道。

"同志，我没有那么娇气，身体有点病也没有那么严重。我绝对不住招待所，一定要参加劳动。这个劳动锻炼的机会我不能错过，你们不要把我当名演员对待，要把我看作你们厂里的一名工人。如果到大车间干活不合适，可以安排一个适合我干的工作。"在兰田的再三要求下，工会的同志把她的行李搬到了工人宿舍，同时安排她到检验室做分析棉纱纤维工作。

在纱厂劳动对兰田来说是件新鲜事。她对自己要求很严格，常告诫自己：一定要自觉改造世界观，遵守工厂的纪律，按时上下班，不搞特殊化，要坚持到底，绝不当逃兵。

每天早晨，她起得很早，同志们还没起床，她便起来将宿舍门前打扫干净。上班时间，她虚心向工人师傅请教，很快掌握了操作方法，做棉纱纤维分析需要心细，还需要有耐心才能干好。工人同志说："你年纪比我们大，身体又不好，能干多少算多少，不要累着了。"工人们都想听她唱，开始不熟悉他们不好意思说，后来在一起混熟了，便说："我们可想听你唱了，平时上三班倒，很少有时间去剧场看戏。这天天跟你在一起工作，就更想听你唱几句了。"于是，趁休息时间兰田便给他们唱上几段。食堂的炊事员听说兰田在车间唱，便向工会提出来，想请兰田抽空到炊事班演唱。于是在开饭后，兰田就到食堂给炊事员清唱。工会的同志会拉乐器，兰田清唱时，他们的伴奏引来了许多工人围在食堂里观看。

　　在纱厂劳动的一个月中，每星期六晚上剧团都在纱厂大礼堂为工人们化装演出一出大戏。这时很多传统剧目已经遭到批判和禁演，给工人们演出的全部是现代戏。工人同志们不出工厂大门便能看到戏，而且台上的演员都是白天和他们在一起劳动的"工友"，心里别有一番亲切的滋味。每次演出，礼堂里总是挤得满满的。第二天，到车间里工友们和演员互相交谈演出的感想，评头论足，直截了当地谈些看戏的观感，大家都乐在其中。纱厂工人中戏迷很多，他们有谈不完的观感，谈起来非常兴奋，很多工人同志和演职员成了好朋友。

十九、大演现代戏

　　从戏曲诞生的宋元年代起，现实题材在戏曲史上从未缺席。20 世纪 50 年代以来，许多戏曲艺术家对现代戏倾注了大量的心血。现代戏的创作有助于新的意识形态和政治观念的传播，所以现代戏创作经常被当成传递与宣传政策的工具；现代戏更成为新社会对"社会主义新人"形象创造的强烈诉求的重要组成部分，通过现代戏创造新的、有影响的和深入人心的戏剧人物，改变了"帝王将相""才子佳人"在中国戏曲舞台上占据主导地位的格局。

　　崔兰田一生都很喜欢现代戏，她紧跟时代步伐，排演了大量的现代戏。而且在她所参演的现代戏中，她都能够按照戏曲艺术的创作规律，尽其所能地用戏曲化的方式方法去塑造新人物、刻画新形象。

　　她排演的第一出现代戏是《枪毙尚子干》。

　　1951 年，她率领兰光剧社刚到郑州巡回演出，市文化馆的王干事就拿来一个剧本《枪毙尚子干》，这是反映郑州镇压反革命分子尚子干的真实故事。崔兰田认为这个题材很新鲜，运用戏曲的形式，配合镇反运动，表现党和人民镇反肃反的斗志，歌颂新社会人民当家做主人，是为人民服务的最好方式。于是，就和许树云、魏进福、赵兰芝赶排了这出现代戏。《枪毙尚子干》在郑州上演后反响强烈，观众和领导都觉得它配合镇反运动，发挥了较大的宣传教育作用。

1951年，平原省文化局的王焕亭、李刚、周孝武等，创作了一个剧本《桃李同春》，又名《父子婚姻》，讲述的是两代人和睦相处，帮助失去配偶的老人解决婚姻问题，最终双喜临门结为伉俪的故事，揭示了青年人关心老人，反对封建意识和世俗观念的具有现实主义意义的主题。由新乡民艺豫剧团首演，崔兰田曾参与他们的排练。到安阳后，由安阳市人民豫剧社搬上了舞台，崔兰田扮演寡妇李秋香，卢士元扮演于希同。该剧演出于各地，深受群众欢迎和喜爱。崔兰田饰演的小寡妇形象尤为动人，遐迩闻名，被传为佳话。为该团演出现代戏最成功的剧目之一。

落户安阳后，为宣传《婚姻法》，她又排演了《罗汉钱》。这是根据著名作家赵树理的小说《登记》改编的现代戏：张家庄有个张木匠，他的妻子小飞娥在未嫁到张家以前，和青年农民保安相爱，保安赠送给她一枚罗汉钱，约定终身。但是小飞娥的父母不许她与保安往来，逼着她嫁给了张木匠。20年的岁月里，村里一些有着封建意识的人，始终说她和保安的相爱就是不正经。张木匠也因这些闲言碎语而对她很不好，小飞娥在痛苦中煎熬着。她的女儿张艾艾和同村青年李小晚相爱，李小晚恰巧也送给艾艾一枚罗汉钱。这两个青年谈恋爱的事，又遭到以村长为首的老封建们极力反对，指责他们"上梁不正下梁歪"。张木匠决意把艾艾另配人家，早日嫁出去，免得再受村人的"耻笑"。《婚姻法》颁布后，区长亲自到张家庄指出了村长的错误，小飞娥20年的精神痛苦终于得到解放。

1953 年，崔兰田排演了现代戏《小女婿》，因当时剧团没有扮演田喜的男演员，她便反串扮演田喜，其胞妹崔兰玉扮演香草。这出戏讲述的是农村姑娘杨香草与同村青年田喜相爱。杨父将香草许给年仅 11 岁的罗长芳。香草和田喜向村长求助，村长不闻不问，香草被其父强迫上轿，媒婆在田喜面前挑拨，致使二人产生误解。三日后回门，二人相遇，前嫌尽释，同去区政府申诉，在《婚姻法》的保护下，香草与小女婿离婚，和田喜结为夫妻。

《拥军模范》是根据山东快书《三只鸡》改编的豫剧现代戏。它通过抗美援朝期间军属大娘将自己精心喂养的三只鸡慰问志愿军的故事，深刻揭示了拥军模范老大娘的内心世界，表现了人民群众热爱子弟兵的崇高品德。崔兰田扮演军属老大娘。这出戏虽然剧情简单，但是兰田唱得非常动听，演得非常精彩，深受群众喜爱。电台录音，唱片社灌制唱片，喇叭里经常播放。一时间，崔兰田演唱的《拥军模范》风靡安阳，很多戏迷在大街小巷上传唱。

1959 年，全国反右倾运动开始后，著名编导杨兰春被定为右派，很多朋友视如陌人，唯恐躲闪不及。当时他为创作现代戏《冬去春来》剧本，要到林县山区去体验生活，路过安阳时，就住在安阳市豫剧团的团部里。为了写好这出现代戏，他跪在床沿上，把头埋在被子里，绞尽脑汁，苦思冥想。崔兰田为缓解他的创作压力，经常与他聊天谈心，还亲自下厨给他做了一碗香喷喷的捞面条。他捧着这碗面条激动得两眼噙满泪花，表示一定要给兰田写个剧本，报答她这一碗面条的情谊。《冬去春来》剧本写好后，杨兰春在给省三团排练的同时，也给崔兰田留下了一份手抄本。后来崔兰田排演了这出戏，在剧中扮演桂莲奶奶。

《冬去春来》描写的是九龙山区的人们，为了从根本上改变山区面貌，响应党的号召，树雄心，立大志，提出"让洪水止步，向荒山要粮"的战斗口号，组织治山队，向荒山进军。反映了党支部书记赵广全、治山队长桂莲等人勇于克服困难的精神和大公无私的高尚品德。

这一年，崔兰田还在《红色的种子》中扮演了一位党的地下工作者华小风，她受洪泽湖某县委派遣，深入敌占区开展抗敌斗争，发展武装力量，最终与上级会师，一举歼灭敌人。这是崔兰田第一次在戏曲舞台上塑造党的干部形象，她既表现了华小风身为敌后武工队的女干部所必备的斗争经验和雷厉风行的工作作风，也表现了华小风深入敌后机智多变，发动群众、依靠群众的鱼水情深。尤为称道的是，她充分运用她的唱腔特点，以声传情，深刻地揭示了华小风丰富的内心情感，将一位女革命干部的形象栩栩如生地展现在舞台上。

1958 年 3 月 20 日，参加全省文化局长会议的代表齐聚郑州北下街的河南剧院，他们要观看一出河南豫剧院三团用七天七夜编排出来的新戏，叫啥剧名，直到开演时还没有想好呢。马上要拉开大幕开演了，编导杨兰春突然大喊："等等，还有四句合唱没想好呢！"主持会议的省文化局副局长冯纪汉急忙向大家宣布："同志们，稍等一会儿，还有四句合唱没想好呢！"台下观众哄堂大笑。

老风俗旧习惯年年改进，

年年改月月改日月更新。

有文化能劳动情通理顺，

要当成传家宝传给子孙。

当这四句合唱用"迎风板"的旋律响彻大厅时，人们或许还没有意识到一部豫剧史上里程碑式的经典作品从此诞生了。首演取得了空前的成功。崔兰田紧随其后，于同年演出了《朝阳沟》，并从安阳市豫剧二团（学生队）把张宝英调到安阳市豫剧一团，扮演银环，她扮演拴保娘。

他们在广州演出《朝阳沟》后，《南方日报》在题为《光彩靠不懈地琢磨》

的评论文章中这样写道:"河南安阳市豫剧一团在广州演出的《朝阳沟》,是近几年来经过不断的舞台实践,反复琢磨,保留下来的优秀现代剧目之一。为了搞好一个现代戏剧目,肯真正下几年苦功进行不懈的劳动,这种锲而不舍的精神,首先就值得我们珍视和学习。

"崔兰田同志的唱腔处理转折灵活,有时还把流水花腔组织进去,更使观众感到娓娓如叙家常一般的亲切,塑造出了憨厚纯朴的农民的可信形象。又如银环(张宝英饰)跑出拴保家,来到田野,把激烈的思想斗争进一步推向高潮的片刻,复杂的充满戏剧性的内心活动更像水到渠成地触发'好难舍好难忘的朝阳沟',反复地唱上一大段抒情曲调,使人物的感情深化而不会令人觉得重拙,这也是充分发挥传统戏曲技巧性能的成功之处。特别值得一提的是,那位着笔不多的老支书(卢士元饰),他上场不多却鲜明地塑造出一个政治上成熟、思想高度超出一般社员的农村基层党的领导形象。"

那时,省三团只要上演一出现代戏,安阳市豫剧团就跟着学习排演一出现代戏。两个团互相学习,互相支持,合作默契。因此,杨兰春常说:"崔兰田是豫剧'十八兰',我是豫剧'十九兰'。"

1958年春,32岁的崔兰田率领安阳市豫剧团经郑州、许昌、漯河、信阳一站接一站地南下巡回演出。初夏时节,首次跨过长江,来到武汉新落成的武汉人民剧院,演出《对花枪》和《铡美案》。这一年由于反右派斗争严重压抑了艺人们的艺术热情,当时传统旧戏大多不能演、不敢演,人民群众又迫切需要戏曲艺术市场的活跃,于是就造成演出市场"缺戏演"的状态。1958年3月5日,文化部下发了《关于大力繁荣艺术创作的通知》,其中强调:"现在急需创作反映我国当前的和近十年来的伟大变革,歌颂我国伟大社会主义建设者的英雄业绩的艺术作品。"随后,于6月13日至7月14日召开了戏曲表现现代生活座谈会,大家对戏曲艺术的发展方向进行了热烈的讨论,明确了戏曲艺术工作者要以迅速的和工农群众相一致的步伐，创作社会主义的民族新戏曲。其间还举办了全国现代题材戏曲联合公演，12个剧团参加公演，主旨是"戏曲工作者应该为表现现代生活而奋斗"。当时，有人提出"写中心""演中心"的口号，称要"以现代戏为纲"，"争取在三五年内，各种剧团现代剧目达到百分之二十至百分之五十"。针对当时的戏曲情况，中央提出"既要演传统戏，也要演现代戏"的方针，主张"两条腿走路"。崔兰田作为演出现代戏的先进代表，应邀参加了座谈会，并观摩了全国现代题材戏曲联合公演的12场演出。

此间，她率领剧团排演了现代戏《刘介梅》《百丑图》《红珊瑚》《南海长城》《走上新路》《四川白毛女》等。

《洪湖赤卫队》是20世纪60年代风靡全国的一出现代歌剧，很多剧种移植排演了这出戏。1960年，安阳市豫剧院根据歌剧移植排演了这出戏，由高连山导演，邢宝俊设计唱腔，崔兰田扮演韩母，张宝英扮演韩英，卢士元扮演刘闯，郑长明扮演彭霸天。在郑州管城剧院连演22天，天天爆满。中国唱片社在上海为他们灌制了唱片。

河南青年剧作家张宇瑞创作的豫剧现代戏《社长的女儿》从正面揭示了新的历史时期下的一场尖锐复杂的阶级斗争。林继红是一个烈士遗孤，由于刚走出校门，缺乏阶级斗争和生产斗争的知识，面对着现实生活中复杂的阶级斗争，她迷失了方向。她的养父——曙光公社社长教导她在劳动生产和阶级斗争中接受了教育。

崔兰田扮演林继红的母亲，郭惠兰扮演林继红，张宝英扮演大秀，崔少奎扮演社长。

《人欢马叫》中的吴大娘，是崔兰田继"军属大娘""桂莲奶奶""拴保娘""韩英娘""林继红母亲"之后，在豫剧舞台上塑造的又一个现代戏曲人物。《人欢马叫》表现了小吴庄经历三年困难时期后，牲畜瘦弱，死亡严重。

饲养员吴广兴精心喂养病马，背着老伴儿吴大娘将自己的饭喂了病马，牲口肥了，人却瘦了。吴广兴的亲家刘自得要私借牲口，吴广兴依据规定不让用，刘自得以退亲相威逼，两亲家之间冲突升级，后来吴广兴以实际行动教育和感化了刘自得。崔兰田扮演的吴大娘演唱的"五月夏至闷热的天，事不随意人心烦"一段唱腔，用豫西调特有的旋律，感情充沛，似说似唱，曾感动无数观众，成为脍炙人口的经典唱段。

1964年6月5日至7月31日，在北京举行了京剧现代戏观摩演出大会。有19个省、自治区、直辖市的29个剧团2000多人参加，演出了35个剧目。其中，大戏25出，小戏10出。出现了《红灯记》《芦荡火种》《奇袭白虎团》《六号门》《黛婼》《节振国》《红嫂》等一批思想、艺术上都有较高成就的京剧现代戏，在运用京剧艺术形式表现现代生活方面做出了有益的探索，说明京剧这个程式严谨的古老剧种，也可以反映现代生活，塑造新时代的人物形象。

此后，崔兰田根据上海沪剧团演出本移植排演了《芦荡火种》，后来又根据北京京剧院演出本加工重排，易名《沙家浜》。张宝英扮演阿庆嫂，崔少奎扮演郭建光，郑长明扮演刁德一，渠永杰扮演胡传魁，崔兰田扮演沙奶奶。刚开始排演《芦荡火种》时，崔兰田按照导演的要求扮演阿庆嫂，在呼和浩特演出两场后，尽管导演很满意，观众也很认可，但是她感到自己的体形与角色年龄、身份、气质上有差距，所以就果断地向导演建议，由青年演员张宝英出演阿庆嫂，自己扮演配角沙奶奶。她在剧中演唱的慢"二八板""我养了几个儿都是苦命"的唱腔，如泣如诉，感人至深。她努力继承与激活传统唱腔的神韵，把传统的唱腔旋律巧妙地运用到现代戏的唱腔音乐中，很有流派味道，耐人寻味。她立足于深厚传统基础，调动丰富的表演手段和舞台经验，为现实题材开掘和当代人物形象塑造找到了行之有效的最佳手段，从而使得她演出的现代戏与她的古装戏一样具有感人的艺术魅力。

《红灯记》是根据中国京剧院演出本移植排演。崔少奎扮演李玉和，张宝英扮演李铁梅，崔兰田扮演李奶奶，卢士元扮演鸠山。这两出戏均由高连山导演，邢宝俊设计唱腔。

《红灯记》中的几个革命英雄人物，形象突出，性格鲜明，塑造得比较成功，从而给观众留下了深刻的印象。在革命现代戏中如何正确处理正面人物和反面人物的关系，如何在艺术处理上突出正面人物形象，如何使反面人物烘托正面人物而不让他们与正面人物平分秋色，在舞台上喧宾夺主，这是一个与如何塑造英雄人物直接有关的问题，这个问题在有些现代戏的表演中并没有很好解决。安阳市豫剧一团的《红灯记》在解决这一问题上有所创造、有所革新。

《红灯记》从剧本到表演，还有一个显著特点。在这个红色家庭的三代英雄人物中，李玉和是中心人物。因此，李奶奶和铁梅的唱做又都必须有助于表现李玉和的形象，突出这个中心。第五场中，李玉和被捕临走的时候，把围巾掏出放在桌上，李铁梅发现，追出去送围巾，被特务们挡回，她哭着把围巾交给奶奶，天真地问道："我爹还能回来吗？"李奶奶压抑着悲痛，用手抚摸着围巾，痛说起革命家史来。这里一个很小的道具的处理，给人留下了深刻的印象。人走了，围巾在场上。睹物思人，这时场

《红灯记》剧照，崔兰田（右）扮演李奶奶，崔少奎（左）扮演李玉和，张宝英（中）扮演李铁梅

上虽只有李奶奶和铁梅两个人，但是在观众的感觉上，就好像李玉和仍留在场上一样。一条围巾，一下子把剧中人李奶奶、铁梅和台下观众的感情都牵到了最中心的英雄人物李玉和的身上。

崔兰田在谈到这两出现代戏的唱腔时说道：

> 设计唱腔，不能生搬硬套，削足适履。同一种板路依据不同内容的唱词和不同性格人物，在设计唱腔时，其曲调旋律要有所不同。如我在设计《红灯记》中李奶奶"痛说革命家史"那段唱腔和《芦荡火种》中沙奶奶向子弟兵叙说"苦难家史"那段唱腔时，用的都是"二八板"，但由于这两个人物不同，家史内容也不同，所以同是"二八板"，但旋律应有区别。李奶奶是为党做地下工作的革命老人，她老伴儿有两个徒弟，一个被敌人杀害，一个如今又被日寇捕去，此刻，李奶奶没有掉泪，没有悲伤，教育铁梅前仆后继，高举红灯，革命到底。所以这段唱腔要刚劲，要唱出这位革命老人的豪情壮志。沙奶奶也是革命老人，但她和李奶奶经历又不同，是一位热爱子弟兵的革命老妈妈。她儿子被地主杀害，心里有一本血泪账。她向子弟兵叙述自己的苦难家史，不是单纯为诉苦，而是向子弟兵进行阶级教育。

1964年春节前夕，安阳市豫剧一团在崔兰田率领下由海南岛来到广州，演出豫剧现代戏《李双双》。国务院副总理贺龙、罗瑞卿，中南局第一书记陶铸观看了演出。

首场演出后，《羊城晚报》立即以《豫剧〈李双双〉获满场掌声》为题发表评论："昨天晚上河南省安阳市豫剧一团在广东戏院首次演出《李双双》获得满场掌声。崔兰田饰演的李双双是成功的，这位在豫剧中自成一派的艺术家，发挥了她表演上浑厚含蓄的特点，唱腔优美动听、富有感染力。好几段唱腔都博得观众热烈的掌声。崔少奎饰演的喜旺，也较好地把握了角色的敦厚纯朴的气质。其他如老支书、桂英、二春、大风、孙有婆等都演得很有分寸。"

《南方日报》以《广州观众热烈赞扬豫剧〈李双双〉》为题，评价他们的演出："真实动人，具有浓厚的农村生活气息，博得了观众的热烈赞扬"，"饰李双双的豫剧著名演员崔兰田，着重刻画了李双双性格中敢想敢干、大公无私、心直口快的主要一面。同时，注意表现其温厚可亲的一面，因而人物显得另有特色"，"在设计现代戏的唱腔中，依据剧情和人物性格的需要，在原有传统程式的基础上大胆地突破和革新。如《李双双》中第五场李双双唱的那段流水'小菊儿她睡得又甜又香'就不同于一般流水，而以慢板节奏锁板，表现了李双双的刚强性格"。

《南方日报》发表剧评《一次成功的再创造》这样写道："作家李准在电

《李双双》剧照，崔兰田（右）扮演李双双，
崔少奎扮演孙喜旺

影剧本《李双双》中成功地塑造了一个新型农村妇女形象。河南省安阳市豫剧一团最近在广州演出的《李双双》又以对主题、人物更深的刻画和浓郁的乡土气息，给我们留下了非常亲切而又清新的印象。安阳市豫剧一团的演出，生活气息强烈，人物塑造能较好地体现劳动人民的气质，这不仅因为他们来自《李双双》的'家乡'，最主要还应归功于他们长期植根于农村，而且对于戏曲工作者应以在舞台上表现新时代的新人为首要任务，具有高度政治责任感。以豫剧名演员崔

兰田为例，她素以擅演青衣戏（特别是悲剧），表演风格含蓄蕴藉著称，演李双双，按习惯看法，是完全不合戏路的。但她基于积极上演现代戏的革命要求，在精心钻研和积极实践中，既突破行当，又充分发扬自己表演风格的优点，掌握李双双刚柔兼济的性格特色，使这一人物具有另一种光彩。"

《羊城晚报》在《李准谈〈李双双〉》一文中写道："李准很推崇安阳市豫剧一团的演出，赞扬他们在艺术上一丝不苟、严肃认真的精神。他说安阳市豫剧一团是河南省很有水平的一个豫剧团，该团的主要演员崔兰田（饰李双双）是豫剧界很有影响的一位艺术家，在豫剧中自成一派，她的表演浑朴自然，含蓄细腻，唱腔也很优美，抒情味很浓，很有感染力。崔少奎的喜旺也演得很好，没有'流'。他很好地刻画出喜旺那种劳动人民的气质，又不失天真，演得很朴实，人物思想感情的转变也演得很有层次，令人信服。其他人物也都演得不错，可以看出演员是下了一番功夫的。"

在广州期间，他们还演出了现代戏《朝阳沟》《洪湖赤卫队》。

在毛主席关于文艺的两个批示下达后，全国的戏曲表演团体都被要求转向演现代戏，尤其是 1964 年以后，以帝王将相、才子佳人为主要表演对象的古装戏被全部叫停。

1965 年 7 月 1 日至 8 月 15 日，中南五省（河南、湖北、湖南、广东、广西）和武汉部队、广州部队在广州举办戏剧观摩演出大会。会演主题是"促进革命现代戏的发展，反映我们伟大的时代"，有 3000 多名戏剧工作者，共 19 个剧种，51 个剧目。演出剧目全部是现代戏。这是"文革"前最后一届大规模现代戏盛会。

河南省从各地市剧团、各剧种抽调精英，专门组成了 481 人的河南演出团参加会演，共演出 9 个剧目。其中豫剧大戏 3 个：《人欢马叫》《杏花营》《打牌坊》。小戏曲 6 个：越调《扒瓜园》《斗书场》、京剧《传枪》、曲剧《掩护》《游乡》，还有豫剧《一棵树苗》，由崔兰田、唐喜成主演。

《羊城晚报》发表《以小见大》的评论："在现代小戏《一棵树苗》中扮演青山嫂的崔兰田同志表演朴实、稳重，不借重任何噱头，而是从内心去刻画人物。她的身段、台步，处处都表现出了劳动妇女的气质。尤为突出的是她比较准确地掌握了这个人物的分寸。"

崔兰田与唐喜成合作演出的这出现代题材的小戏曲，让人感受到它的风格之新、旋律之美，以及两位艺术家精湛的艺术碰撞。更为惊叹的是，以擅演悲剧著称，将豫西调演绎得登峰造极的崔兰田，竟然还能将祥符调在这出戏中运用得得心应手、技艺高超。

豫西调行腔善用"下五音"，低回婉转、苍凉深厚，具有鲜明的地域风格特色，强烈的辨识度和穿透力。长期以来，人们约定俗成地把低沉苍凉当成了豫西调的标配。崔兰田更是以不断的艺术探索，将豫西调这一声腔艺术体系发挥到了淋漓尽致的境地。她所开创的豫西调声腔局面，成为一座后人难以逾越的高峰。

《一棵树苗》剧照，崔兰田（右）扮演青山嫂，唐喜成扮演青山

剧中"春季里造林大开展"一段欢快的花式慢板，那欢呼跳跃的小音符在唇齿间跳动、飞翔，犹如惊鸿掠影，在沉静的湖面扬起晶莹剔透的水光涟漪。她把两种声腔结合演绎出了别具一格的味道。无论旋律、音域在祥符调的"高地"多么驰骋纵横，那余音袅袅的味道里，仍然是韵味醇厚的豫西调的后味，崔派的纯味。

中南会演后，崔兰田带着《朝阳沟》《芦荡火种》《红灯记》这3出现代戏，经郑州、洛阳，赴西安、宝鸡、天水、兰州、银川、石嘴山、呼和浩特、包头、大同、宣化、张家口、太原、阳泉等地，一站接一站地一路接力向前巡回演出。他们在太原度过了1966年的春节，在祖国的大西北整整巡回演出10个月。

《龙江颂》是崔兰田参加演出的最后一出现代戏。

1973年，她从"牛棚"里被解放出来后，政治上虽然没有结论，但是允许她参加演出了。尽管戏报上、字幕上都不写她的名字，可是她一出场，剧场内仍然是群情振奋。崔兰田扮演盼水妈，她那独特的崔派唱腔，依然感动得观众掌声如雷。为了演好盼水妈担水，她在水桶里放上几块砖，在后台反复试验寻找感觉，她说这样担起来才有真实感。

豫剧《龙江颂》是根据上海京剧院演出本移植排演的，表现的是1963年福建东南沿海地区遇到特大旱灾，县委决定在龙江大队堤外堵江救旱，大队党支部书记江水英主动承担最大牺牲的代价，坚决执行县委指示，与本位主义思想严重的大队长发生激烈冲突。最后江水英团结广大干部群众，坚持把水送到旱区，挽救了全区9万亩受灾土地。

这出戏是继八个"样板戏"之后又一部很有影响的现代京剧，它也产生于"文革"之前，其主旨在于赞美牺牲自己、顾全大局的共产主义精神，这种"龙江"风格曾被人们广为传诵。该剧在反复修改的过程中，直接受到"样板戏"的影响，过分夸大阶级斗争的内容，以及对人物概念化的描写，也使该剧的艺术感染力受到削弱。

此阶段的现代戏，以阶级斗争为纲，强调文艺作品为工农兵学商服务，没有铜臭味，很多作品中的经典片段流传至今，群众非常喜欢。无论是唱腔、舞蹈、念白，还是舞台、灯光设计，都达到了精益求精，甚至台词的每个字都经过数遍的推敲，把现代戏的创作推到了一个前所未有的高度。

崔兰田也在创演现代戏的过程中，扩展了崔派艺术塑造新人物、表现新生活的领域，留下了许多脍炙人口的精彩唱段。她的徒弟张宝英等正是在她的言传身教下，通过大演现代戏，在艺术上有了突飞猛进。

二十、劫后再演《秦香莲》

1966 年夏天，剧团正在山西省演出时接到市里的通知，命令他们马上回安阳开展无产阶级"文化大革命"运动。一下火车，一个工人打扮的年轻人塞到兰田手里一张大字报，《炮打司令部》一行红色大标题，赫然醒目。她匆忙看了几眼手中的报纸，霎时，感到晕头转向，十分紧张。出站后，两辆大卡车停在出站口，全团 70 多个人，一个不漏地全部被送到西郊八里庄市委党校集中学习，任何人不准回家。

根据中央"文革"领导小组的指示，各单位迅速掀起了革命造反的高潮。各单位领导和主演被作为走资本主义道路的当权派和"牛鬼蛇神"揪出来，头戴纸糊的高帽子被游街示众。

崔兰田作为头号"牛鬼蛇神"被押解在队伍的最前头，后边依次是王士杰、辛玉兰、崔兰玉、宋保筠、范艳霞、高连山等。造反英雄们居心不良地让崔兰田穿上黑色女帔戏装，让王士杰穿着呢子大衣，阳历8月间，正值伏夏日，天气酷热，人们穿着背心裤头都出汗，他俩这身穿戴热得汗流浃背，头昏脑涨。一路上红卫兵手持棍棒走在他们的两边，路旁观看的群众人山人海。走到文化宫门口停下来，红卫兵让崔兰田和王士杰向群众坦白交代反党、反社会主义罪行。围观的群众一脸惊愕、惊恐的表情。崔兰田累得上气不接下气，惊吓得魂不附体，浑身打战。王士杰宁折不弯，挺胸直腰一点不倒架，满脸的不服气。

造反派质问他："你为什么带领剧团到全国各地去宣传封资修黑货，老实交代你的反党罪行。"

王士杰理直气壮地反驳道："我没有反党！我们演出的剧目都是中央允许上演的，我们到各地演出是中央规划……"

没等他说完，红卫兵们纷纷举起拳头高喊："打倒王士杰！""不许王士杰胡说八道！""王士杰必须低头认罪！"震耳的喊声，如同打破的铜锣，一声比一声让人心颤。

兰田感到胸前的牌子快把脖子勒断了，头顶的高帽子也重得像山一般，她浑身像散了架一样，大汗淋漓，头晕目眩，浑身不停地颤抖。她的两条腿像戴着脚镣一样，沉重而艰难地拖着一百多斤的躯体，晕晕乎乎、颤颤巍巍地被批斗到南道口。她再也支撑不住了，一屁股跌坐在地上，再也向前挪不动一步了。

"崔兰田不许耍死狗！"几个红卫兵看见兰田跌坐在地上，蹿上来就是一顿拳打脚踢，直打得她鼻青脸肿，躺在地上不能动弹了，有人才说："看来她是真走不动了！"便让她的两个儿子把她抬到一辆平板车上，由二儿子周铁把她拉回党校。

崔兰田在党校集中学习的两个月期间，天天学"语录"，背诵"老三篇"，每天是大会斗小会批。写不完的检查，做不完的坦白。造反派"活学活用"批斗她，她也"活学活用"检查批判自己。

十年"文革"像一场闹剧，在这场闹剧中人们扮演着各种不同的角色。剧团几十号人，有唱红脸的，有唱黑脸的，有唱白脸的。人性的考量在这场运动中，有了鲜明的答案。

1966年冬天，党校集中学习结束，此时剧团党支部瘫痪，群众中分成"造反派"和"保皇派"两大派。崔兰田和王士杰作为被打倒的对象，开始是群众组织批斗，后来由革委会专案组审讯、批斗。他们搞来一大堆外调材料，揭发检举崔兰田是国民党员、中统特务，用非法手段逼她承认。有时她实在忍受不了逼供，便暂时承认，但很快又推翻，就这样反反复复10次承认10次推翻……

一天，她被打得实在忍受不了，想到与其这样活受罪，还不如一死了之，于是夜里趁着看管的人不在场，她把二儿子周铁叫到屋里，把手表交给他说："孩子，妈成这个样子了今后也用不着手表了，你拿去用吧。"周铁走后，兰田关上屋门，站在椅子上，要伸手去触电自杀。她的手还未摸到灯口，周铁闯进屋里，一脚将椅子踢倒，将她搀扶起来，母子俩抱头痛哭。孩子泣不成声地说："妈，你不能死啊！你死了叫我们兄妹几个怎么办？再说，你这么不明不白地死了，他们一定说你是畏罪自杀啊！"听见孩子这样说，她如同噩梦醒来："孩子，妈不死了，妈不离开你们，你快走吧！有人来了，又要打你。"

"我不走，我要保护你！谁来打你，今天我就跟他拼了！"周铁倔强地说。

"傻孩子，别死犟了，快走吧！"兰田一把将孩子推出门外，趴在床上，痛苦地嚎啕大哭。

1968年3月，安阳市革命委员会成立后，崔兰田的问题虽然还没有结论，但从"牛棚"里被放出来，由群众监督在单位劳动改造。白天她到厨房劳动，晚上演出时，她到后台扫地、提水。兰田在干这些活儿的时候，非常小心谨慎，不敢出一点差错，唯恐叫别人挑出毛病，更不敢乱说乱动。

一天，她正在厨房笨手笨脚地切菜，炊事员张坤走到她身边说："老崔，坐一边吸烟去吧。"听张坤这么一说，兰田心里一惊，手中拿着菜刀，两眼呆呆地盯着他。另一位炊事员张福看出了她的疑虑，急忙解释说："你坐一边休息一会儿吧，这点活儿俺俩干，等造反派来了，你再去切菜。"好久没有听到有人这样和蔼地对她说话了。她坐在小板凳上，从口袋里拿出"一口吹"的竹烟袋，两手颤抖地扶着烟杆一边吸烟，一边感动得掉泪。自从"文革"开始以来，她好像一个瘟神，人们总是躲得远远的，谁也不敢接近她，就连她的亲属也不敢跟她说话。造反派叫她到厨房干活，本来是让两位炊事员监督她劳动的，可是这两位好心的张师傅不但不歧视她，反而主动与她拉家常，说笑话，使她这颗凉透的心感到格外温暖。

在那度日如年的日子里，她对自己未来的命运已经不抱任何希望，完全失去了信心。只盼着早点给她下个结论，是黑是红、任杀任剐，她都毫无怨言，哪怕是开除、判刑、送到劳改队，总比这样不死不活地吊在半空中，一遍又一遍地写检查、挨批斗、遭辱骂要好。

1973年3月，阳光暖融融地照耀着寒冷的大地，树木花卉在这春暖花开的时节开始复苏、发芽了。

崔兰田坐在潮湿、阴暗的小屋里，满面愁容地吸着"一口吹"的旱烟袋，忽暗忽明的烟火映衬出她的脸庞，她才47岁，但脸上的皱纹就像榆树皮一样，猛一看像七八十岁的老太太，先前乌黑的头发已经找不到几根了，满头白发跟罩了一层霜似的。她明显苍老了，虚胖的身躯走路都费劲，唯有泪水浸泡的双眼，还闪现着一丝企盼。

这天，两位军代表推开了她的家门。兰田战战兢兢地想站起来，晃动了几次腰板都没能离开座椅。两位军人走到她跟前，平和地说："崔兰田同志，我们市革委根据省革委的指示，成立了专案组，经过一个星期的调查，对你做出了结论，你虽犯有错误，但不属于敌我矛盾，以后允许你参加演出。希望你用自己的一技之长，全心全意地为人民服务。"

一听说允许她参加演出了，兰田激动得坐在椅子上半天没有动弹。两位军代表何时走的，她都不知道。忽然，她一跃而起，在屋里转了几圈，嘴里不停地说着："允许我参加演出，允许我参加演出啦！"她手握"一口吹"的旱烟杆敲打着桌子，下意识地打出一串板鼓点，情不自禁地从心中呼喊道："想不到我又能参加演出了！"这一声吼唱从她的心中跳出来，震荡着这间小屋；这一声吼唱从她的小屋响起，回荡在那条僻静的小巷……从 11 岁登台，演了大半辈子戏，但渴望登台演唱的欲望，从来没有像现在这么强烈。此刻她深深地意识到，一个演员最幸福的时刻是在舞台上，最痛苦的事情是被剥夺了为观众演唱的权利。在那挨批挨斗、灵魂和肉体都受到折磨的日日夜夜，她痛苦过，绝望过，可是从来没有后悔过。因为她深深地热爱唱戏，几十年来，她一直是在老老实实做人，规规矩矩唱戏。在旧社会，别人视艺人是"下九流"，她从来不自卑，自认为所从事的演艺事业是"高台教化"，是老百姓喜闻乐见的文化活动。因此，她从来不演表现淫荡和凶杀的坏戏。她常说："别人看不起我们，我们自己不能糟蹋自己。"新中国成立后，在党的教育下，她懂得了演戏也是为人民服务的道理，党和人民把他们视为人民的宣传员、党的文艺工作者。唱戏的工作是高尚的、光荣的。她坚信，党和人民不会抛弃她。

后来听别人说，崔兰田的问题之所以能够在很短的时间内解决，是因为敬爱的周总理直接过问。据说，当时河南省革委会主任刘建勋到北京向中央汇报工作，周总理问道："常香玉、崔兰田的问题解决了没有？"刘建勋回答说："正在解决。"总理说："要让她们用自己的一技之长，多为人民服务嘛。"

从总理办公室出来后，刘建勋马上给省革委会打长途电话，指示尽快解决常香玉、崔兰田的问题。安阳市革委会根据省革委会指示，立即组成崔兰田专案组，一个星期内便宣布了对她的结论。

大量的史料表明，那几年，我们的好总理曾想尽各种办法保护了好多党内外的高级干部和科学家，可是万万没有想到，一个地方戏演员也挂在他老人家心上。

兰田重返舞台的那一天晚上，早早地来到后台坐在化装桌前，对着镜子，手拿着化装的彩笔不停地颤抖，心在怦怦地乱跳，她怎么也抑制不住自己的激动和感慨，眼泪模糊了她的视线，她边擦眼泪边化装。几年不登台唱戏了，心情又这么激动，千万不能忘了台词。她一边细心地化装，一边暗暗叮咛自己：千万要沉住气，稳住神啊！

开演的铃声响过之后，一位报幕的女演员走到前台朗诵《毛主席语录》，最后她提高嗓门向观众预报："第一个节目由崔兰田清唱《红灯记》选段'痛说革命家史'。"话音未落，台下轰地引发了一阵议论的声浪，随之响起一片掌声。掌声对崔兰田来说，太熟悉、太平凡了，可是这一阵掌声，却使她泪流满面。她眼含激动的泪花，缓步走上前台，深深地向台下鞠躬，真诚地表达她难以用语言形容的谢意。乐队奏起过门，台下一片寂静，一千多双亲切的眼睛注视着台上，她定了定神，放开歌喉纵情演唱："十七年风雨狂怕谈以往……"

当她唱完最后一句"做一个铁打的金刚"时，全场掌声雷动。好多演员也站在舞台两边为她鼓掌。兰田再次向观众深深地鞠躬谢幕。回到后台，她的学生张宝英双手送给她一杯热茶，她两手接过这只杯子，眼泪如同断了线的珠子扑簌簌落在胸前。几十年来，她听到过无数次观众的掌声，现在才真正听出来这掌声是那样的珍贵、亲切。以前张宝英曾多少次给她端茶递水，而今天这杯水却滋润了她的肺腑，浸润了她的心田。

散戏后，刚刚走出剧场，一位老大娘走到她跟前问："你是崔兰田吗？"

"我是崔兰田。"兰田停住脚步。

大娘拉住她的手说："闺女，这几年你可受罪了！我家住在西郊，听说你又唱戏了，我走了几十里路来看你，我们农民都爱听你唱，你可要拿出你当年的威风啊！"望着大娘挪动着小脚隐没在夜幕里的身影，崔兰田感动得热泪盈眶。这一夜，她失眠了。一合眼她就看见大娘拉住她的手在说话，一合眼就梦见自己在舞台上唱戏。

那些天，全市干部和群众听说崔兰田又登台了，纷纷奔走相告，剧场里挤满了观众。兰田真想给观众多唱几段，但是，那时古装戏和《朝阳沟》《李双双》等现代戏还不准上演。"文革"中排的几出戏她都没有参加演出。久别重逢的观众跑到剧场来听她唱，他们听得不过瘾，兰田觉得唱得也不过瘾。

1978 年 7 月，安阳市革命委员会宣布：恢复崔兰田安阳市豫剧一团团长职务。8 月，河南省革命委员会、省文化局公布了一批恢复上演的优秀传统剧目，其中豫剧《花木兰》《穆桂英挂帅》《秦香莲》等均在准许上演之列。接到这一通知后，安阳市豫剧一团立即恢复重排《秦香莲》，决定由崔兰田扮演秦香莲。

从 1937 年崔兰田入科学艺，到 1978 年重排《秦香莲》整整 41 年，这出深受群众喜爱的传统戏，也陪伴兰田度过了 41 个春秋，饱浸着她 41 年的辛酸和喜悦。她学戏 3 个月登台演出的第一出戏是《秦香莲》，从此，与秦香莲这个角色结下了不解之缘。她喜欢这出戏，更喜欢这个人物。20 世纪 40 年代在洛阳、西安、宝鸡等地搭班唱戏时，演过 100 多出戏。青衣、花旦、刀马旦、小生各种行当的戏她都演，但《秦香莲》这出戏始终是她演得最拿手的看家戏。西安解放后，她自组"兰光剧社"，对外公演的首场"打炮戏"是《秦香莲》；1956 年她参加河南省首届戏曲会演，荣获演出一等奖的仍然是《秦香莲》。1958 年，敬爱的周总理来河南，省委为他举办文艺晚会，据说周总理点名要看崔兰田的《秦香莲》。于是省文化局调她到郑州和著名黑头李斯忠合演《见皇姑》。50 年代，中国唱片社为她灌制了《抱琵琶》和《见皇姑》唱片。走在街上，到处都回荡着《秦香莲》的唱腔旋律，好多戏迷学她唱"接过来这杯茶，两眼泪如麻"，"秦香莲抬头观，金枝玉叶到堂前"。热情的观众把她的名字和秦香莲连在一起，"常香玉的花木兰，崔兰田的秦香莲"，这句顺口溜在河南城乡广为流传。人们提起秦香莲就想到崔兰田，说起崔兰田便首先谈到她演的《秦香莲》。就是在"文革"初期她被游街示众时，也是身穿秦香莲戏服"陪绑"。秦香莲啊秦香莲，崔兰田和你称得上是相依为命，同甘共苦。观众向她喝彩献花时，你陪伴着她；总理接见、首长授奖时，你和她站在一起；造反派让她游街时，你就是她，她就是你。"文革"中她一次次地低着头站在批斗会上，你也一次次地陪着她挨批挨斗。现在"四人帮"被打倒了，是你第一个出来陪着她和观众见面。十几年来，你被压在戏箱底下，不见天日，被赶下舞台不许抛头露面。现在你又要和她一起，手拉一双儿女走上舞台，让成千上万观众重睹你那受苦受难的憔悴容颜，重听她抱着琵琶诉说衷肠的苦音。那苦音让人荡气回肠，那苦音能撼人肺腑，让人更加珍惜今天的幸福。

崔兰田重返舞台，演出《秦香莲》，1980 年于郑州

1978 年，崔兰田周岁 52 岁，按说年龄不算大，可是经过十年动乱的折磨，她的身体和嗓子都不如以前了。重演《秦香莲》时，崔兰玉演前半场"杀庙"和

"拦道"。兰田在中场休息 10 分钟以后上场，戏主要在"见皇姑"和"铡美"两场。

包拯原来一直由渠永杰扮演，由于他在"文革"中遭受迫害，至今神志不清，不能再登台了，只得由青年演员来演。按照嗓音和表演水平，当时只有 20 多岁的青年演员乔振岭扮演包拯最合适，在表演上还有几分渠永杰的风格。可是，主管业务的副团长考虑到在"文革"中他是造反派，并且是批斗兰田的专案组成员。若让他与兰田配戏，担心兰田在感情上接受不了，影响她的演出情绪。因此在安排角色时，就让他扮演前半场的包拯，让段玉峰扮演后半场《见皇姑》以后的包拯。当业务组宣布角色后，崔兰田当即提出意见，建议他两个人调换一下，让乔振岭扮演后半场的包拯。她郑重地对剧团领导和业务组的同志说："我是个老演员，同时也是个共产党员，请你们不要顾虑我个人的情绪，安排角色应从保证演出质量和让观众满意考虑，不应该考虑其他因素，更不应掺杂个人恩怨。"业务组采纳了崔兰田的意见。乔振岭很受感动，事后，他专门到兰田家向她赔礼道歉，忏悔自己在"文革"中犯的错误，表示以后要好好工作，痛改前非。兰田从个人情感上对他不能说没气、没恨，但从党的文艺事业和剧团工作考虑，她又觉得他是个人才，人还年轻，如果今后能走正道，剧团还很需要他，培养一个戏曲艺术人才是很不容易的，常言说，10 年能出一个状元，10 年出不了一个好演员。一批学员，几十个中间才能出现个出类拔萃的尖子演员。兰田在剧团待了几十年，对这点深有体会。当乔振岭向兰田认错的时候，兰田深情地对他说："我们这一代演员都老了，惢渠老师已经不能上台演戏了。今后咱们剧团全靠你们年轻人了，特别是你们这一代，是承前启后的一代。在'文革'中，我个人受点委屈事小，咱们戏剧事业受损失事大。我最大心愿是希望你们年轻人更快地成长起来，接住我们的班！我们安阳市豫剧团在戏剧界、在全国是有名的剧团，这个荣誉来之不易，希望你们保持这个荣誉，不要再纠缠在派系中了。"

兰田对乔振岭的态度，在剧团引起了强烈反响。好多在"文革"中批斗过兰田的演职员，看到她对乔振岭能够宽宏大量，不计前嫌，确信兰田也不会跟他们记仇，很快两派人也消除了思想隔阂，团结起来排戏演戏了。

"人心齐，泰山移。"兰田以自己高尚的人格，化解了凝固在演职员心中长达 10 年的矛盾恩怨，她没有"秋后算账"，也没有给任何人"穿小鞋"，她用自己的人格魅力一笑泯恩仇，在很短的时间里就把一盘散沙的剧团各类人马，团结在她的周围，逐渐引导大家走上了正常的运行轨道，重排了《穆桂英挂帅》《三哭殿》，新排了《逼上梁山》《红楼梦》《宝莲灯》等戏，使安阳市豫剧团以新的面貌重新展示在戏曲舞台上。

1979 年初冬，河南省文化局和香港金马影业公司要合拍一部彩色宽银幕豫剧艺术片。这家公司的林老板，是多年来在河南经营纺织品的一个商人，他对河南戏非常熟悉和喜爱，想拍《秦香莲》发行到中国香港、台湾还有东南亚各国，请省文化局给他推荐剧团。省文化局对他说，豫剧《秦香莲》是著名演员崔兰田的拿手戏，这出戏安阳市豫剧团演得最好。

香港要来河南拍电影的消息传出去之后，开封、许昌、商丘等地豫剧团纷纷通过各种渠道要求参加。最后省文化局决定，由杨兰春陪同香港导演到这四个剧团看戏挑选演员。

兰田接到通知后，对已担任市文化局副局长的王士杰讲了自己的想法："拍电影是我向往多年的一件事。1962 年在北京演出时，你亲自到北影联系，北影厂长汪洋同志也来看过咱们的《对花枪》，人家认为咱演得很好，但对剧本有意见。后来又请田汉给改本子，按田老的改编本只演了两场，不久便禁演古装戏，拍电影的事再也不提了。现在，人家找上门来给拍电影，实在是求之不得的好事。可是，我现在的情况和十几年前大不一样了，扮相老，体形胖，嗓子也不行了，拍出来效果也不一定好，弄不好还会落选。不如干脆给宝英排排，让她演，兴许还有选中的希望。”

王士杰真诚地说：“宝英还年轻，以后机会还多。你已经年过半百，一辈子没有留下影像资料，这个机会难得，还是争取一下。市委的意见，也是让你演。”

兰田说：“组织上这么重视我，我很感谢。从实际出发，咱们还是准备一个两全其美的方案，我演《抱琵琶》，让宝英演《铡美案》，提前做些准备吧。”

《抱琵琶》这出戏，从1956年以后兰田再也没有演过，唱词都忘得差不多了，幸好有当年的录音，于是，他们跟着录音记唱词、学唱腔，重新排练。

听着20世纪50年代的录音，崔兰田真不敢相信那是她自己的声音。岁月流逝，一晃20多年过去了，再唱出如此清脆洪亮的声音，除非有返老还童的灵丹妙药。人不服老不行啊！这时候，崔兰田特别怀念贾锁、周海水、张庆官诸位师傅。她说：“在我尚未学艺之前，几位师傅都是河南梆子戏中深受观众喜爱的名演员。我入科学戏的时候，他们已是年过半百的老人，如果没有他们的悉心传授，言传身教，就没有我和常香玉、马金凤我们这一代演员。我们的事业就是这么一代代流传下来的。十年动乱毁了我们这一代人的艺术青春，也耽误了宝英他们这一代人的学习机会。如今宝英下边又上来两茬青年演员，我们的事业需要年轻人来接班，帮助和扶植年轻人迅速成长起来是我们老演员的责任。一味留恋过去的辉煌和叹息今天的衰老，是一种自私的想法和消极悲观的情绪。一个有事业心的老演员和献身党的文艺事业的共产党人，在任何时候都不能悲观消极，更不能只考虑个人荣誉得失。这次重排《秦香莲》，不管我能否选中，都应该认真地下功夫把戏演好，权当给年轻人做个示范演出。她们的扮相、嗓音都比我好，由她们把这出传统豫剧搬上银幕，继承下来，也是一件有意义的事情。"

《抱琵琶》排出来后，在红光剧院公演时观众购票十分踊跃。20多年没有演过这出戏，不但观众感到新鲜，兰田也感到新鲜。演唱特别动情，也特别过瘾。有许多戏迷老太太由儿女搀扶着到剧场看戏。热烈的剧场效果，激动得兰田夜不能寐。回到家躺在床上翻来覆去睡不着，许多往事涌上心头。她想到，刚入科学戏时，晚上看汤兰香演《抱琵琶》，一边看一边学她唱，她的唱腔凄楚动人，至今难忘。后来改唱旦角后，包起大头穿上女帔唱秦香莲了，贾师傅给她哼唱腔，周海水师傅陪她唱王延龄。出科后，从洛阳到西安再到安阳，她在这出戏的唱腔和表演上一遍又一遍地加工打磨，使这出戏越演越精彩，终于成为最能体现她的艺术风格的一出代表作。她想到，在西安和许树云师傅合演这出戏，许师傅特别注重唱腔的韵味，表演富有情感，让人称道，也使她受益匪浅。她想到，20年前和渠永杰在安阳人民戏院演这出戏，青衣黑头，配合默契，珠联璧合，相得益彰。她的思绪浮想联翩，心情怎么也不能平静。她坐起来披上衣服，燃着了一支香烟，深有感慨地对老伴儿说："岁月不饶人哪！现如今我也是50岁开外的人了。十年动乱剥夺了我演戏的权利，毁了我的艺术人生，也剥夺了我教戏的权利，耽误了一代青年演员的成长。许多优秀的传统戏，青年演员既没演过，也没看过。前辈艺人将这些戏传给了我，我应该毫无保留地传下去啊！常言说，艺在戏中。凡是观众百看不厌的戏，在唱腔和表演上都有许多让人入神和着迷的东西，也就是人们常说的绝招。作为一个获得第二次艺术生命的老演员，不论是否能够参加拍电影，我都应该为这出深受群众喜爱的好戏搬上银幕出一把力啊！"

香港电影导演李铁是一位很有经验的导演，杨兰春陪同他来到安阳剧院观看《秦香莲》。省、市领导和各机关干部坐满了剧场。演了一辈子戏，唱了几十年《秦香莲》，崔兰田这一天心里还真有几分紧张。一则她担心自己嗓子不济，不能把这出戏完美地展现给大家；二则担心宝英的演出，她以前只演过皇姑，没有演过秦香莲，首场演出便面对李铁、杨兰春这些不寻常的观众，她会不会忘词？会不会紧张？能不能将她的水平正常发挥出来？一向演戏不怯场、胆大心细的崔兰田不知为什么这天变得谨小慎微，顾虑重重。化好装后，她像往常一样，对着镜子温习唱词，稳定情绪，可是，怎么也静不下心来。预备铃响过之后，她穿好戏装走到上场门，站在侧幕边准备上场。抬头一看，宝英也站在这里，她已经化好装，包好头，一切准备妥当。尽管离她上场还有一个多小时，为了看老师的戏，她总是提前化好装，从来不会放过观摩老师现场演出的机会。兰田满意地看了她一眼，心中踏实了许多。

这一场戏演出效果特别好，剧场气氛也特别热烈。1600个座位的安阳剧院，座无虚席，过道上还加了座位。兰田和宝英老少两个主演一起登场扮演前后两个秦香莲，对于迷恋戏曲的观众有着特殊的吸引力。宝英不负众望，演出效果出乎意料好。她第一次扮演秦香莲，又是在这么特殊的演出场合，省、市领导坐在台下，香港导演始终用挑剔的目光审视她的一举一动，前半场秦香莲又由老师扮演，这些因素对她都是很大的压力。这场演出的成败，将决定她是否能够入选扮演这部豫剧电影的女主角。

李铁、杨兰春、王基笑和省文化局领导对张宝英的表演非常满意。他们非常客气地赞誉兰田对秦香莲的刻画可谓炉火纯青，给予很高评价，但又十分惋惜地认为发胖的体形和苍老的面孔已不适应在银幕上表现秦香莲这一人物。

省文化局领导和李铁、杨兰春等人经过慎重研究，在包括宋桂玲、关灵凤在内的8个"秦香莲"中，经过层层筛选，反复比较，确定选中张宝英扮演秦香莲这一角色，崔兰田任艺术顾问。

兰田和杨兰春、王基笑是相识多年的老朋友，他们都很尊重兰田，专门请她到拍摄现场进行指导。在拍摄间隙，王基笑和兰田进行了深入细致的谈话，兰田讲了许多刻画这个人物的想法和处理唱腔、表演方面的经验和体会。剧组其他演员对她也很尊敬，他们诚心诚意地向她请教，她也毫无保留地给他们说戏谈看法。当时兰田只有一个想法，就是要齐心协力把豫剧这出传统名剧，以高质量的演出水平搬上银幕。

杨兰春不愧是高水平的名导演，经验丰富，点子很多，导演技巧也很高明，特别善于启发演员体会人物思想感情，细致地刻画人物的内心世界。王基笑设计的唱腔，因为跟兰田进行了详细的交谈，了解了兰田的唱腔特点、演唱风格，因此，设计的唱腔既不失崔兰田的传统风味，又有时代新意。如《抱琵琶》中秦香莲的唱腔基本上保留了原来的旋律，但在个别地方他略加改动，便显示出新的光彩。"三江水洗不尽满腹冤枉"这一句，兰田原来的唱法是"慢板四"过门后，一口气唱完这一句。王基笑改为"迎风"过门，"三江水"三字后边加一个小过门，小过门拉过后，用"唉"字唱一个大甩腔，甩腔过后再接唱"洗不尽满腹冤枉"。这一改动，听起来仍是原来的风味，但比原来的唱腔更舒展、流畅，旋律更加丰富优美，音乐性更强。

1979 年，在《包青天》拍摄现场，崔兰田（右）给张宝英说戏

没有选中崔兰田作为女主角参加拍电影，很多朋友为她感到遗憾，觉得她失去了最后一次拍片的机会。其实，崔兰田倒觉得如果勉强由她演秦香莲，拍出来效果不理想，那才是很遗憾的。由学生张宝英扮演秦香莲，将崔派风格的这一人物和这出戏搬上银幕记录下来，比

由她自己来演意义更大，效果更好。

影片放映后受到文艺界和广大观众的一致好评。

1981 年 8 月 27 日，中国戏剧家协会在北京为豫剧艺术片《包青天》召开了座谈会，专家们评价说："看了戏剧艺术片《包青天》后很受感动，特别是'杀庙'那场戏，十分感人，不少人流了眼泪，这样熟悉的戏，还能如此抓人，一抓到底，是不容易的。特别是饰演秦香莲的演员，在镜头面前很松弛，是感情的真实流露，不是单纯在表现人物情绪，而是体现出了人物的气质。"座谈会上发言的同志还赞扬了演员选择得准确，特别是张宝英饰演的秦香莲，叫人可信，觉得秦香莲就该是这个样子：朴实、坚强、端庄，外形美和心灵美比较统一，不是单纯美的选择，而是根据角色特定的要求选择。

《包青天》在全国各地及港台地区放映后很受欢迎。张宝英根据电影剧本将这出戏又搬上舞台，在各地演出大受欢迎，人们称赞她为"河南秦香莲"。从此，作为崔兰田的大弟子，张宝英凭借电影《包青天》中秦香莲的艺术形象享誉中原。

二十一、流派会演《桃花庵》

　　1980年3月27日至4月13日，河南省豫剧流派汇报演出大会在郑州隆重举行。

　　参加汇报演出的旦角老演员有陈素真、常香玉、马金凤、阎立品和崔兰田。演出剧目有陈素真主演的《梵王宫》、常香玉主演的《断桥》、马金凤主演的《穆桂英挂帅》、阎立品主演的《秦雪梅》、崔兰田主演的《桃花庵》。另外陈素真的徒弟吴碧波主演的《宇宙锋》、常香玉的徒弟许玉华主演的《断桥》、常香玉的女儿常小玉主演的《拷红》和崔兰田的学生张宝英主演的《桃花庵》，也在大会上进行了汇报演出。

　　生角老演员唐喜成演出了《辕门斩子》，赵义庭在常香玉主演的《断桥》中扮演许仙，沙河调老演员刘法印演出了《黄鹤楼》，净角老演员李斯忠演出了《打銮驾》，青年演员刘忠河学习豫东调红脸王唐玉成的演唱风格主演了《打金枝》，青年演员金德义演出黄（儒秀）派名剧《南阳关》。河南省豫剧三团演出了豫剧现代戏清唱晚会，高洁、马琳、柳兰芳、王善朴、魏云、陈新理等演唱了《朝阳沟》《小二黑结婚》《刘胡兰》《冬去春来》的精彩唱段。

豫剧是河南省最大的剧种，它与京剧、评剧、越剧、黄梅戏并称全国五大戏曲剧种。在它漫长的发展过程中，涌现出了许多出色的演员，各行当中具有独特风格的演员不只是参加流派会演的这十几位演员，如旦角中的桑振君、姚淑芳、李景萼、司凤英、马双枝、王秀兰，净角中的渠永杰、王在岭、韩玉庆，生角中的常年来、刘九来、曹子道、赵锡铭，丑角中的高兴旺、牛得草等，都是在观众中有声望的著名演员，他们有的已经作古，有的年老体弱不能登台演唱。

在豫剧五大名旦中，兰田年龄最小，那年 54 岁。陈素真年纪最大，已经62 岁，因嗓音失润，这次演出《梵王宫》，她将叶含嫣的唱词压缩到只有 9 句，但她那细致隽美的表演和体态轻盈、婀娜多姿的身段，令人叫绝，看她的表演

1980 年春，豫剧五大名旦相聚郑州，左起：阎立品、崔兰田、常香玉、陈素真、马金凤

二十一、流派会演《桃花庵》

确实是一种艺术享受。炉火纯青的演绎，让人很难相信剧中这位妙龄少女竟是一位年过花甲的老人扮演的。常香玉、马金凤、阎立品都比兰田年长四五岁，但是她们的嗓子都保护得比较好，而兰田的嗓子远不如以前，高音顶不上去，只好把弦降低半个音。

会演前接到省文化局通知时，市委宣传部、市文化局的负责同志和几位领导在一起研究拿什么剧目参加会演。当时有人提议让兰田演《抱琵琶》，认为这出戏是个折子戏，演出时间短，比较省劲，适合兰田的嗓子和身体条件，同时戏的主题也健康。兰田经过慎重考虑认为演《桃花庵》更合适，并讲了两点理由："第一，从艺术性上讲，这出戏无论是唱腔还是表演，都比我演的其他戏更为精彩和细致。特别是'盘姑'一折，在唱腔的设计和演唱上有许多高难度的技艺，最能充分体现我的演唱水平和艺术特色。几十年来，我在这出戏的唱腔和表演上下功夫最大，也可以说这出戏的艺术成就最高。第二，《桃花庵》是一出精华和糟粕并存的戏，也是观众非常熟的一出传统戏。如果修改得好，一定会放出光彩。"

兰田看大家都表示赞同就继续说道："从解放前到解放后，这出戏我演了几十年，留也留不住，丢也丢不掉。作为经常上演的保留剧目吧，觉得它格调低，内容陈旧；抛弃它不演吧，又不舍得，觉得它在唱做方面保留着一些艺术精华。多年来一直想把剧本重新整理改编一下，做些推陈出新的工作，让这出戏能旧貌换新颜，长久地流传下去。1964 年之后古装戏禁演，这事便不再考虑了。现在省里搞流派会演，我想借这个机会，将这出戏整理重排，以实现我多年的夙愿，让专家和同行们提出意见，也便于我们将这出观众喜爱的传统戏改成思想性、艺术性较高的保留剧目。"

大家一致同意兰田的想法，便确定拿这出戏参加会演，并责成高连山执笔整理剧本。

高连山，剧团的老同志都称他"高股长""高科长"，原籍河北乐亭，青年时期随其哥哥在北京求学。解放初，他高中毕业后在北京华北大学知识青年训练班戏剧部学习，毕业后分配到平原省安阳市人民剧院任经理，后调任安阳市文化馆文艺股股长，不久又调到安阳市人民豫剧团任副指导员。1956年剧团改为国营安阳市豫剧团，高连山任导演。1976年任安阳市文化局艺术科副科长、剧目创作室副主任。

1956年，河南省举行首届戏曲观摩会演，高连山为崔兰田整理改编了传统戏《三上轿》和《铡美案》，修改整理后的剧本，主题鲜明，人物突出，唱词精练，文学性强，为此荣获了剧本奖。

1957年，崔兰田第一次率团进京演出。根据田汉的建议，排演豫剧独有的传统喜剧《对花枪》。由本团演员卢士元口述剧本，请河南省剧目工作室副主任、剧作家王镇南执笔整理，高连山也参与整理、改编。在北京演出后，吸取各方意见，高连山于1959年、1962年、1980年多次对剧本修改加工，精益求精，使《对花枪》成为崔派的经典剧目。

1959年春，崔兰田第二次率团进京演出《陈三两爬堂》，剧本由高连山根据开封市曲剧团演出本移植。北京京剧院程派名家李世济观剧后，根据崔兰田演出本移植为京剧。

高连山为崔兰田演出剧目的整理、加工、改编付出了很多心血。其中，下功夫最多、成就最大的当数《桃花庵》。

在谈到加工整理《桃花庵》的体会时，高连山说："修改《桃花庵》，主要是剔除和削弱宣扬封建伦理观念的消极成分，挖掘积极的主题思想，揭示妇女的悲苦命运。在长期的封建社会里，妇女处于夫权的统治之下，丈夫对于妻子的忠诚或轻率往往决定着妇女的终生命运。这是封建时代社会和家庭生活中的一个特点。我们认为，突出这样的主题可以体现一定的反封建倾向。对于封建残余还有待进一步肃清的今天，仍然是有现实意义的。原本中窦氏有这样两句唱词：'死过的张才夫再三埋怨，撇下这乱麻绳叫我撕拽不清。'从而联想到应该重新评说张才这个人物。因为他是造成剧中矛盾由来的关键，正是由于他对爱情的不忠，才造成窦氏和妙善两个善良妇女的无尽折磨和精神痛苦。而原剧写他多才多情，对他的过错毫无谴责。写他到桃花庵是妙善的勾引，这就大大损害了无辜弱女妙善的形象，也就很难表达什么有价值的主题。为了把颠倒的是非再颠倒过来，我们改动了原有情节，把张才从家中出去逛会，在茶楼与妙善相遇后，改为张才对妙善苦苦追求，并且隐瞒了家中有妻子的事实。这样，妙善这个长伴青灯，难耐尼姑庵寂寞的妙龄少女的正当要求才更能获得人们的同情。这样一改，便可以在'盘姑'一场中，使她们在'哭夫'后，转变为'十六年空为你守尸祭灵''死张才害煞咱两个活人'……都是为了表现主题写出来的。

1980年，崔兰田演出《桃花庵》

窦氏与陈妙善关系转变的契机也由此具有同'命'相怜的基础。此后，又在'争子'时，我们也改动了窦氏传宗接代等封建伦理思想的话白和唱词，造成窦、陈共处的基础不再是单纯为了传家的根苗，而是她们相依为命、共同生活的人之常情。"

在进一步调整和加强对窦氏和妙善这两个主要人物形象的塑造上，高连山认为：原剧中窦氏这个人物写的是比较好的，如写她"上楼盼夫""搜庵试探""盘姑巧问""闻夫死悲痛欲绝"等都是十分生动的，是个有血有肉的人物。但是，窦氏有两个地方必须修改：一是她的封建伦理观念比较浓重，二是她富家妇人的刻薄和冷酷。前者诸如她哭夫中的唱词"家花野花大不同，贪恋家花生贵子，贪恋野花一场空"，等等。后者诸如当她向王桑氏盘问蓝衫的来历时，王桑氏不敢明说，她便命家人拉下去毒打。还有对妙善的过头语言和行动，等等。

关于窦氏的性格，崔兰田和高连山反复琢磨研究，认为她既是富家妇人，但也是受害者。她有教养、有风范，干练、机敏，同时也是非常善良、贤惠和通情达理的。她自己命运悲苦，对和自己同样命运的人具有同情心。为了更好地表达主题思想，应着重写出她的人情美。当她明白事情的真相后，她不仅不再责备妙善"出家人不该把凡心来动"，反过来又真心实意地劝慰妙善。剧情发展到这里，高连山加写了一段唱词，这段唱词写得很精彩。杨兰春看后也很欣赏，并提笔改写了两句。

小妹妹只哭得两眼红肿，

她也是满腹屈难忍难平。

可怜俺两个人一样苦命，

她有屈我有恨将心比心。

我和你前无仇后也无恨，

（夹白）妹妹

咱都是妇道人被弃受蒙。

纵然咱都气死全然无用，

消旧仇除旧恨追源求根。

不恨天不怨地也不怪你，

死张才害煞咱两个活人。

好妹妹你放心咱往事不论，

1962 年，崔兰田演出《桃花庵》

我的好妹妹，

从今后咱二人相依相亲。

这段词写得感情饱满，富有同情心，非常感动人。兰田用慢"流水板"演唱，唱得极富感情。虽然没有激昂的高腔，没有婉转俏丽的花腔、大甩腔，但这段戏唱得韵味醇厚，如泣如诉，扣人心弦。

"搜庵"一折是窦氏和妙善面对面第一次"交锋"。窦氏从王桑氏口中得知妙善和张才的关系后，急于到庵中去查个明白，找回丈夫。窦氏进庵后见到妙善，细心观察妙善的体态，原本中窦氏的唱词有"我观她胸膛高必生过儿童"等不文雅的词句，修改后的唱词，主要描写妙善的紧张神情和窦氏此刻的心情：

小道姑来递茶她心神不稳，

眼低垂头不抬眉目含春。

道姑装虽清素不减人品，

白衣袖遮不住满面红云。

秀才衫落她手我十拿九准，

奴相公相交的就是此人。

我有心上前去把她来问，

（陈夹白）阿弥陀佛

她那里念弥陀轻摇拂尘。

手端起这杯茶我似饮不饮，

俺二人初见面各怀一心。

这样一修改，比原词符合情理，动作性也强了。对妙善这个人物的重新评价和塑造，是这次修改本"出新"的精彩之笔。他们在整理剧本时，对这个人物抱着很大的同情心。整理传统戏也要有创造性，要设身处地体验人物的思想感情。原本写妙善和张才相识时，是这样描写的：

茶楼下遇见了那位相公，

我看他、他看我眉来眼去，

我把他带到了小妹妹的庵中。

在此，妙善与张才一见钟情，坠入情网，便成为这场悲剧的根由。窦氏恨妙善也就理所当然。这是站在封建阶级的立场上，对妙善这个形象的莫大歪曲。妙善是个身世凄苦、流落佛门、少谙世事的妙龄少女，经不住张才的纠缠追求，又不知张才已有妻室，因而把青春错许张才。妙善接受张才的爱是可以理解的。张才病死后，她把他埋在大佛殿火池下，无非是想把这短暂的、但又是难忘的幸福回忆永远埋存在自己心里。当窦氏拿着蓝衫这一证据，揭出当年的隐秘之时，她有情有理地讲出了事情的经过：

心中有苦难张口，

又羞又气面绯红。

含泪再把姐姐叫，

妹妹苦处与你同。

世间夫妻知热冷，

出家人也非草木生。

当初相公苦求我，

佛殿神前海誓盟。

谁知他家中有姐姐在，

谁料他身染病短命丧生。

我妙善好苦的命啊！

在"争子"一场中，妙善在窦氏的支持下，大胆地道出积藏多年的愤恨心声，从而使苏昆夫妇也不得不产生怜悯之情。

可怜我苦命女双亲早丧，

实无奈流落在尼院庵堂。

菩萨尚能生佛子，

妙善却不能育儿郎。

生子难养抱庵外，

血书几行泪千行。

宝玉儿他是我妙善生下，

我的苏老爷，

你怎忍心割断俺骨肉情肠，

你怎能不叫他认下亲娘，

我的儿呀！

整理、改编后的《桃花庵》，还有一个非常成功的地方，就是保留了这出戏中在唱腔和表演上的精华。戏曲是综合艺术，剧本是基础。但是经过长期磨炼的表演和唱腔艺术有它特有的艺术魅力。在整理、修改剧本时，既改写了唱词，加强了剧本的思想性和文学性，又保留了原来的唱腔和表演，那才称得上是上乘之作。

高连山在这方面动了脑筋，下了功夫。如"九尽春回杏花开"那段典型的豫西"慢二八板"和"窦氏一阵泪双倾"那段"滚白"，在旋律和演唱技巧上很有特色，观众很喜欢这些唱腔，大家公认这些唱段最能够体现崔派的唱腔风格。高连山在改写唱词时采取步原韵，字数、句数与原词相当的办法，词变腔不变。如"哭夫"那段"滚白"中的最后一句，原词是"贪恋野花一场空"，改为"狠心人撇我一场空"。这样一改，词意较原词健康了，但"一场空"这个饱满、激越、怨愤的甩腔仍用原来的旋律、原来的唱法演唱，真正做到了去其糟粕、留其精华。

剧本整理好后，便集中精力进行紧张的排练。市文化局领导对重排《桃花庵》十分重视，对角色安排做了认真的分派。剧中两个主要角色窦氏和妙善由崔兰田和崔兰玉扮演，张宝英和郭惠兰扮演这两个角色的 B 角。

这次流派会演是继 1956 年首届戏曲观摩会演之后，在豫剧史上很重要的一次艺坛盛会。豫剧各流派的代表人物，在中州舞台上展览演出各派最拿手的代表剧目。郑州 4 家剧院同时演出 10 个流派的 8 台好戏，不同风格的优秀剧目竞芳斗艳，各显风采。

会演期间，崔兰田在观摩场演出"搜庵""盘姑"两折，第一折"收子"和最后一折"争子"由张宝英扮演窦氏。对外公演，崔兰田也只演出了两场，其他演出场次由张宝英和郭惠兰主演。她们的演出很受欢迎，在崔兰田不出场的情况下，观众看戏仍然十分踊跃，并且对宝英和惠兰的表演评价很高，公认她们是崔派艺术的优秀传人，这使崔兰田感到非常欣慰。

大会评论研究组对她们的演出组织了艺术讨论会，对崔派艺术的评价，大会简报上这样写道："关于唱腔艺术方面，大家一致认为，崔兰田同志造诣很高，是豫西调唱腔的代表人物；她擅演端庄贤淑、善良坚贞而又命运悲苦的妇女。在发音吐字上，功力很厚，尤以鼻音见长，余味无穷，声情并茂，朴实无华，典型地体现了我国民族戏曲音乐的'美'。"

中国艺术研究院戏曲研究所副所长何为从社会发展史的角度，深刻地分析了《桃花庵》一剧的思想意义，认为这个戏说明了一个真理，尽管生活距离现在很远，但私有制造成的祸害及给予我们心灵上的毒害至今仍未完全消除，而且今后也会存在一个相当时期。由于丈夫对爱情的不忠而造成的家庭悲剧，对于今天来说，仍有其现实意义。怎么帮助群众看这个戏，我们在评论上要做些解释。何为在郑州观看了她们的演出后，热情地题词相赠："曹州奇卉有兰田，姐妹师徒桃花庵。一出盘姑声与泪，余音未罢心已酸。"并且称赞道：《桃花庵》一剧可称兰田同志绝唱，其中"盘姑"一出尤为精彩。兰田演窦氏，兰玉饰妙善，姐妹二人交流配合极妙，相得益彰；兰田高徒张宝英饰前场窦氏，颇得其师真传。兰田不仅树艺，且亦树人，益足称颂。

会演期间，崔兰田等几位流派代表人物在大会上发言，介绍自己的艺术经历和艺术特点。在中州影剧院，面对全省1000多位同行，崔兰田讲述了自己演唱时的一些体会，会上很多人给她递纸条，让她讲发声、运气的方法和唱腔方面的经验，她结合《桃花庵》《秦香莲》和《三上轿》中的角色，现身说法：

多年来，我在传统剧目中扮演的角色大多是悲剧性格的人物，是旧时代受压迫、受欺凌的妇女形象。我非常同情秦香莲、崔金定（《三上轿》）、

《桃花庵》剧照，崔兰田（右）扮演窦氏，崔兰玉扮演妙善，1980年于郑州

窦氏（《桃花庵》）、陈三两等人物的遭遇，她们是千千万万旧中国受迫害妇女的典型代表，但由于她们各人的身世、环境、性格不同，在表现这些人物的思想感情时便不能用一种固定不变的唱腔来演唱。比如秦香莲、崔金定和窦氏这三个人物在戏里都有感人的哭腔，都是哭，但是又各不相同。三种哭腔要哭出三个人物。秦香莲携儿带女，千里迢迢来寻找得中状元的丈夫陈世美，

不料陈世美在宫中被招为驸马，不予相认。香莲恨陈世美忘恩负义，不认妻子儿女。"夫君在宫中招马，我流落在宫院抱琵琶"的凄惨遭遇是够伤心的了，但她很善良，只要丈夫能够回心转意，认下他们母子三人，她可以委曲求全。因此她伤心，她要哭。但又要说明道理用感情打动负心的丈夫。

崔金定的丈夫被恶霸张炳仁用药酒毒死，自己又被逼迫嫁给张炳仁。崔氏此刻的心情是非常悲痛的，但她不是一个弱女子，她是一个性格刚强富于斗争精神的人。她决定要怀揣钢刀上轿入府，刺死张炳仁，为夫报仇雪恨。她第一次上轿，看见公婆哭，不忍心舍离公婆。第二次上轿，听见不满周岁娇儿哭，又不忍心撇下亲骨肉上轿，她心里万分悲痛，但为了杀仇人报夫仇，她强忍悲痛，劝说公婆照顾好襁褓中的孩子。刻画崔氏此刻的心情就不能只是喊天怨地的嚎啕大哭，而是哭得悲中带着愤怒。

《桃花庵》中的窦氏和秦香莲、崔金定却不同，她是个不愁吃穿，饭来张口、衣来伸手的大家夫人。但在精神上她有其难言的痛苦，丈夫外出一十六载，音信杳无。她日日盼月月等，盼望丈夫有朝一日返回家中。但是，在"盘姑"一折中从陈妙善口中得知，丈夫早已死去，她完全绝望了。16年思夫盼夫，盼来一场空，她悲痛欲绝，嚎啕大哭，哭得死去活来。

《三上轿》剧照，崔兰田扮演崔金定，1980年于郑州

在日常生活中，我见过很多妇女死了丈夫，简直是塌了天，没法活下去了。有的是大哭，有的是哭不出声来，别人不劝还好，如果有人上前劝她几句哭得更痛，一声高一声低，昏过去又醒过来。我根据平时观察到的这种种哭声，把它自然地融合到"滚白"唱腔中，这样唱起来，觉得很舒展、自如。

几十年来，无论是演传统戏还是演现代戏，在设计唱腔方面经常遇到这样的情况，为了更好地刻画人物，有时便感到原有的唱腔不够用，需要借鉴和吸收外剧种或其他曲调的东西来丰富补充。如"秦香莲抬头我叫青天"这一句唱腔中，就吸收了河北梆子的旋律。这一句高亢激越的唱腔和前边"三百两纹银我不要"那一句低沉的唱腔形成强烈的对比，演出后效果很好。

以上拉拉杂杂谈到的这些体会，是我几十年来在老师傅的培养和前辈的帮助下取得的一点收获。特别是在解放后的 30 年舞台实践中，先后得到戏剧界前辈夏衍、梅兰芳、马少波、白云生、尚小云诸位先生的指教，我省文艺界杨兰春、李准、袁文娜、王基笑等同志以及和我合作多年的高连山、张志英、邢宝俊、渠永杰、孙得胜等同志也都给予我很大帮助。

河南省豫剧流派会演的意义，就在于它大张旗鼓地树立起了以演员个人演唱风格为代表的豫剧各个流派，常、陈、崔、马、阎被广大观众约定俗成地称为"豫剧五大名旦"，它标志着豫剧在这个时期的成熟、兴旺与发达。以演员个人演唱风格为标志的艺术流派的形成，标志着一个演员独具的艺术风格的成熟，同时也标志着他的舞台艺术达到了那个时代的艺术高峰。流派艺术具有极大的吸引力、号召力，为同时代的同行、观众所欣赏、倾慕。其唱，往往成为该剧种的一种绝唱；其表演，往往成为该剧种的绝活、绝招。青年后学者对之竞相模仿，并在模仿的基础上不断扬弃，直至创立新的流派。这些流派之所以被社会承认，就是因为它有高超的艺术水平，独特的艺术风格，盛演不衰的代表剧目，默契的合作集体，忠实而优秀的传人。

二十二、德艺传家

1980 年 7 月北京演出结束后，尽管好评如潮，但崔兰田清醒地意识到，她的舞台生涯也该画一个圆满的句号了。张宝英等年轻一代已经能够接班了，应该把舞台交给他们了。

于是，她毅然决然地离开剧团，到安阳市戏剧学校当校长，执掌教鞭去了。虽然她还担任剧团团长的职务，但是不再参加演出，也不再过问剧团的事情，而是将全部精力投入戏校教学工作上。

安阳市戏剧学校是 1963 年 9 月 10 日经市委批准成立的民办戏剧学校，由崔兰田兼任校长，当时校址设在东冠带巷 5 号的市委宣传部旧址。教师由各剧团抽调，课程分专业课、文化课。专业课有武功、身训、把子、毯子，文化课有语文、数学、历史、政治。原计划招收 60 名 9 至 12 岁的学生，分豫剧 40 名，四股弦 20 名，实际招收了 70 名学生，学制 5 年，后因"文革"缩短为3年。学校经费由市内各剧团分担，豫剧一、二团每月各拨款500元，四股弦剧团拨400元，教师工资均由原单位支付。

1964年，戏校迁到大院街豫剧一团旧址。1965年各剧团停拨经费，学校仅靠政府零星拨款难以支撑，遂于1965年春节开始排戏，进行营业性演出。当时演出的剧目有豫剧《朝阳沟》《红灯记》《借牛》《师生之间》《白毛女》《游乡》，四股弦《红嫂》《审椅子》《补锅》等。同年夏天，学生们赴郑州汇报演出，受到省会各界好评。

1966年，市政府拨款拆除了学校的危房，又新建了13间较大的校舍，排演了豫剧《草原英雄小姐妹》《红灯照》等。十年动乱中剧团停演，戏校也停办了。

1979年9月10日，安阳市戏校恢复，崔兰田仍然兼任校长，副校长为张维彬、魏明路、宋保筠。教师有19名，其中武功教师有7名，音乐唱腔教师5名，文化教师2名。当年就招收学生100名。现在安阳剧团的骨干演职员，大多出自这批学生。此后，兰田又多方奔走，为这批学生跑指标、跑学历。终于征得省文化局的同意，给安阳戏校下达了中专指标50名，经考试合格者承认中专学历并分配工作。

79届的学生在学习环境和教学质量上，都比以前有了很大提高。仅79届学生演出的剧目就有《白蛇传》《桃花庵》《秦香莲》《对花枪》《陈三两爬堂》《水帘洞》《花蝴蝶》

1981年，崔兰田辅导安阳戏校79届学生排戏，并做示范表演

《白水滩》《三岔口》《挡马》《王佐断臂》《盘肠战》《打神告庙》《拾玉镯》《秋江》《柜中缘》《火焰山》《三关点帅》《卖水》《宇宙锋》等。

1985年9月，省教育厅、文化厅批准戏校改为"安阳市文化艺术职业中等专科学校"。1988年安阳市戏校与濮阳市戏校合并，易名"安阳文化艺术学校"，崔兰田仍为校长。1990年参加第二届河南省艺术节，演出《飞夺泸定桥》获"蓓蕾荟萃"最佳演出奖。翌年赴北京演出，中央电视台在《新闻联播》中报道："著名豫剧表演艺术家崔兰田率领安阳文化艺术学校来京演出豫剧现代戏《飞夺泸定桥》，受到首都观众热烈欢迎。"

中国艺术研究院副院长薛若琳以《大渡桥横铁索寒》为题在《人民日报》撰文，称赞该剧"是一次别开生面的演出"，"贵在创新，自成一格"，"使高超的舞蹈运用与精彩的舞美设计融为一体"，"运用大幅度的舞蹈动作和高难度技巧，为戏曲侧重舞蹈手段表现革命战争题材闯出一条新路"。

兰田身为一校之长，肩负领导工作，但她仍然坚持亲自给学生们上课。到外地实习演出，她陪学生们一块儿演出。她认为，在课堂上讲和示范表演与在舞台上演出还有一定区别，为了让学生更好地领会她在课堂上讲的东西，她便利用实习演出的机会让学生观看她在舞台上如何演唱。

在给年轻的教师和学生们上课时，兰田结合自己的人生经历和艺术实践，经常会语重心长地这样讲：

> 作为一名戏曲演员，在舞台上要认认真真演戏，在舞台下要堂堂正正做人。立艺先立德，无德不成艺。正如孔子在《论语》中所说："子欲为事，先为人圣"，"德才兼备，以德为首"，"德若水之源，才若水之波"。一个人最大的靠山，不是他取之不尽的财富，不是他令人羡慕的婚姻，不是他显赫的家庭背景，而是他的人品。做人，永远记得要把人品放在第一位！人品好，才会在逆境中扶摇直上，才会在困难中有人支援，才会在误

解中得到信任。

人品是什么？人品是一个人一辈子最贵的资产。这种资产，能帮你逢凶化吉，能助你脱离困境，能让你成就自己！人品是最硬的底牌。人活一辈子，人品永远都排在第一位。厚德方能载物，一个人的品德是万物的载体。有了人品，才有一切，没了人品，再有能力也白搭。一个人，若能力不出众，可以慢慢培养。但若人品不行，没有谁会信得过，人品有失的人，永远是不会让人放心的。人品差，即便你有才能又如何？照样被人嫌弃和排挤。人品好，为人厚道，待人真诚，即便身处窘境，也不会阻挡你的福气。因为好人品，本身就能吸引别人的认可和支持，这些都会化作前进的动力。不管做人，还是做事，我们靠的就是真心立于人前。人活一世，拥有好的人品，做个善良的人，才是人生最大的底气。所以，我们无论身处何种境地，都要以人品为重。

《战国策》有云："物以类聚，人以群分。"和谁在一起，对一个人的影响甚大，往往决定你一生的命运。正所谓"近朱者赤，近墨者黑"，接近好人能使人变好，接近坏人能使人变坏。与人交往，必先看人品。心不善，不处；品不正，不交。

宋代许斐在《戒世人》中说："与邪佞人交，如雪人墨池，虽融为水，其色愈污；与君子之交，如炭入熏炉，虽化为灰，其香不灭。"

在给学生上专业课时，她说：

中国戏曲的表现形式，基本上是以歌舞表现故事，它通过唱、做、念、打的手段在舞台上反映历史的或近代的广阔生活，给观众一种美的艺术感受。因此表现这种反映生活的手段——唱、做、念、打就需要具备一套完整的技术，也即是程式。否则，就无法深刻而又细致地表现人物、刻画人物，表达复杂的剧情、复杂的人物关系。这套程式并不是某几个人凭空想出来的，而是千百年来历经前辈艺人的舞台实践，千锤百炼，逐渐创造出来的。作为一个戏曲演员，就应该掌握这套技术，通过技术来表现人的心情、性格和思想，借以塑造人物，这是戏曲艺术的特殊手段。没有这种手段的积累和实践，仅凭着内心体验和一个人的生活经验，是上不了戏曲舞台的。

要想掌握这套技术也不难，那就是勤学苦练。俗话说得很有道理："台上一分钟，台下十年功。"要想当一名合格的戏曲演员，必须刻苦钻研、勤学苦练。一样的戏词，有功夫、有研究的人，就能唱得既好听，又感动人；没有功夫的演员，唱起来就会凉腔掉板，吐字不清。"吐字不清，如同钝刀子杀人。"所以说，唱要唱得"字正腔圆"，也要唱出个眉目来。唱也不能一丝不变地怎么学就怎么死唱，要有借鉴和吸收。我们戏曲的唱腔，向来是不反对借鉴和吸收的。不借鉴吸收，从哪里创造新腔？我这里讲吸收，不是把人家的腔调搬过来硬套在我们的戏里，我们要融化别人的腔调来丰富我们的唱腔。

研究唱腔，自然要弄清楚吐字、四声，还应当辨别字声的抑扬，分清字音的清浊，再掌握住发声吐字的方法，然后探讨唇、舌、齿、牙、喉的

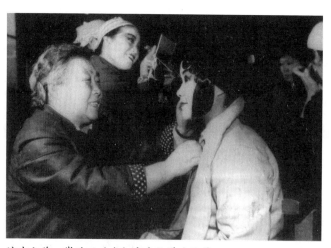

演出之前，崔兰田（左）亲自给学生化装

发音。学习行腔，一定要学会换气，换气并不是偷气，行腔而不善换气，则其腔必飘忽无力，会造成竭蹶笨拙，使人们无法再听下去了。

戏曲界的前辈，在讲到做派时，讲究

"含而不露"，动中有静、静中有动，要用心里的劲儿来指挥动作，硬砍实凿地做，反而不美了。一切做派的身段姿势，一定要根据剧情规定的人物来处理，绝不是掌握几个套路在任何戏里往上一套就行了。凡是人物的身份、年龄、出身、性格遭遇不同，就不能硬用同样的身段来表现他。

戏曲谚语中有这样一句话："千斤念白四两唱。"由此可见，念白在戏曲艺术中占有多么重要的位置。我们平常说话，自然要讲语气，念白也是如此，什么情况下应当急念、慢念、气愤地念、忧思地念、悲哀地念、抒情地念，当然要看剧情给人物规定的情境。但是，最主要的还是要看具体的人物，他的具体遭遇，才能决定念白语气的轻重缓急。如果是连续性的话白，配以强烈的舞蹈动作，必须搭配整齐，相互倚重，才能见功夫。所谓口到、手到、眼到、身到、步到，不能有丝毫的间断割裂，这样念起来才有神气。倘若身段不能很好地配合话白，不论念白多么"尖团分明""抑扬顿挫"，也照样表现不出神气来。

每次给学生上课或者跟年轻的教师们谈话，她都强调：

"子不教，父之过。""教不严，师之惰。""师傅领进门，修行在个人。"我是信奉这些俗语的。早在30多年前，我就跟张宝英讲过："我希望你将来能超过我。"今天，我还是要把这句话讲给你们听，我希望我所有的学生将来都能超过我！在你们学艺的道路上，我愿意当一个领头羊，做一块奠基石。希望大家能踏着我这个"人梯"攀登艺术的高峰！

那时候，她住在郭家湾，离艺校比较远，每天上下班也没有汽车接送，都是老伴儿蹬着三轮车载着她，无论冬夏，风雨无阻。

学生实习演出，她坐在台下目不转睛地盯着每一个学生，谁哪点演得好，谁哪点还需要加工，她都记在心上。等住了戏，就把学生叫到舞台上，现身说法。她跪在地上，一招一式地给学生示范、讲解，等学生理解了，学会了，她跪在地上已累得起不来了，几位教师、学生急忙把她搀扶起来。

对有培养前途的学生她要求特别严格，每天坐在藤椅上边抽烟边监督他们练功、学习。每当下课铃响过之后，她总要让几个尖子学生再多练几遍，亲自把关，直到她满意了，才允许他们下课。她说："这班孩子不肯下苦功夫，我就只好采取这种'逼迫'的办法。你不学扎实，我就不放你过关。"排戏或上课时，她不许学生穿裙子、大裤头，不许穿高跟鞋、拖鞋，不许抹口红。发现有人违规，她会非常严厉地批评并让其立刻改正。

在全省艺术学校检查评比中，常香玉、马金凤、阎立品、赵义庭、李斯忠、李兰菊等老艺术家看了安阳艺校的汇报演出后，非常满意，对兰田的教育思想倍加推崇，对她这种化作春泥更护花的精神非常敬佩，称赞她为豫剧又培养了一批人才。

崔兰田是一位极善吸收、锐意创造的艺术家，她教学生从不抱门户之见，为了使学生博采众长，她亲自送学生到西安豫剧团向张敬盟学习《王佐断臂》，向曹子道学习《古城会》，向山西晋剧学习《三关点帅》。她还专门请杨兰春、王基笑、桑振君来学校讲课、排戏。河北邯郸东风豫剧团的胡小凤、牛淑贤到安阳演出，请兰田去看戏指导。兰田给她俩提了一个附加条件：每人给艺校的学生排一出戏。小凤、淑贤欣然从命，小凤给学生排了《宇宙锋》，淑贤给学生教了《卖水》。

1989年，河南省文化厅在郑州召开豫剧艺术发展战略研讨会，崔兰田抱病参加，并在会上发言《多出人才　振兴豫剧》：

　　　如何培养舞台新秀，历来是八仙过海各显其能。实践证明，办戏校、
　　办培训班、拜师学艺等，都是行之有效的生"才"之道。根据我自己学艺
　　的经历和带徒弟的经验悟出了这么一个道理：不论是在戏校接受正规训

练，还是随团学艺，对于天赋条件优越、学习成绩突出的，认为是能培养成艺术尖子材料的高才生，在他们掌握基础业务知识和表演技能之后，由艺术造诣高的老师亲自传授，是培养尖子演员的有效途径。这就是我们常说的"名师出高徒"。中国戏曲艺术好多过硬的真本领和绝活，往往都藏在艺人肚里，留在艺人身上。后学者要想将这些技艺学到手，必须亲自向他们学，亲眼看他们演，再经过自己苦练、吸收、消化、实践，才能变成自己的本领。

我经常讲，跟我学不要单纯追求唱得像我。因为每个人的声带条件不同，要在发声、运气、吐字这些基本方法上认真学、扎实学、刻苦练，切不可只在"像不像"上费劲。要用我教你的方法，结合自己的条件，融会贯通，为我所用。只有将方法学到手，在演唱中能够灵活运用，自如发挥，日久天长，你就会有所积累，有所进步，有所发展。在学艺上从来没有捷径可走，只能是"书山有路勤为径，学海无涯苦作舟"。

培养青年一方面在台下教，一方面要在台上带。要多给他们演出机会，让他们在台上摔打、锻炼。要有意识地把学生推到第一线，为他们成才"搭桥铺路"。

培养徒弟，不应有门户之见，应打破流派的界限，跨越故步自封的樊篱，把自己的学生给高手锤炼，使其博采众长，后来居上。

培养青年演员，我有一点重要体会就是下手早比下手晚强。张宝英、郭惠兰向我拜师那年，我才32岁，正是精力充沛、演出效果最佳、在舞台上显露才华的黄金时代。她们在台下听我讲，在台上看我演，两相对照学习，再加上自己在舞台上实践锻炼，进步自然很快。我热切地希望现在活跃在舞台上的中年演员们，要把培养青年演员的任务担起来，如果我们豫剧界的中年表演艺术家们每个人能带出一个青年名演员，我们的事业将大有希望。

5天会期，她自始至终一天不落地参加到底，与河南戏剧界的专家、名流共商振兴豫剧大计，她这种高尚的敬业精神受到与会同行的敬佩。

1982年，安阳市豫剧一团重排了多年不演的崔派名剧《三上轿》，由兰田的二徒弟郭惠兰主演。惠兰很想请老师来给说说戏，指点指点。可是，她觉得老师身体不好，天气又热，即使跟老师说了，还不知道她能否来剧团，何况剧团又在新乡演出。兰田得知这个消息后，当天便坐火车来到新乡，在宿舍里一字一句地给惠兰讲解人物性格、唱腔特点，把自己的演唱技巧毫无保留地传授给学生。在排练场上，她一丝不苟地亲自示范，使郭惠兰很受感动。郭惠兰的嗓音很像兰田，唱起来也颇有兰田的韵味。她鼓励惠兰在艺术上多下功夫。

一个多月后，郭惠兰在郑州河南人民剧院演出《三上轿》。当时兰田正在郑州开省文代会，陈素真恰好也住在郑州儿子家养病，剧团想请陈素真来看戏，陈素真因病在身，婉言谢绝了剧团的邀请。无奈，剧团只好把兰田搬来了。

兰田拉着马金凤和剧团的领导一块儿来到陈素真儿子家。陈素真一看见兰田，高兴得紧紧拥抱在一起，她又满面笑容地拉住马金凤的手问："您俩咋有空到我这儿来啦？"兰田说："听宝英说你病了，俺俩正好在省里开文代会，我就拉着金凤姐看你来了。"马金凤快人快语，开门见山地说："大姐，我俩一来是看望你，二来是想请你今晚去看兰田的学生郭惠兰演出的《三上轿》。"

"金凤的嘴真是厉害，你这么一说，我是非去看不可啦。"陈素真一边给她们倒茶，一边接过话茬说。

听陈素真这么一说，兰田反倒不好意思了："大姐身体不舒服，就等病好了再约个时间去看吧。"

"你们俩一来，我啥病也都好了。今天晚上，咱们一块儿看戏去。"陈素真爽快地接受了邀请。

兰田谦虚地说："这出戏我还是跟你学的，我学得不好，也教不好她们，请你去看看，帮助点化点化她们。"

当晚，陈素真观看演出后兴致勃勃地走上舞台，祝贺兰田又培养了一个好徒弟。她赞不

在崔兰田（前排右一）陪同下，陈素真（前排右二）观看《三上轿》后，到后台看望主演郭惠兰（前排左一）等演职员，1982年9月于郑州

绝口地夸奖郭惠兰：嗓子好，唱得好，剧团台风好。当场现身说法，传授技艺："当年我在开封演这出戏时，几乎唱一段叫一个好。因为那时豫剧的唱腔一般都比较简单，观众听到我唱的这些调儿觉得很新鲜、好听，便情不自禁地给我鼓掌喝彩。原来的新唱腔，现在听起来已经不新了。因此你们青年人只有不断革新创造，才能满足今天观众的要求，使我们的豫剧艺术不断发展、提高。"

马金凤对演出也提出很多宝贵的改进意见。

在场的青年演员聆听了三位前辈艺术家的教诲，从三位老师互相支持、真诚相待、提携后人的高尚品质中受到很大教益，特别是对崔兰田甘为人梯、诲人不倦的精神由衷钦佩。

二十三、情系故里

　　1981 年秋，安阳市豫剧一团在西安演出期间，各界朋友纷纷通过剧团领导表示想邀请崔兰田重访西安，与阔别 16 年的西安观众、文艺界朋友再次相聚。观众的强烈要求，勾起了崔兰田心底蕴藏多年的对西安无限眷恋的情愫。

　　西安是崔兰田演艺事业的发祥地，这里的观众对她非常熟悉。20 世纪 40 年代，她以豫剧豫西调特有的悲腔寒韵，拨动了留守在大后方的民众思亲人、念家乡、期盼团圆的心弦，常常使观众热泪涟涟，泪湿衣襟。与常景荻合作演出宣传抗日主题的"樊戏"，利用高台教化，激发了西安民众抗击日寇誓死不当亡国奴的爱国热情，也为她个人艺术风格的形成奠定了基础。在西安，她与常香玉合作为西安灾民募捐义演，感动了豫陕商贾、市井百姓，大家慷慨解囊，有钱出钱，有力出力。她俩在相距不远的两个剧场新民戏院和民乐园，不约而同地主演同一个剧目，以"打擂台"的方式竞演《天河配》《秦雪梅吊孝》《游龟山》，曾经吸引了众多的西安观众。新中国成立后，她在这里成立了自己的豫剧班社"兰光剧社"，在国民市场首场演出了《秦香莲》。豫剧界赫赫有名的三位黑头名家周海水、韩全友、曹子道先后扮演同一个角色包公，分别傍着崔兰田演出了《拦道》《公堂》《见皇姑》折子戏，在当时传为美谈。1956年改为国营安阳市豫剧团后，崔兰田曾率团多次返回西安演出。演出旺盛季节，他们曾经分成两个演出队，深入西安城乡演出。"文革"前，她最后一次去西安演出是1965年，那次演出的主要剧目是《红灯记》。兰田扮演李奶奶，崔少奎扮演李玉和，张宝英扮演铁梅，那时宝英才25岁。16年后，当安阳市豫剧一团再次来西安演出，宝英已经是在豫剧界颇有名气的中年演员。《西安晚报》《陕西日报》对张宝英的表演艺术大加赞扬，给予很高评价。

兰田听说安阳市豫剧一团在西安演出很受欢迎，年轻一代把她创立的崔派艺术展现在西安舞台，让西安观众从他们的演出中重睹了崔派艺术的神韵，她心中非常高兴。想到昔日在西安演出的情景，兰田心中有些伤感。因为西安毕竟是她舞台生涯中最难以忘怀的地方，她在那里学到很多东西，那里有她的良师益友；她在那里成名，那里有许多迷恋她艺术的观众；她在那里受过挫折，受过迫害，在那座古城里使她懂得如何做人，如何奋争。她多么希望能再到那里为厚爱她的老观众演唱几句啊！

正当她心系西安时，西安市文化局致电安阳市文化局正式邀请崔兰田到西安演出，并说这是许多西安观众的强烈要求，哪怕请崔兰田清唱一段或跟观众见见面也行。局领导到家里向兰田转达了西安市文化局的邀请，问她身体状况如何，能不能去西安。若是其他地方邀请她去，她会婉言谢绝，因为她的嗓音已经失润，不再参加对外公演。可是，一想到西安，她心情无比激动，那里是她的第二故乡，那里有太多她割舍不下的情感。她果断地说："到西安去是老闺女回娘家。我唱得再差劲，娘家的父老乡亲也不会嫌弃我。如果我不去，将会使他们感到失望，我会坐立不安的。"于是，兰田毫不犹豫地答应去西安演出。

1981年11月6日早晨7点，在市文化局副局长路秀琴和胞妹崔兰玉的陪同下，兰田乘火车到达西安。西安市文化局的浩然同志专门到车站迎接，浩然见面就解释："昨天晚上接到电报后已经11点了，没有来得及告诉局领导同志，所以只有我一个人来接你，很抱歉！"

兰田说："是我让安阳市文化局的同志晚点发电报，因为我们到达西安的时间是早晨，同志们还没上班，免得大家起这么早来车站接我。我到西安来，是回娘家，西安的道路我非常熟悉。没有人接站，我也会走到剧场。老闺女回娘家，让大家兴师动众地迎接，怪不好意思的。住下来之后，我去拜访大家。"

浩然陪兰田乘车来到第三招待所，这里原来是杨虎城将军的公馆。吃过早点，回到房间时，《陕西日报》《西安晚报》的记者已经在门口等候。浩然对他们说："兰田同志刚下火车，需要休息，她在西安的演出活动还未研究，请你们下午同我联系。"

兰田看报社的同志如此热情地前来采访，不愿让他们失望，于是急忙对浩然说："既然报社的同志已经来了，咱们现在就定一下演出时间和剧目吧。"

浩然说："听说您身体不大好，本来不该打扰您休息，可是西安有您的许多老观众，他们有的给局里打电话，有的给局里写信，强烈要求您来西安和大家见面，因此，我们才冒昧地去电邀请您。您今天到达西安的消息我们没有向外透露，可是记者们的消息特别灵通。没想到您刚下火车他们便跟来了。兰田同志，根据您的身体情况，演大戏恐怕不现实，您先住下来休息两天，然后，安排在哪天清唱两段与观众见见面，您看如何？"

西安文化局的同志很体谅兰田，担心她一路鞍马劳顿，想让她多休息两天，可是兰田心想："我既然来了，不化装演出，只清唱两段，怎么能对得起西安的父老乡亲？"她问浩然："剧团在西安的演期还有几天？"

"时间可以延长，您休息休息，哪天演出都可以。"

"这样吧，今、明两天我休息一下，再到各处拜访下。从后天开始先演两场《桃花庵》，中间休息一天，然后再演 5 场《秦香莲》。7 场戏，我看基本上可以满足观众的要求吧。"

听兰田这么一说，两位记者和浩然的脸上流露出惊喜的笑容。

浩然说："兰田同志，演这么多场，您身体受得了吗？"

崔兰田回答："没问题，我没有那么娇气。既然来了就让观众满意。清唱两句观众会看得不过瘾，我自己也觉得对不起观众。不过我的嗓子不如以前了，请同志们包涵。"

中国的戏曲艺术和普通老百姓有着血肉相连的紧密关系，每个剧种、每个剧团和每一个优秀的演员都拥有许多戏迷，正是这些戏迷，促进了演员的艺术成长，促进了剧种的繁荣发展。

五四剧场的同志反映，剧团在西安演出一个月期间，几乎每天都有几位上年纪的观众打听："崔兰田哪天上台？""崔兰田还在不在这个剧团？""崔兰田还能不能唱？""请您转告剧团，西安的老观众盼望崔兰田同志来西安和大家见见面。"由此可见，崔兰田和她的流派艺术已经在群众中扎根，具有最广泛、最深厚的群众基础。群众对她的期盼，也可以说是对复兴民族艺术的呼唤。

1981 年 11 月 8 日晚上，崔兰田在阔别西安戏曲舞台 16 年后，再次在五四剧场首场演出《桃花庵》。演出自始至终气氛热烈，随着剧情的进展和她的表演，在爆满的观众席中，人们时而凝神屏息，时而开怀大笑，唱到高潮处，台下响起由衷的掌声和喝彩声。剧终后，崔兰田再三谢幕，热情的观众还是不肯离开剧场，他们起劲地喝彩鼓掌，有的人离开自己的座位，挤到舞台前向兰田招手，为的是更加清楚地看她几眼。看到观众如此热情，兰田也情不自禁地淌下热泪。这一场戏不是一般的演出，是她和第二故乡的父老乡亲的重逢、欢聚。她示意乐队演奏"二八"过门，又清唱了一段"见皇姑"，观众才依依不舍地走出剧场。

在兰田演出的这7场戏期间，戏票非常紧张。每天晚上开演前，剧场门前总是有好多人在等着购买高价票。一天晚上，崔少奎拿着一张戏票在剧场门口等客人。有一位老大娘走到他跟前说："同志，卖给我一张票吧。"少奎操着西安话对她说："俄在等朋友呢，就这一张票。"大娘笑了笑说："你说西安话，我也看出来你是安阳剧团的。我是个戏迷，我最爱看崔兰田的戏。解放前，在新民戏院我经常瞧她的戏。这几天，我天天来买票，可是票太紧张，天天客满。大兄弟，把你那张票卖给我吧。"少奎觉得这位老大娘说得挺可怜，自己等的客人又迟迟没来，便将这张戏票送给了这位戏迷大娘。大娘接住戏票后，像孩子似的做了个鬼脸，对少奎说："大兄弟，你上当了，我已经看过两场了，今晚看了，明天我还要来看。"说完，大娘就汇进了入场人群中。

《西安晚报》的老记者张静波，自称是兰田的老观众，兰田到西安的第一天晚上他便赶到剧场来采访。当他得知西安豫剧团的曹子道、常景荻、张凤云等老演员要来看兰田，于是他便跟踪而至。见面后，他送给兰田一张当天的《西安晚报》，上面登载着一篇400多字的小文章，题目是《我的小出身》，下边署着兰田的名字。他对兰田说："没有征得你同意，刊登了你的文章，你不会有意见吧？"没等兰田答话，他又继续说道："我们报社有好几位老同志都是你的老观众，有一位老编辑对你的情况特别熟悉，当得知你来西安演出的消息后，觉得应该好好宣传一下，但马上又组织不来大文章，于是便从你去年在河南豫剧流派会演大会上的发言中摘录了这一段，以你的名义登出来了。"

兰田向张静波道谢，并向他介绍与曹子道、常景荻、张凤云的交情："我们四个人40年代在西安合作，景荻配我唱小生，曹子道配我唱须生，张凤云唱二旦。50年代，我回河南在安阳落户，他们三人仍留在西安。景荻在狮吼剧团当导演，协助樊粹庭先生排了许多戏，培养了好多青年演员。曹子道和张凤云在民众剧团挑大梁。现在两个剧团合并为西安市豫剧团。我们现在都是年过半百的老艺人了。"

经过十年动乱之后，他们能在西安重逢，见面后自然有说不完的话。当年在西安都是小伙子大姑娘，而今都已是花甲之年了。曹子道还是老脾气，爱"骂大会"开玩笑。景荻仍旧爱说爱笑，粗声大嗓，说起话来像个男人。张凤云文静寡言，一派大青衣的风度。

兰田拿出一张 38 年前与常景荻的合影给他们看。

景荻看着照片，激动得满面通红："好妹子，你从哪里找出来这张宝贝照片？那时咱俩才 18 岁吧。"

"看这小两口多般配，就像一对金娃娃。"曹子道冒出这么一句当年樊粹庭常挂在嘴边的话。

张静波看着照片说："不仔细看，还真认不出来这位少年打扮的美男子就

1981 年，崔兰田重返西安，与老朋友一起游览华清池。右起：赵玉兰、常景荻、崔兰田、张凤云、崔兰玉、马蓝鱼

是常导演当年的英姿。"他手持照片，细心观察着几位老朋友的言谈举止，听着他们讲述着往事趣事，他脑海里已经开始在不动声色地构思文章了。几天之后，张静波写了一篇题为《崔兰田与常景荻》的文章，刊登在《西安晚报》周末特写版上，并附印着她俩那张合影。

11月16日上午9点，安阳市豫剧团和西安市豫剧团在五四剧场举行联欢，演出了4个折子戏：张宝英主演《抱琵琶》、崔兰田主演《见皇姑》、常景荻主演《小宴》、崔兰田和曹子道主演《卖苗郎》中"摔碗"一折。常景荻和曹子道都是多年不登舞台了，他俩的嗓子全坏了，唱戏如同说话。但是他们那精湛的身段表演，让团里的青年们赞叹不已。

互相交流，互相学习，取长补短，是兰田这次重返西安与老观众、老朋友相聚的意义所在。老一代的深情厚谊，通过这次联欢感染了年轻的一代，安阳市豫剧团与西安市豫剧团也进一步加深了兄弟般的友谊。

1984年的农历阳春三月，鲁西南古曹州大地的牡丹花盛开了，芬芳四溢，满园春色。阔别家乡40多年的崔兰田要回故乡探亲了，而且是率领安阳市豫剧一团带着她的拿手好戏《三上轿》《包青天》《桃花庵》《卖苗郎》，返回故里演出。

消息传开，家乡的亲人们奔走相告。县广播站一天三次播报，剧院里贴出了巨大的欢迎海报。一些老人高兴地说："兰田回来了，咱们的姑娘回娘家了！"古城内外，家家户户，请亲戚约朋友，商议着如何买票、如何去观看自家闺女的戏。剧院预售一周的戏票，一天时间即被抢购一空。

首场演出盛况空前，来自机关单位、学校和城乡的观众，早已把偌大一个剧场挤得水泄不通。演出前举行了隆重的欢迎仪式，县委书记发表了热情洋溢的欢迎词。在热烈的掌声中崔兰田登台与乡亲们见面，她激动地说："离开家乡40年了，40年来无论走到哪里，我都是曹县的女儿，我都没有忘记自己的家乡。不论什么时候，我都想念着家乡的亲人。"说着她哽咽了，泪珠扑簌簌地滚落了下来。兰田控制住激动的情绪，简要地讲述了她几十年的劳苦奔波以及回乡的感想体会，字字深情，句句感人肺腑。她因年高多病，不能参加演出，由她的高足张宝英、郭惠兰，胞弟崔少奎登台主演《桃花庵》。她体察到乡亲们渴望见她、听她演唱的心情，在每场演出结束后，亲自登台给大家奉献一曲清唱《小道姑来递茶》。由于疾病缠身，久未登台，可以明显感觉到她一曲唱毕，已经有些气喘了。但是，她每句戏都唱得字字清晰，句句含情，阴阳有致，韵味醇厚，使全场观众领略了她的艺术功底，得到了一次美的享受，观众用震撼剧场的掌声表达对她演唱成功的敬佩和赞美。从第一场开始，每天每场，她都和观众见面。讲话不多，却是那么慈祥，那么情真意切。

兰田返回故里的第二天，曹县县委、县政府为她举行了热情的欢迎会，四大班子领导悉数出席。她的老邻居、老亲戚纷纷来叫她去家里坐坐，拉拉家常，喝碗芝麻叶面条，尝尝家乡的羊肉汤。

第三天，她就和团里的主要演员到曹县第一中学看望全体师生。她为师生带去了50支金笔和《汉语大词典》、篮球等一些教学用品。在师生大会上，她语重心长地讲："今天的幸福生活，是老一辈革命家奋斗牺牲换来的成果。作为莘莘学子要奋发学习，力争将来为祖国'四化'多做贡献。"会后，剧团的演职员为全体师生演出了精彩的豫剧清唱，受到广大师生的热烈欢迎。

第四天，她又来到了城关镇北街幼儿园和敬老院。为孩子们带去了铅笔、画册、小皮球、糖果等。孩子们穿着漂亮的服装列队欢迎她，张张笑脸像朵朵石榴花，彬彬有礼地向她问好。兰田高兴地不断鼓励孩子们："好好学习，听老师的话，将来为祖国做大事。"一个孩子突然扯着她的衣襟说："我要向崔奶奶学习，长大演戏，当个艺术家。"兰田高兴得合不拢嘴，似乎从孩子身上看到家乡光辉灿烂的明天，顿时身上充满了活力。

在敬老院，她带去了半扇猪肉，10多斤红白糖。一进敬老院，她就忙着和一些老姐妹握手问好。蓦然间，一个老太太伸出双手紧紧抓住兰田："大田妹，你还认识我吗？"兰田凝神一看，心里不由一怔，瞬间热泪夺眶而出，她惊呼道："是玉翠姐吗？"话音未落，她们就紧紧地拥抱在一起。原来是孩童时期一起沿街讨饭的邻家姐姐。两个老姐妹分别40多年后再次相见，百感交集，一句话没说完，竟双双失声大哭起来。哭得是那么悲痛，又是那么高兴，让所有在场的人无不动容。这情景使我们深深体会到，一同经历过苦难的邻居姐妹，其情深似海！随后，在县委宣传部两位同志的陪同下，崔兰田带领她的胞弟崔少奎、胞妹崔兰玉及高足张宝英来到西郊烈士陵园祭扫烈士墓。敬上花圈后，他们默默地向先烈致敬。兰田默默悼念着，眼角盈满了晶莹的泪花。

第五天、第六天，兰田专门到曹县剧团给中青年演员及戏剧爱好者讲戏比戏，传经送宝，一招一式，一字一句，不知疲累，不厌其烦。她对家乡剧团充满了希望，恨不能把全部心血灌注在自己家乡。在过去的年代，只要遇到家乡山东的剧团，她都是热情相待。对待来自家乡的青年演员，她更是关照有加。

崔兰田（左）观看山东莘县青年豫剧团演出后，祝贺演出成功，1987年于安阳

如曹县剧团的黄儒秀、莘县剧团的青年演员到安阳演出，她都请到家里吃饭，遇到困难，鼎力相助。

就这样，她把一周的时间安排得满满的，不停地为家乡做事，不分白天黑夜。时光匆匆，崔兰田返回故里省亲就要结束了，各界群众纷纷赶来送行，剧院大门里外挤满了人。兰田和靠近自己的群众一一握手，互道珍重。她希望家乡建设得更美好，她希望家乡人民生活得更幸福，她更希望在有生之年能再回家乡探亲。离情别绪在依依惜别的时候，一行热泪又挂在兰田的脸庞上，这泪水似春雨一般洒在家乡亲人的心坎里。她给家乡留下了美好的祝愿，留下了深刻难忘的回忆。

二十四、承前启后《卖苗郎》

崔兰田坐在老伴儿"驾驶"的三轮车上去戏校上班，这几天她脑海里一直在回忆着《卖苗郎》的情节和唱腔。

老公爹再莫要怒生嗔，

听儿媳我劝一劝你的心……

和面好像割儿的肉，

烧柴好似抽儿的筋……

《卖苗郎》又叫《背公公》《孝妇泪》，讲述的是柳迎春之夫周文选进京赶考，多年不归。太康县天旱绝收，婆母饿死，公爹重病，柳迎春忍痛卖子苗郎以奉养公爹周云太。老人不见孙儿，杖责迎春，迎春哭诉原委，周甚感动，从此，翁媳相依为命。其间，周文选得中，招赘相府。其新岳父温丞相明里差人赴太康报信，暗中命人刺杀柳氏。柳氏背负公爹逃命，万般无奈之际，恰逢苗郎得官出巡，拦道喊冤。苗郎认亲，带二老回京，并请周文选过府。父、妻痛斥文选，苗郎代父求情，全家和睦团聚。

这出戏她在科班就经常演出，出科后作为看家戏演到哪里，能让观众哭到哪里。这出戏也是她的师傅周海水与赵锡铭、师姐毛兰花、汤兰香的代表剧目。剧中"摔碗""背公公""训子"三折最为精彩。周海水师傅在"摔碗"一折中表演的"气死功"绝技，声名远播。柳迎春纯朴、贤惠、善良的心灵和坚忍的性格，为了老人的存活、安危只身挑起了难以胜任的重担，忍受了难以忍受的痛苦和折磨，是中华民族尊敬、赡养老人的典范，对今天的人们仍然有深刻的教育意义。只可惜此剧的个别情节内容较陈旧，甚至还有一些封建糟粕，距离今天观众的审美要求相差较远了。

粉碎"四人帮"后，兰田一直在盘算怎样把这出戏再拾起来，虽然她不能演了，让学生、让宝英搬到舞台上，也算给后人又留下一出戏，像"摔碗""背公公"这些情节多感人啊！兰田想整理改编这出戏，她凭借回忆，让丈夫周光灿帮助她记录下原剧本的唱词，表演调度。此时，她想到，要把这出戏搞成功，使其既有传统的神韵又有新的味道，需要请两位高手来，一位是剧作家、导演杨兰春，一位是音乐家王基笑。想到这里，兰田拍拍老伴儿的肩膀说："咱迟一会儿去学校，先拐到文化局。"她要跟她的老搭档王士杰商议此事。

市文化局副局长王士杰、赵振刚十分赞成兰田的想法，他们说：现在许多剧团风行"拉班"，我们也面临着艺术团体体制改革的严峻形势，体制改革势在必行。体制改革和艺术改革都是文艺改革的内容，目的是出戏、出人，是为了清除繁荣发展艺术道路上的障碍，为了艺术质量的提高，为了使戏曲艺术适应群众和时代的需要，更好地发挥它在建设精神文明和满足人民艺术欣赏要求中的作用。抓紧抓好新剧目的排练，就是重要的艺术改革。

王士杰当即表示："我亲自去郑州请杨兰春、王基笑来改编剧本、设计唱腔。"于是，王基笑和梁思辉就住在了赵振刚副局长的办公室里，跟崔兰田和剧团的音乐设计邢宝俊开始研究唱腔，商量方案。他们先认真地听了崔兰田原汁原味的唱腔，并且做了详细的记录：

> 老公爹再莫要怒生生，
>
> 听儿媳劝一劝你的心。
>
> 大比年你的儿前去上进，
>
> 一去数载未回家门。
>
> 遭不幸咱这里年景衰，
>
> 龙天爷大旱饿死黎民。
>
> ⋯⋯⋯⋯⋯⋯
>
> 常言道是福不双降，
>
> 又道是祸不单临。
>
> 婆母娘刚刚殡出门外，
>
> 病又缠公爹你的身。
>
> 儿有心请名医与你来调治，
>
> 只可叹儿手中无有分文。

王基笑、梁思辉、邢宝俊听完崔兰田一腔一板的豫西调唱腔，感觉悲剧韵味浓厚，光是听唱就能把人听得潸然泪下。他们一致认为，等杨兰春把剧本改好后，要重新设计音乐、唱腔，要特别注意保留崔兰田的韵味，还要注意具有时代气息，同时要适合张宝英演唱。

杨兰春从陕西赶到安阳来了。因为他与崔兰田的关系很铁、很哥们儿，张宝英就称呼他"杨大爷"。杨兰春还是提着他走到哪里提到哪里的小竹篮，里边搁着干面条、酒精炉和油盐酱醋，这是他近几年随身携带的一件"宝贝"。因为他常常熬夜写剧本，深更半夜肚子咕咕叫了，他又不愿意惊动别人，就自己动手煮点面条充饥。他还是老习惯，脱了布鞋盘腿坐在沙发上，跟兰田谈剧本的改编构思，谈故事情节的变动，谈人物性格的发展逻辑。谈到激动处，他抱着两肘蹲在沙发前，一声不吭地猛抽烟，一番深思熟虑后，他一拍脑袋转身就趴在桌前奋笔疾书。

原来剧中有些唱词很水，艺术性不强，人物单薄，故事松散，杨兰春在原剧本的基础上，进行了大胆的、创造性的删增和改编，场次结构、人物矛盾、角色语言和唱词，经过重写后，带有强烈的杨氏语言风格，赋予剧本一种新的生命。

在这次创作中，也融入了杨兰春自己生活中的真情实感。1959年，他去林县体验生活，修改《冬去春来》。路过安阳时，就住在安阳豫剧团的团部里，每天在屋里抱着头苦思冥想地写剧本。他写到高兴处，就不由得唱起家乡戏武安落子；写到痛苦处，他跪在床沿上，把脑袋埋进被窝里，激情难耐。兰田知道老杨创作得很辛苦，又戴着右派的帽子，心里一直不痛快。她就经常趁他写累的时候，陪他聊天，发现他饿了，就亲自下厨做一碗手擀面条，浇上一层油炸葱花，给老杨端到屋里。这一碗香喷喷的面条，感动得杨兰春热泪盈眶，遭受了那么多不公正的批评，受了那么多委屈，他没有掉一滴泪，接过兰田端来的这碗面条，却使他热泪横流。在写到柳迎春卖了苗郎给公爹做饭的情节时，他想起这碗面条，就满腔激情地写道：

一碗泪换来了一

1982年，崔兰田（右）与杨兰春在《卖苗郎》排练现场

碗饭，

为的是老公爹长寿百年。

先敬婆，我的老婆婆，后敬爹。

苗郎不见哪，

柳迎春我苦熬苦等苦苦地支撑。

卖苗郎为的是救你性命，

换来了斗米斗面十两纹银。

和面好似割儿的肉，

烧柴好似抽儿的筋。

那苗郎本是我亲生养，

难道说你痛你爱儿就不亲！

连续几天通宵达旦地熬夜创作剧本、现场排练，杨兰春病倒了住进医院。从领导到演员纷纷赶到医院嘘寒问暖。兰田因患哮喘正在家输液，闻讯后急忙赶到医院探望老杨。卧病在床的杨兰春还念念不忘《卖苗郎》的剧本，见到兰田还要给她念他刚刚脱稿的一场戏。

兰田嘱咐在医院工作的女儿周文玲："留下照顾你杨大爷。"杨兰春等她一拔下针头，就焦急地撵她："快回去照顾你妈吧！我输完这瓶液就没事了，她身边离不开你。"周文玲安慰他说："你们两个都是我的病人，谁也离不开我。等您退了烧，我就回去。"

《卖苗郎》的唱腔音乐谱写出来后，王基笑与崔兰田一个音符、一个小节地教张宝英学唱腔。两位老师一再提醒她，演唱时音位该到胸腔部分时，不能把它提到嗓子上，不能轻飘，要有厚实的感觉。

"背公公"是《卖苗郎》中的精华情节之一，老一代演员像周海水与毛兰花、赵锡铭与汤兰香、曹子道与崔兰田都有精彩的表演。在排这场戏时，杨兰春提出了他的独到见解："柳迎春此时是饥饿难忍，体力不支，后面又有强人追杀，逃命都来不及，哪有理由再背上公公故作'猎奇'地表演呢？"

于是，他要求扮演公爹的崔少奎往柳迎春身后一站，两手扶住儿媳双肩，柳迎春双臂大幅度往后一挽，一个正面亮相，然后踉跄地挪动脚步，徐徐下场。此时，男女声伴唱：

> 一步迈不出半砖地，
>
> 两步迈不出一块砖。
>
> 盘古至今从头论，
>
> 当儿媳背公公今古奇观。

这样的舞台处理，崔兰田认为符合剧情要求，也适合张宝英与崔少奎表演。

进入排练时，兰田让戏校的学生每天按时赶到剧团排练厅，一边看杨导演排戏，一边学大人表演。采取人盯人的方法，演柳迎春的学生就自始至终盯着杨兰春给张宝英说戏、排戏；演周云泰的学生就目不转睛地看着杨导给崔少奎排戏。等剧团排完了，戏校的学生心里也有了谱，知道怎么去演这出戏了。然后，兰田又专门请杨兰春、王基笑、梁思辉到戏校给学生们通排了一遍，使学生们在名家的指点下，在老演员的带领下，有了较大的进步，同时也踏踏实实地学会了一出大戏。

《卖苗郎》中"背公公"一场，张宝英扮演柳迎春，崔少奎扮演周云太

《卖苗郎》排出来后，在安阳、开封、洛阳、新乡、焦作等地巡回演出，观众反响很强烈，认为这是讴歌中华民族传统美德的一出好戏。戏迷们评价说："唱腔有新意，既有崔兰田的味儿，又有张宝英的特色。"但也有观众说："改得太多了，步子迈得太大了，都不像崔兰田的戏了。"

崔兰田面对沸沸扬扬的议论，要求戏校的学生不能走样地照杨兰春排戏的路子去演，照王基笑设计的唱腔一个音符不变地去唱。她对张宝英说："我觉得这出戏改得很成功！就是我现在演这出戏，也不可能按照原来的老腔老调老词去演了，我也要改革，要创新。想当年，陈素真大姐怀着身孕给我写下了《三上轿》的剧本，我就没有按照她原来的祥符调去唱，反而把它改成了豫西调，结果这出戏不仅是陈大姐的留客戏，也成了我的代表戏。所以说，演戏也要跟上时代。"

1984年10月，参加全国现代戏年会的代表在郑州观看《卖苗郎》。张宝英觉得这么多名家来看演出，为了郑重起见，就在自己扮演的柳迎春头上戴了几颗宝石花。专程赶到郑州的崔兰田坐在侧幕旁为徒弟"把场"，她看到即将上场的张宝英头上戴的宝石花，就幽默地说："你这个柳迎春快成'万元户'了，家里还有宝石花戴。"张宝英明白这是老师在提醒她：服装、头饰要符合人物身份和性格，"宁穿破，不穿错"，她马上摘掉了头上的装饰。

当中国艺术研究院副院长郭汉城、中国艺术研究院戏曲研究所所长何为、中国评剧院院长胡沙、中国歌舞

1982年，崔兰田（右）、王基笑（左）与张宝英（中）在研究《卖苗郎》唱腔

剧院院长晏甬、上海沪剧院院长丁是娥、山东吕剧院院长郎咸芬在杨兰春、王基笑的陪同下走上舞台祝贺演出成功时，崔兰田对大家说："这出戏能够受到大家的喜爱，首先归功于帮助我们排戏的杨兰春、王基笑、梁思辉三位专家。"杨兰春紧接着对大家说："我们和她一样，都是来当人梯的，好让她的学生踩着我们这些人梯攀登上去。"

《卖苗郎》在河南、河北、山东、山西、陕西、安徽、广东、北京等地演出后，风靡一时，被各地市戏校视为青衣戏的教学典范，剧中的核心唱段也被当作学习张宝英唱腔的样板。

《卖苗郎》被视为 20 世纪八九十年代崔派弟子的看家戏，也是崔兰田的徒弟郭惠兰、崔小田、张晓霞等主演的代表剧目。剧中的核心唱段，脍炙人口，流传广泛，风靡全国，成了戏迷选手参加河南电视台《梨园春》打擂比赛的必选唱段，更有许多张宝英的弟子把是否主演过《卖苗郎》视为衡量弟子是否合格的一项标准。

1987 年，中国戏曲音乐学会在北京举办《卖苗郎》座谈会，专家们评价说："张宝英在《卖苗郎》中的演唱有新意又不落俗套，既是纯豫剧，又有新的生发，从中能给人以感染和启迪。""她发挥了我们民族戏曲的乡土特色，有中国气派。"《北京日报》发表文章评价道："张宝英通过她创造性的艺术实践，推动了豫剧声腔艺术的发展。"

著名戏剧家马少波赋诗赠崔兰田："花枪磨炼恰卅年，戎马悲欢似眼前。遥想山川培育苦，玉英生色贺兰田。"同时赠张宝英："声情激荡益纯青，七载砺兵又北行。代有俊英知奋进，中原逐鹿夺秦城。"

在中国戏剧家协会组织的座谈会上，著名戏剧家朱丹南赋诗赞道："崔派豫剧放异香，悲歌一曲《卖苗郎》。情真意切声韵好，千众屏息听柳娘。"

《卖苗郎》的成功，是崔兰田"扶上马，再送一程"教育思想的经验之举，使张宝英在艺术上承前启后，迈上了一个新的台阶。当赞美像潮水一样涌来时，兰田悄无声息地回到戏校的讲台前，在课堂上给又一届新学生上课。她清楚地看到，几十年的心血没有白费，在豫剧舞台上她虽然隐退了，可是她的流派艺术还在流传，她的徒弟张宝英已经高擎起崔派艺术的大旗，正在勇往直前，突飞猛进。

近 40 年来的演出实践证明，《卖苗郎》作为崔派艺术的代表剧目，经过崔兰田、张宝英两代人的不断打造，具有了临摹性、传承性或者说规范性、稳定性。它作为豫剧传统剧目，经过着重对精华与糟粕杂陈的改编，有了脱胎换骨的改造，内容与形式有了比较成功的探索创新，剧目的舞台质量、品相也有了极大的提高。在挖掘、凝聚、丰富和重视传统的表演和声腔上，产生了"返本开新""守正创新"的戏曲思维和理论观念，新的审美认识和美学追求跃然舞台之上。只要这出戏还在，豫剧崔派艺术的传承与发展就还在。在整理改编、恢复抢救传统戏上，《卖苗郎》可以说是一个典范。它被很多演员和戏迷作为经典唱段演唱于各种电视戏曲晚会，更被省内外许多专业和民间职业剧团搬演或移植，深入人心，常演不衰，就是一个有力的佐证。

2012 年，崔派传人崔小田将这出戏拍成戏曲电影，易名《柳迎春》。

二十五、金杯银杯不如老百姓口碑

1988年5月10日至12日，由河南省文化厅、河南省文联、河南省戏剧家协会、安阳市政协、安阳市文化局、安阳市文联6家单位联合主办的"祝贺崔兰田同志舞台生活50周年"活动，在安阳隆重举行。

文化部艺术局代表张迈，中国艺术研究院戏曲研究所所长何为，河南省文联主席南丁，中国戏剧家协会副主席、河南省文联副主席杨兰春，河南省文化厅副厅长李国经，中共安阳市委书记孟祥锡、副书记杨宏信，著名表演艺术家马金凤、桑振君、张新芳、常景荻、赵义庭等，以及来自河南、陕西、山东、河北、甘肃等地的戏剧界人士200多人出席了祝贺大会。

纪念活动期间，收到中国艺术研究院、中国戏剧家协会、中国剧协陕西分会、山东省曹县人民政府以及李準、马少波、曲六乙、胡沙、时弢、陈素真、常香玉、阎立品、申凤梅、王基笑等30多家单位和个人发来的贺电、贺信。

中国戏剧家协会在贺电中说："崔兰田是位优秀的表演艺术家，多年活跃在舞台上，创造了一系列鲜明的艺术形象，形成独特风格，自成一派，为丰富与发展豫剧艺术做出了积极贡献。"

豫剧大师常香玉在贺信中说："您对豫剧艺术的发展与革新做出了重大贡献，创造了独树一帜的崔派艺术，其深远影响将与日俱增。"

著名剧作家时弢在贺信中说："兰田同志 50 年来以她醇厚、精超的艺术，保持和发扬了豫剧剧种特色，这是十分难能可贵的。难能在于 50 年的坚持，可贵的是兰田是以纯正的民族风格，剧种特色的精超艺术，具有强说服力地证明了中国戏曲并不是落后，豫剧也不是'粗梆戏'。"

河南省音乐家协会主席王基笑在贺信中说："我平生敬重热爱您的演唱艺术，更敬重您高尚的艺德和人品。您的艺术感人，您的美德动人。您在豫剧表演艺术，特别是演唱艺术上的高深造诣，将在我国豫剧史、音乐史上留下光辉的篇章。"

著名戏剧家马少波赋诗赞道："兰田生玉耀中原，拔萃精英敢比肩。山下花枪犹不老，堂前桃李露华鲜。"

庆祝活动期间，与会的领导、专家、同行参观了"崔兰田舞台生活图片展"，并观看了两场崔派剧目展览演出。崔派传人张宝英、郭惠兰、崔小田等主演了《桃花庵》《包青天》《三上轿》《卖苗郎》《秦香莲后传》等剧。著名豫剧演员高洁、吴碧波、孙兰香和崔派再传弟子、张宝英的学生丁清香清唱了精彩的豫剧选段。

1993 年 5 月，安阳市豫剧团与台湾豫剧名伶张岫云、刘海燕联袂，在安阳中原影剧院举办助残义演，崔兰田亲赴剧场观看演出，并走上舞台为台湾同行献花，祝贺演出成功。

1994 年 4 月，中国艺术研究院、中共河南省委宣传部、河南省文化厅、河南省文联授予崔兰田"中国豫剧功勋杯"奖，称赞她是一位德艺双馨、深受广大群众爱戴的人民艺术家。

古稀之年的崔兰田仍然挂念着她一手创办的安阳文化艺术学校，她坐着轮椅来到教室，来到学生们的中间。孩子们围绕在老校长身边，满怀着崇敬的心情，在黑板上写下了他们的心声："老校长您好！"此时的崔兰田多么想再给孩子们说一段唱腔、示范一下表演身段啊，可是她真的力不从心了，她只能满怀深情地对孩子们说："好好学戏，别怕吃苦啊！"

2000 年，安阳文化艺术学校建校 20 周年，来自全省各地文化艺术中等专业学校的同人齐聚古都安阳。崔兰田特意穿了一件大红毛衣，在张宝英的搀扶下来到学校参加庆祝活动。坐在主席台上，望着眼前的高楼大厦，她想起了创办安阳戏校时的情景；再看看身旁已经是文化艺术学校副校长的张宝英，她的心里有了许多的慰藉。许多来宾专程来到她的座位前与她握手，向她问好致敬，赞誉她："德高望重，德艺双馨！"

1998 年，崔兰田（中）与安阳文化艺术学校的学生们

二十五、金杯银杯不如老百姓口碑

2001年9月，崔兰田在张宝英、女儿周文玲的陪同下，亲赴漯河参加河南戏曲名家演唱会。虽然她已经无法登台演唱，甚至连说一句话都感到气喘吁吁，只能坐在轮椅上向观众挥手致意，但当中央电视台著名主持人白燕升把她介绍给观众时，全场报以热烈的掌声，大家衷心地祝愿她健康长寿。这是她最后一次在舞台上接受观众的鼓掌，那挥动的手臂也是她与观众的最后告别。

在下榻的宾馆，69岁双目失明的关灵凤，摸到崔兰田的轮椅前："师傅姐，师傅姐！"那一声声发自内心的亲切呼唤，那种充满真诚的尊敬，感动了每一位目睹此情的人。早在20世纪40年代，关灵凤曾拜崔兰田为师，由于年龄相差不大，两人常以姐妹相称。多年未曾见面，此番在漯河相见，那种亲如手足的情谊，令人肃然起敬。

当王善朴、魏云、杨华瑞来到兰田下榻的房间看望她时，那一声声真诚的问候"田儿姐！"表达了省三团的艺术家们对崔兰田的尊敬，大家异口同声地称赞她是名副其实的德艺双馨，德高望重。

崔兰田，1994年于安阳

20世纪90年代中期，崔兰田进入"夕阳无限好，只是近黄昏"的晚年，告别了喧嚣的舞台，离开了戏校树荫下的那把藤椅，退休赋闲在家。每天与老伴儿在家看看电视，或邀邻居来打几圈麻将，时光过得清闲、惬意。由于多病缠身，行走不便，她很少出门，也很少参加各种会议公开露面。偶尔，在风和日丽的好天气，她会在家人的搀扶下到洹河边走一走。

为了收集整理崔派艺术资料，帮助崔兰

田记录整理回忆录，市文化局专门派人成立了一个四人小组，经过一段时间的采访，也写出了几篇文章见诸报刊，可是由于诸多原因，采访写作的工作中断了。随着年岁渐高，崔兰田的记忆力也大不如前。她很想趁自己思维清楚、表达能力利索的时候，把自己的生活经历记录下来，即便是不发表也算给后人一个交代。于是，她趁到医院检查身体之际，来到市文化局戏曲研究所找到共事多年的毕定良。她说："有桩心事，一直放心不下。演了一辈子戏，也经历了那么多坎坷。在艺术上，多少也积累了一些经验，很想为后人留下一点文字东西。如果您有时间，就继续帮我写写回忆录吧。"

毕定良当即向崔兰田推荐了杨奇，并表示一定竭尽全力，不负重托。

那一年，我们每星期一到她家里采访。听她讲逃荒要饭，科班学戏，逃出洛阳，赈灾义演，每每讲到苦难处，她都是声泪俱下。我们根据采访笔记，然后整理撰写初稿。每写完一章，都要给她逐字逐句地念一遍，征求她的意见。她总是要求不要粉饰，不要虚构，实事求是，有啥说啥，要经得起历史的考验。为了更深入仔细地挖掘资料，我们走访了许多与她合作过的老艺术家，以及和

1993 年，崔兰田（中）在家中接受毕定良（右）、杨奇（左）的采访

她在一起工作多年的老同志。

在北京马少波先生的书房，马老手舞折扇给我们讲述了他对崔兰田艺德人品的赞赏，他以戏剧家的情怀为我们咏诵了赠崔兰田的诗作："花枪磨炼恰卅年，戎马悲欢似眼前……"

在古城西安，常景荻、曹子道、张凤云等当年曾跟崔兰田合作过的伙伴，跟我们讲述了许多他们年轻时的趣事。1998 年，常景荻看到崔兰田在《河南文史资料》上发表的《艺苑耕耘记》后，还热情地写了一篇长长的补记。他们异口同声地称赞崔兰田："戏唱得好，人品更好！"

在江苏丰县，豫剧"十八兰"之一的王兰琴几乎每天都要跑到剧场来拉我们去家中吃饭，讲起小科班的轶事，她如数家珍，使我们对"十八兰"有了更深的了解，也使我们记住了她常挂在嘴边的一句话："兰田最仗义。"

在台湾，我们寻找到"十八兰"的大师姐毛兰花的踪迹，她的学生介绍了她辗转抵台的经历，使我们对豫剧在台湾的发展有了直观的感受。尽管隔海相望，毕竟同根同族，姊妹情深。

说起崔兰田，常香玉、杨兰春、赵铮、王基笑……许多名家那激动的言辞，那敬佩的神情，溢于言表的"口碑"，无时无刻不震撼着我们的心房，使我们深受感动。

一位艺术家，令人崇敬的不仅仅是她在舞台上的风采，还有她那高尚的艺德人品。

每当我们把这一切所见所闻讲给崔兰田，汇报在外采访所受的礼遇，并转达大家对她的尊敬，她总是微微一笑："大家太高看我了。你们一定要实事求是地写，千万不能把我写得天花乱坠，不食人间烟火啊！"

我们想说："金杯银杯不如老百姓口碑"这句话用在崔兰田大师身上非常贴切，再合适不过了！

二十六、清明的思念

2003 年 4 月 5 日，豫剧大师崔兰田走完了她 77 年的人生历程，乘着清明的春风永远地驾鹤西去了。

望着 10 年前我为她拍摄的那张她最喜欢的照片，怎么也不敢相信，那竟成了她的遗像。手攥着这一摞即将出版成书的样稿，怎么也没有想到，它竟成了一沓祭文，26 万个黑黑的铅字，犹如 26 万滴痛苦的热泪，悬挂在我们两人的眼前。

匍匐在灵前，失声痛哭，捶胸顿足，怎么也唤不醒她溘然闭上的眼睛，怎么也拦不住载她而去的春风。望着灵柩中的大师，真不敢相信，她就这样被清明的春风载走了。也许是她一生流的眼泪太多，最终感动了上苍，于是特意把她西去的日子定在了清明节，让普天下的人在缅怀先人和亲人的时刻，也为她掬一捧滚烫的热泪。

她就这样走了，不，她还活着。她的艺术还在流传，她的品德，被广大的群众传诵："一个演员戏演得再好，人品艺德不行，在社会上也站不住脚。所以我常说，立艺先立德，学艺先学做人。"

吊唁的那天，灵堂前来了一群素不相识的大娘、大婶。她们都是崔兰田的忠实戏迷，从四面八方赶来，就是为了跟她们喜爱和敬仰的大师告别，为了看上大师最后一眼。就在肃穆的灵前，当大娘、大婶的哭声呼天抢地响起来的时候，那哭声竟是崔兰田戏中的"滚白"。她们太熟悉崔兰田的戏了。而正是因为崔兰田也了解她们心底的那一份酸痛，那一份悲苦，太熟悉她们的哭声了，她最终把这些哭声创立成了"以哭见长"的崔派艺术。那一刻，在场的人竟然一时分不出是崔兰田在戏中演的她们，还是她们在学戏中的崔兰田。哪些是生活，哪些是艺术，就在这一声声哭腔中让人分辨不清，她们竟然是那样和谐完美地统一在一起。崔兰田就是这样活在这些戏迷的心中。

声名泽府第，艺德贯长天。

2003年4月9日上午，豫剧一代宗师、崔派艺术的创始人崔兰田先生的遗体告别仪式在安阳市殡仪馆隆重举行。

灵柩旁摆放着象征豫剧"十八兰"的18株兰花，灵堂两侧悬挂着周恩来总理、梅兰芳大师早年与她的合影及她平生演出的代表作剧照。灵堂前摆放着时任中共河南省委常委、宣传部部长孔玉芳，河南省政府副省长贾连朝，河南省人大常委会原副主任钟力生、张世英及省委组织部、省委宣传部、省委统战部、省政协办公厅送来的花圈。文化部艺术局、中国戏剧家协会、河南省文联、河南省文化厅、河南省戏剧家协会和著名艺术家常香玉、马金凤、曹孟浪、杨兰春、王基笑、赵铮、桑振君、张新芳、高洁、吴韵芳，以及河南省豫剧一团、二团、三团，河南省京剧团，河南省歌舞剧院，河南省越调剧团，河南省艺术学校等单位和个人送来的花圈摆放在灵堂四周。来自省内外的宾朋1000多人参加了遗体告别仪式。

大师的灵车从殡仪馆缓缓驶出，经过市区时，安阳大剧院、安阳市豫剧团、安阳市群艺馆、文化宫、安阳文化艺术学校的同志和同学们站在街道两旁，手持"一代宗师""老校长走好"的横幅，目送崔兰田仙去。街道两旁，一群大爷、大娘相互搀扶着为他们心中的艺术家送行。

上午 11 点 50 分，崔兰田大师的骨灰安放在韩陵山公墓。

崔兰田的大弟子张宝英满怀悲痛地说："恩师不幸病逝，就像一把无情的刀在生生剥离我的骨肉，这种生离死别，让我肝肠寸断，五内如焚。"

台湾著名豫剧演员刘海燕在得知大师逝世的噩耗后，提笔撰文，满怀深情地写道："兰田老师您走了，走得这么匆匆，叫我来不及送您，来不及再听教诲，来不及再和您说说话。您知道吗？晚辈心中有多少的遗憾啊，为何不早些认识您，多向您报告些您大师姐毛兰花老师在台湾的事。您知道吗？我们学您的《桃花庵》《对花枪》《卖苗郎》等剧目，在台湾不管什么时候演都是卖满座的戏呀。而这几年市面上有您的录像带了，您都不知道台湾的戏迷买回去都当宝似的珍惜得不得了。您走的时候不带走一片云彩，而留给我们晚辈后学的却是无尽的怀念。"

春去春又来，花谢花又开。

在又一个清明节来临之际，安阳市档案局、安阳市文化局在市党政综合办公楼专门开辟出一个展厅举办"崔兰田艺术生平展"，作为永久陈列馆。

为纪念崔兰田创办安阳戏剧学校，安阳职业技术学院在庆祝成立 10 周年的校史馆内专门举办了"崔兰田艺术生平展"，图文并茂、生动感人的展览，让广大师生常常流连忘返，驻足凝视，在缅怀先辈的同时，传承、弘扬崔派艺术。

由我们创作的《崔兰田传》一书于 2003 年 4 月由大众文艺出版社出版发行。时任中国戏剧家协会副主席、河南省文联副主席杨兰春应邀作序："我们讲德艺双馨，崔兰田是真正的一位德艺双馨的艺术家。她的人品、她的流派艺术是经得起时间考验的。"

这本书是我们祭奠大师的第一炷心香。

此后，在短短一年的时间里，我们收集、整理、编辑、出版了《崔兰田艺术研究》，共收集到自 20 世纪 50 年代以来在全国各种报纸杂志发表的评论文章 80 多篇，计 40 多万字。书中许多很有价值的历史篇章，具有较高的社会意义和史料价值，从中我们可以领略到兰田先生当年的艺术风采、艺术思想和美学追求。

崔兰田大师为我们留下了很多珍贵的录音资料，既有现代戏，也有传统戏。这些资料真实地记录了大师当年的艺术面貌，这为研究、归纳流派特点和进行有效传承提供了极好的条件。2004 年，根据崔兰田 20 世纪 50 年代的录音资料，我们率先在豫剧界拍摄了《崔兰田经典剧目音配像》，把《秦香莲·抱琵琶》（崔小田配像）、《桃花庵·上门楼》（崔小田配像）、《二度梅·丛台·离别》（张艺飞配像）、《三上轿》（戴宏利配像）、《陈三两爬堂》（范静配像）、《对花枪·南营》（崔玉萍配像）、《卖苗郎·摔碗·团圆》（陈秀兰配像）共 7 个经典剧目的片段或全场，拍摄成数字影像，使崔兰田先生的珍贵录音在电视技术的支撑下，通过互联网，走上荧屏，走进千家万户，满足了人们思念大师、渴望听到大师声音的文化需求，同时也为学习、传承、弘扬崔派艺术提供了一份珍贵的音像艺术资料。

在兰田先生离开我们 3 周年之际，河南电视台《梨园春》栏目组在第 371 期直播了纪念崔兰田的专场《兰颂》。中国戏剧家协会副主席、中国煤矿文工团团长、著名朗诵艺术家瞿弦和专程从北京赶来，深情地朗诵了诗人王怀让的诗作《为"哭"而欢呼》，赢得了《梨园春》场内外亿万观众的喝彩，把缅怀大师的纪念活动推向了高潮。大屏幕上采访戏剧界专家、学者的镜头更是表达了广大观众的心声。

著名剧作家、导演杨兰春说:"我认为她称得起崔兰田流派,艺术上经得起时间考验。从年轻时演出,一直到现在还在流传。她是堂堂正正做人,严肃认真演戏。"

著名音乐家、河南省音乐家协会原主席王基笑说:"人品如艺品,反过来艺品也如人品。兰田同志是一位令人尊敬的表演艺术家。"

中国戏剧家协会党组书记廖奔说:"豫剧五大名旦,在20世纪里虽然各有不同的遭际,但她们共同铸造了豫剧的辉煌,把这个原来的中原土戏推广繁衍到今天这样的繁盛程度,使之成为京剧之外的第一大剧种。历史会记住她们每一个人,也同样会记住崔兰田。虽然崔兰田晚期偏处安阳一隅,最终默默地走完了自己的路,但我们确实不应该忘记她。"

崔兰田的徒弟张宝英说:"恩师离开我们已经整整3年了,3年来我无时无刻不在怀念恩师。与恩师朝夕相处快半个世纪了,我们师徒情同母女,很多场合都不用言语,一个眼神一个手势就能息息相通。恩师常用'龟兔赛跑'的寓言来激励我,就是要我发扬持之以恒、坚持不懈的精神来对待艺术。"

从戏曲艺术大师的一生,来探索一位艺术家的成长发展历程和一个流派的艺术传承,继而深入研究中国戏曲流派的精神,这是对独具民族审美趣味的戏曲表演艺术进行的总结和研究,是理论与实践相互联系、相互推进的良好范例。2006年1月,杨奇创作的豫剧名旦六大家画传丛书之一《崔兰田画传》由河南大学出版社出版,书中刊登了崔兰田200多幅在各个历史时期的珍贵图片,作者以饱满的热情、娴熟的文笔为我们再现了崔兰田的艺术生涯和人品艺德。正如中华豫剧文化促进会会长王全书在序言中所说:"六位艺术家传记,是六部宝贵的精神财富。对于河南戏曲工作者来说，她们是面镜子，是把尺子，能照出、量出与之相比的差距以及与党和人民要求的距离。时代需要艺术大家，观众渴望艺术大家，豫剧更需要出现更多的豫剧名家。文化厚重的河南，也一定能成就出新的豫剧领军人物。愿六位大师的弟子们和豫剧队伍的后生们，学习大师待百姓如父母，视艺术如生命，刻苦勤奋，顽强拼搏，只求奉献、不求索取的精神，用自己的心血和智慧再创豫剧的辉煌，为建设文化强省做出应有的贡献。"

豫剧崔派艺术具有丰富的表现力和独特的艺术魅力，对豫剧剧种的建设发挥了重要作用，在中国戏曲史上占有重要地位，具有极高的历史价值和艺术价值，是中华优秀传统文化的重要载体。由河南省文化厅、河南省广播电视局主办，河南电视台承办的《薪火相传梨园情——2012年河南地方戏曲拜师盛典》晚会，可以说是河南有史以来最为隆重的一次拜师收徒活动。张宝英作为豫剧崔派艺术的掌门人隆重收徒。

时任河南省委书记卢展工、省长郭庚茂、省委宣传部部长赵素萍等省委常委悉数到场参加拜师收徒盛典，规格高，影响大，对增强河南人的文化自信和使命担当，推动豫剧艺术的保护、传承与创新，对豫剧事业的繁荣发展，起到积极的推动和促进作用。省委书记、省长出席的拜师收徒盛典，是对崔兰田所创立的崔派艺术以及张宝英在继承、发展、创新崔派艺术方面，给予的充分肯定和鼓励。

张宝英与其他河南戏曲名家一起现场收徒。河南省豫剧二团青年演员邵文霞、许昌万里豫剧院青年演员温秀琴、漯河市豫剧团青年演员魏秋芬，在著名京剧表演艺术家梅葆玖、著名词作家阎肃的见证下，随着著名相声表演艺术家赵炎的司仪口令，为师傅敬茶，行三拜九叩的传统大礼，正式拜师张宝英。

张宝英的弟子陈秀兰、崔玉萍、范静、王凤银联袂助兴演唱崔派代表剧目《包青天》中经典选段"秦香莲抬头观金枝玉叶到堂前"。

张宝英、郭惠兰作为崔兰田的徒弟，先后被批准为国家级和省级非物质文化遗产豫剧代表性传承人，在中国戏曲界的流派传承上，继往开来，独树一帜。

2016年10月，纪念崔兰田诞辰90周年文艺晚会在安阳大会堂举行。河南豫剧院党委书记汪荃珍，著名豫剧表演艺术家贾廷聚，崔兰田的弟子张宝英、郭惠兰、崔小田、张晓霞以及学生赵娟，崔兰田先生的亲属参加纪念活动。

2017年6月24日，安阳文化大舞台嘉宾满堂，座无虚席。为弘扬崔派艺术，张宝英大开山门，高调收徒。收徒仪式在安阳市艺术研究所所长、安阳市戏剧家协会副主席兼秘书长杨奇的主持下隆重举行。著名豫剧表演艺术家贾廷聚、汤玉英、著名曲剧表演艺术家胡希华作为见证嘉宾在舞台上就座。24名来自省内外的弟子行三拜九叩大礼郑重地拜张宝英为师。大师姐于慧萍代表师妹们为老师敬茶，小师妹王俏敬代表师姐们给老师献花，学历最高的程灿博士代表师姐妹发言。24名弟子中有来自浙江舟山群岛的公务员钱冠磊、大专院校的教师周琦、国家画院的博士后程灿，更有来自基层民营院团的吴新花（河北临漳）、刘雪莉（山东菏泽）、向梅（河南南召）、邓洁（河南驻马店）、陈喜文（河南汝阳），等等，学生分布在河南、河北、山东、浙江、北京等地。

在收徒仪式上，张宝英继承崔兰田的衣钵，认真地发表了《师训》：凡我弟子，一定要立艺先立德，学戏先学做人。对待观众要常怀感恩之心，金杯银杯不如观众的口碑。对待同门师姐妹，一定要尊大爱小，精诚团结，互相帮助，互相学习。在艺术上，你们要脚踏实地，勤奋刻苦，博采众长，融会贯通，"青出于蓝而胜于蓝"！要不忘初心，矢志不渝，做一个德艺双馨的好演员！

短短110多个字，却传承着一个亘古不变的道理——立艺先立德，学戏先学做人。

2016—2017年度河南省艺术创作资金扶持项目《新崔派艺术论——张宝英舞台艺术研究》经河南省文化厅艺术理论课题专家组评审通过立项，经过3年的攻关创作，数易其稿，于2019年由中州古籍出版社出版发行。该书通过6个章节，论述了张宝英舞台艺术的传承路径与特色分析，以及新崔派艺术的美学范畴。它是研究继承、发展崔派艺术的最新成果。

著名戏剧理论家廖奔在书中论述道："流派亦须追踪时代发展而变化，后来者不能只不越雷池一步地搬演前辈保留剧目，而应根据时代的需求创造自己新的作品和人物形象，有创造就会有突破。张宝英在继承流派和不断创新的过程中，根据自己的先天条件对崔派演唱吐字、发音、行腔技巧实现了扬弃，使之既有鲜明的崔派特色，又有自己的独特风格，她因而既是崔派的忠实继承者，又是崔派的变革发展者，实现了对崔派艺术的'创造性继承，创新性发展'。张宝英大成了，创立了自己的'新崔派'风格，成为当代豫剧十大名旦之首、国家级非物质文化遗产项目豫剧代表性传承人。我们则从中体会到了艺术传承发展的历史辩证法。"

在大量的艺术实践中，张宝英结合自己的个性与创造，对崔派艺术进行了精确传承，同时倾心帮助弟子们创造新的代表剧目。她为张秀丽、吴慧霞悉心传授了崔派代表剧目《卖苗郎》和《包青天》，入选文化和旅游部实施的中华优秀传统艺术发展计划2018年度戏曲专项扶持项目《名家传戏》当代戏曲名家收徒传艺工程（地方戏曲类），让吴慧霞、张秀丽等弟子在流派艺术的传承中有了立足点和出发点，使崔派艺术具有了新的时代感，体现了崔派艺术持续发展所具有的创造力。她还倾心帮助吴慧霞创作排演了新编古装戏《单娘》，助力她们逐步打造自己的代表剧目。

豫剧《桃花庵》作为崔派艺术的经典剧目，是崔兰田数十年坚守舞台过程中经过时代和观众选择后形成的个性化创造，一部经典就是一个漫长艺术人生的集中聚焦。经典要传承好，显然无法完全复制前人独特的艺术生命，却可以通过后人一生的积累和创造，用不断的艺术再创造来进行延续。2021年5月，张宝英的弟子吴慧霞根据张宝英舞台演出本改编的戏曲电影《新桃花庵》完成拍摄。相比舞台剧，电影在故事情节、人物命运、唱腔特点等方面都有所改动和调整，在继承传统的基础上力争符合当代人的审美需求。

戏曲电影《新桃花庵》最大的亮点是剧中多个角色均由张宝英的徒弟、崔派第三代传人扮演，其中窦氏由郑州市豫剧院的吴慧霞饰演，陈妙善由河南省豫剧二团的邵文霞饰演，苏太太由河南省豫剧三团的崔玉萍饰演，苏老爷由郑州市豫剧院的刘昌东饰演，张才由河南省青年豫剧团的李鹏杰饰演，春香由崔派第四代传承人张金鑫饰演。张宝英则为徒弟们"挎刀"助演配角王桑氏。

崔派《桃花庵》从舞台搬上银幕，正是以张宝英为首的豫剧崔派艺术的杰

崔兰田铜像坐落于河南艺术职业学院。2023年清明节，张宝英（左三）携弟子崔玉萍、邵文霞、吴慧霞、邓婷婷参加落成仪式

出传人们薪火相传、守正创新的最好诠释。年逾八旬的张宝英说："豫剧《桃花庵》自始至终都体现了传承的精神，它是我的恩师崔兰田先生倾其毕生心血打造的一部经典之作。我从青年时期跟老师学、陪老师演，到中年时期我主演、师妹们陪我演，直到今天由我的弟子们担任主演，由吴慧霞把它搬上银幕，这是对经典的致敬与传承。这标志着恩师崔兰田所创立的崔派艺术薪火再传，方兴未艾。"

以吴慧霞为代表的第三代崔派艺术传人将以新的姿态，传承、弘扬、发展、创新流派艺术。借助标志性流派剧目人物彰显个人风格，成为流派传承发展双线并进的成功个案。戏曲电影《新桃花庵》的摄制成功，必将为豫剧崔派艺术乃至中国戏曲旦角表演艺术的发展带来更好的契机。

传承是最好的纪念，担当是最好的传承。大师虽已离去，却永被铭记；她的精神，穿越时空，历久弥新，永远活在我们心中！

著名作家纪伯伦说："和你一同笑过的人，你可能把他忘掉，但是和你一同哭过的人，你却永远不忘。"

附录
崔兰田生平年表

1926 年

10 月 26 日（农历九月二十），出生在山东省曹县。

1931 年 5 岁

跟随母亲去山西寻父，后又逃荒到郑州。

1937 年 11 岁

4 月，入太乙班学艺。先学须生，3 个月后登台演出《秦香莲》中 "杀庙"
一折，扮演韩琪。后改学旦角，为豫剧 "十八兰" 中佼佼者。

1942 年 16 岁

学艺期满出科，应聘入洛阳楚公民戏班，担任领衔主演。

1943 年 17 岁

12 月，应邀离开洛阳到西安，在福建会馆陕山戏院首演《刀劈杨藩》。

1944 年　18 岁

立足西安，先后在高成玉和沈子安为班主的豫剧班社担任领衔主演，辗转宝鸡、铜川、天水等地演出，初步形成崔派演唱风格。

与常香玉联袂为灾民赈灾义演。

1945 年　19 岁

与狮吼剧团常景荻合作，演出"樊戏"《克敌荣归》《凌云志》《义烈风》等剧目。

1948 年　22 岁

初冬，与周光灿结婚。

1950 年　24 岁

4 月，自组兰光剧社，任社长、领衔主演；丈夫周光灿任副社长。

1951 年　25 岁

5 月，兰光剧社到郑州、新乡演出，后应邀到安阳。

7 月，兰光剧社在安阳落户，改名为安阳市人民豫剧社，任社长。

11 月，当选为安阳市第一届各界人民代表会议代表。

1952 年　26 岁

剧社由"包账制"改为"共和班"，演职员工资按艺术水平高低定股分，死股活薪。

12 月，当选为安阳市第二届各界人民代表会议代表。

1953 年 27 岁

剧社改为民营公助性质，更名为安阳市人民豫剧团，任团长。

1954 年 28 岁

参加全国人民慰问团，率团在郑州、开封、洛阳、新乡、安阳和明港等地演出，慰问中国人民志愿军指战员和伤病员。

6月，当选为安阳市第一届人民代表大会代表、市人民委员会委员。

1955 年 29 岁

招收22名学员，建立学生队，分行当、有计划地培养青年演员。

1956 年 30 岁

剧团改为国营安阳市豫剧团，任团长。

12月，参加河南省首届戏曲观摩会演，主演《秦得莲》《三上轿》，荣获演员一等奖。与桑振君、许树云、马双枝等联袂展演《桃花庵》，并在大会组织的座谈会上介绍唱腔和演唱经验。

当选为中国戏剧家协会河南分会理事，加入中国戏剧家协会。

当选为安阳市第二届人民代表大会代表、市人民委员会委员。

1957 年 31 岁

5月，率团第一次进京演出《对花枪》《桃花庵》《铡美案》《三上轿》等剧目。周恩来总理和田汉、夏衍等领导观看演出。

拜著名昆曲表演艺术家白云生为师。

1958 年 32 岁

参加文化部在北京召开的现代戏座谈会。

率团首次跨过长江赴武汉市演出。

5月，当选为安阳市第三届人民代表大会代表、市人民委员会委员。

1959 年 33 岁

2月，在郑州为中央工作会议演出《对花枪·南营》，毛泽东、邓小平等中央领导观看演出。

4月，率团第二次进京演出《对花枪》《陈三两爬堂》等剧目。陈毅、李先念、彭真等中央领导和梅兰芳、马连良、萧长华、荀慧生、张君秋、马少波、老舍、李桂云、赵燕侠等戏剧名家观看演出。

安阳市豫剧院成立，任院长。

9月，参加河南省第二届戏曲观摩会演，主演《对花枪》，获优秀演员奖。

9月30日，应邀出席国庆招待会。10月1日，登上天安门观礼台，观看庆祝活动。

10月，随河南省慰问团赴青海省海南藏族自治州，慰问河南省支边青年。

收青年演员张宝英、郭惠兰为重点培养的学生。

1960 年 34 岁

4月，赴上海、南京演出《对花枪》等剧目。

新排现代豫剧《洪湖赤卫队》，扮演韩母。

加入中国共产党。

12月，当选为安阳市第四届人民代表大会代表、市人民委员会委员。

1961 年 35 岁

率团赴太原等地演出。

1962 年 36 岁

3月，率团赴天津、沈阳、鞍山、长春、哈尔滨、佳木斯、北大荒、营口、旅大、山海关、秦皇岛、北戴河、唐山等地演出。

9月，率团第三次进京演出，主演《陈三两爬堂》《桃花庵》。国务院副总理罗瑞卿应邀观看。

1963 年 37 岁

安阳市豫剧院撤销，任安阳市豫剧一团团长。

8月到12月，率团赴武汉、长沙、桂林、南宁、湛江、海口和海南岛各县巡回演出。

出任民办安阳市戏曲学校校长。

1964 年 38 岁

春节，在广州市演出《李双双》《朝阳沟》《洪湖赤卫队》《社长的女儿》等现代戏。贺龙、罗瑞卿、陶铸等中央领导在广东省委礼堂观看《李双双》。

随河南省慰问团赴湖南长沙、常德、益阳慰问演出，感谢湖南省对河南遭受水灾给予的支援。

6月，当选为安阳市第五届人民代表大会代表、市人民委员会委员。

秋，排演《芦荡火种》《红灯记》，分别扮演沙奶奶和李奶奶。

冬，在安阳豫北纱厂参加劳动，体验生活。

排演田汉改编的《对花枪》，在邢台演出两场，扮演女主角姜桂枝。

1965 年 39 岁

3月，率团经郑州、洛阳赴西安、宝鸡、天水、兰州、银川、包头、呼和浩特、大同、张家口等地，巡回演出《红灯记》《沙家浜》《朝阳沟》等剧目。

5月，参加在广州举行的中南区现代戏会演，与唐喜成合作演出《一棵树苗》。

1966 年 40 岁

春节，率团在太原市演出。

春季，在山西大寨和阳泉地区演出。

8月，奉调回安阳参加"文化大革命"。从此，惨遭迫害，被迫离开舞台。

1973 年 47 岁

恢复演出权利，新排现代戏《龙江颂》，扮演盼水妈。

1978 年 52 岁

恢复安阳市豫剧一团团长职务。

重排传统戏《秦香莲》，扮演秦香莲。

1979 年 53 岁

恢复安阳市戏曲学校校长职务。

10月，参加河南省庆祝建国30周年献礼演出，主演《对花枪》，获荣誉奖。

11月，出席全国第四次文代会。

应邀担任戏曲艺术片《包青天》艺术顾问。

1980 年 54 岁

3 月,参加河南省豫剧流派会演,主演整理改编后的传统戏《桃花庵》。戏剧界和观众称她与常香玉、陈素真、马金凤、阎立品为"豫剧五大名旦"。

4 月,率团第四次进京演出《桃花庵》《对花枪》。

1981 年 55 岁

11 月,重返西安,在五四剧场演出《桃花庵》《秦香莲》,轰动古城。《西安晚报》《陕西日报》《陕西戏剧》纷纷发表文章,赞誉她"秋兰易老馥常驻"。

1982 年 56 岁

为郭惠兰亲授崔派名剧《三上轿》。

参加河南省第四次文代会,当选为河南省戏剧家协会副主席。

1983 年 57 岁

与杨兰春、王基笑合作,改编、排演《卖苗郎》。

1984 年 58 岁

4 月,率团回家乡山东省曹县演出。这是阔别家乡 40 多年后第一次返乡。

5 月,当选为政协河南省第五届委员会委员。

10 月,当选为中共河南省第四次代表大会代表。

12 月,特邀出席河南省妇女第七次代表大会。

1985 年 59 岁

任安阳市豫剧团、安阳市豫剧一团名誉团长。

9月，安阳市戏曲学校更名为安阳市文化艺术职业中等专业学校，任校长。

10月，应邀担任河南省第一届戏剧大赛评委。

1986 年 60 岁

出席在北京召开的中国戏剧家协会第四次代表大会。

1988 年 62 岁

1月，当选为政协河南省第六届委员会委员。

安阳市文化艺术职业中等专业学校易名为安阳文化艺术学校，任校长。

5月，"祝贺崔兰田舞台生活50年"纪念活动在安阳举办。文化部和省市党政领导、河南省戏剧界名流出席。

1989 年 63 岁

参加豫剧艺术发展战略研讨会，在会上宣读论文《多出人才　振兴豫剧》。

1990 年 64 岁

安阳文化艺术学校参加河南省第二届艺术节，担任艺术顾问，演出《飞夺泸定桥》，获"蓓荟萃"最佳演出奖。

1991 年 65 岁

率安阳文化艺术学校进京演出《飞夺泸定桥》，受到首都观众热烈欢迎，中央电视台《新闻联播》报道演出情况。

1993 年 67 岁

6月，观看安阳市豫剧团与台湾豫剧名伶张岫云、刘海燕联袂助残义演，并上台接见台湾同行，祝贺演出成功。

1994 年 68 岁

4月，荣获由中国艺术研究院、中共河南省委宣传部、河南省文化厅、河南省文联授予的"中国豫剧功勋杯"奖。

1996 年 70 岁

收徒张晓霞，杨兰春、张宝英等亲临拜师会祝贺。

《崔兰田回忆录》由崔兰田口述，毕定良、杨奇整理，在《中国戏剧》6—12期连载。

1997 年 71 岁

《艺海情深》由崔兰田口述，杨奇、毕定良整理，在《安阳日报》连载。

1998 年 72 岁

《艺苑耕耘记》由崔兰田口述，杨奇、毕定良整理，在《河南文史资料》连载。

2000 年 74 岁

7月30—31日，电视专题片《悲剧大师崔兰田》在中央电视台播出，杨奇、毕定良撰稿，张瑞君、张伟编导。

出席安阳文化艺术学校成立 20 周年庆典大会。

2001 年 75 岁

9 月，赴漯河参加河南戏曲名家演唱会。

2002 年 76 岁

4 月，出席安阳市文化局举办的"高连山编导艺术研讨会"。

2003 年 77 岁

4 月 5 日清明节，在安阳病逝。

后记

经过三年的不懈努力，在安阳师范学院的大力支持下，我们终于迎来了国家艺术基金扶持项目"全国豫剧崔派艺术表演人才培训班"的开学典礼。为了使学员们和广大读者深入了解崔兰田先生和她的流派艺术，我们用了将近一年的时间，对这本二十年前出版的书稿进行了认真的增删、修改、润色、整理。当画圆了最后一个句号，掩卷回首，蓦然发现，毕定良老师已经是耄耋老人，杨奇也年过花甲。在研究、弘扬崔派艺术的道路上，我们已经度过了一个甲子。正如《庄子·知北游》中所说"人生天地之间，若白驹之过隙，忽然而至"。

转眼间，兰田先生离开我们二十一年了。二十一年来，我们如期完成了《崔兰田传》《崔兰田艺术研究》《崔兰田经典剧目音配像》的撰写、编辑、摄制、出版。在安阳市档案馆、安阳职业技术学院校史馆建立了"崔兰田艺术生平"陈列馆，在河南艺术职业学院塑造了崔兰田铜像，为大家追忆崔兰田、学习崔派艺术提供了较为丰富的艺术档案资料。此后，我们又撰写出版了《崔兰田画传》《新崔派艺术论》，使崔派艺术的理论研究上了一个新台阶，形成了一个完整的理论学术体系。至此"全国豫剧崔派艺术表演人才培训班"在国家艺术基金的扶持下，如期在安阳师范学院音乐学院举办，构建了从实践到理论，再从理论到实践的传承机制，营造了活起来、传下去、出精品、出名家的良好环境。

正是崔兰田先生的人格魅力，激发了我们的写作勇气，使我们于无数个春夏秋冬默默耕耘，乐此不疲，终于完成了这一系列有关崔兰田及其流派艺术的研究项目，为热爱、学习崔派艺术的青年人提供了方便。我们深知水平有限，可能要贻笑大方。但是，这是我们多少年来在胸中积蓄的一片真情。浮舟沧海，立马梨园。我们几乎把青春年华的大好时光都用在了追随崔兰田先生和她的流派艺术上，艺海生涯中的一切酸甜苦辣都凝结在这些作品的字里行间。崔派艺术能够在群众中广泛流传，生生不息，是我们最大的心愿。

借用余秋雨先生与北大学生谈中国文化的一段话，当作我们的结束语吧："把创造当作文化的魂。没有面向未来的创造，中华文化便没有前途，我们的生命也没有意义。"

作者

2024 年 6 月 24 日

图书在版编目(CIP)数据

豫剧大师崔兰田 / 杨奇,毕定良著. --郑州:河南文艺出
版社,2024.8. -- ISBN 978-7-5559-1730-4

Ⅰ.K825.78

中国国家版本馆 CIP 数据核字第 2024HV4112 号

选题策划　　　陈　静
责任编辑　　　陈　静
责任校对　　　殷现堂
书籍设计　　　刘婉君

出版发行　河南文艺出版社
社　　址　郑州市郑东新区祥盛街 27 号 C 座 5 楼
承印单位　安阳市长顺印务广告有限责任公司
经销单位　新华书店
开　　本　700 毫米 × 1000 毫米　1/16
印　　张　19.5
字　　数　264 000
版　　次　2024 年 8 月第 1 版
印　　次　2024 年 8 月第 1 次印刷
定　　价　86.00 元

印厂地址　安阳市文峰区产业集聚区装备制造孵化园东南角
邮政编码　455000　　电话　0372-2967333